2022年韶关市哲学社会科学规划基础教育特别委托课题"政策工具视角下韶关市中小学教师'县管校聘'实施研究"(编号:W2022022)成果

U0756321

中小学教师"县管校聘"管理改革实践研究

黄华明　童顺平　著

华中科技大学出版社
http://press.hust.edu.cn
中国·武汉

图书在版编目(CIP)数据

中小学教师"县管校聘"管理改革实践研究/黄华明,童顺平著.—武汉:华中科技大学
出版社,2023.10

ISBN 978-7-5772-0034-7

Ⅰ.①中… Ⅱ.①黄… ②童… Ⅲ.①中小学-师资培养-研究 Ⅳ.①G635.12

中国国家版本馆 CIP 数据核字(2023)第 175671 号

中小学教师"县管校聘"管理改革实践研究 　　　　黄华明　童顺平　著
Zhongxiaoxue Jiaoshi "Xianguan Xiaopin" Guanli
Gaige Shijian Yanjiu

策划编辑：彭中军
责任编辑：何家乐
责任校对：刘小雨
封面设计：孢　子
责任监印：朱　玢
出版发行：华中科技大学出版社(中国·武汉)　　　电话：(027)81321913
　　　　　武汉市东湖新技术开发区华工科技园　　　邮编：430223
录　　排：武汉创易图文工作室
印　　刷：武汉市洪林印务有限公司
开　　本：710 mm×1000 mm　1/16
印　　张：16
字　　数：279 千字
版　　次：2023 年 10 月第 1 版第 1 次印刷
定　　价：59.00 元

内 容 简 介

中小学教师"县管校聘"管理改革是近年来备受关注的教育政策。S市拿出敢于"吃螃蟹"的勇气，主动求变，积极作为，以"县管校聘"为突破口实现教师队伍集体"蝶变"，开始探索推进中小学教师"县管校聘"管理改革，成为广东省以市为单位率先开展"县管校聘"管理改革探索的实验区，第二批义务教育教师队伍"县（区）管校聘"管理体制改革国家级示范区。S市的做法为广东省乃至全国地市全面推进"县管校聘"管理改革提供了重要的样板和经验。S市中小学教师"县管校聘"管理改革在取得显著的成绩的同时，也存在亟待破解的难题。本书聚焦于S市中小学教师"县管校聘"管理改革，对S市中小学教师"县管校聘"管理改革实践进行全景深描和敞视化研究，具有重要意义。

序

中小学教师"县管校聘"管理改革是近年来备受关注的教育政策之一。2014 年 8 月,教育部、财政部、人力资源和社会保障部联合印发《关于推进县(区)域内义务教育学校校长教师交流轮岗的意见》,提出要在义务教育阶段推进中小学教师"县管校聘"管理改革,打破教师管理体制障碍,实现教师充分流动。2015 年,教育部在全国 19 个区县开始实行中小学教师"县管校聘"管理改革试点。2016 年 7 月,国务院印发《关于统筹推进县域内城乡义务教育一体化改革发展的若干意见》,提出全面推进教师"县管校聘"改革。2017 年 12 月,广东省出台《关于推进中小学教师"县管校聘"管理改革的指导意见》,对中小学教师"县管校聘"管理改革进行全面部署。随后,广东省各地市渐次展开中小学教师"县管校聘"管理改革实践。

S 市人口 330 多万,全市中小学 370 所,在校生 44 万多人,专任教师 2.1 万多人。2016 年 4 月,S 市拿出敢于"吃螃蟹"的勇气,主动求变,积极作为,以更大的决心和力度打破体制机制壁垒,以"县管校聘"为突破口实现教师队伍集体"蝶变",开始探索推进中小学教师"县管校聘"管理改革,成为广东省率先以市为单位开展"县管校聘"管理改革探索的实验区。

2017 年 4 月,S 市政府印发《关于推进全市基础教育学校公办教师"县管校聘"管理改革的工作意见(试行)》,通过建立七项机制破解"县管校聘"改革难题。一是建立教师编制核定机制,实行"县管编制总量,学校按岗配备"。明确编制核定和调整、分配和使用,以及实名制系统管理等操作规定,打开制约教师流动的关键闸口,提高编制使用效率。二是建立教师岗位管理机制,实行"县管岗位结构,学校按岗定员"。明确岗位核定和分配、教师流动、年度考核等工作程序,破解教师交流轮岗时岗位变动的难题,拓展教师专业发展空间。三是建立教师岗位聘用机制,实行"县管人员身份,学校合理聘用"。全面落实编制内教职员聘用合同管理,逐步建立能上能下、能进能出的竞争性用人机制。四是建立教师交流轮岗机制,实行"县管全局统筹,学校择优选派"。采取多种交流轮岗形式,逐步实现县域内教师资源的均衡配置。五是建立教师补充机制,实行"县管统一招聘,学校按岗聘用"。实施高层次人才引进工程,建立完善聘用优秀人才到乡村学校任教的"绿色通道"。六是建立教师退出机制,实行"县管体系标准,学校考评执行"。开展"三级竞聘",对不符合教师资格标准要求的人员依法调整出教师队伍。七是建立教职工合法权益保障机制,实行"县管权益保障,学校公开竞聘"。完善人事争议仲裁制度和教职工维权服务机制。落实工资保险待遇,确保教师平均工资水平不低于或者高于当地公务员平均工资水平。

2017年6月,S市被教育部批准为第二批义务教育教师队伍"县(区)管校聘"管理体制改革国家级示范区(广东省唯——个地级市)。截至2019年8月底,全市所辖10个县(市、区)全面完成中小学教师"县管校聘"管理改革工作。在省、市、县三级党委、政府的重视和相关部门的支持配合下,S市中小学教师"县管校聘"管理改革取得了显著成效。一是促进了中小学教师均衡配置。通过校内聘任、跨校竞聘、县域调剂,实现了优秀校长、教师向农村学校、薄弱学校有序流动,缩小了城乡、校际间教师队伍水平差距,促进了区域内中小学教师均衡、优化配置。义务教育教师交流比例达8.7%,特别是对体育、艺术学科教师的配置采取了宏观调控,确保每所学校都有体育、艺术教师。二是教师编制使用效率进一步提高。通过改革,超编学校教师合理流动,解决了编制紧缺学校的师资问题,提高了编制的使用效率。三是激发了教师队伍的活力。改革之前,教师职业倦怠情绪明显,农村学校没人愿意去,班主任和中层干部没人愿意做。通过改革,各地根据实际情况重新制定了教师的工作量标准和岗位职责,教师明确了岗位要求和竞聘条件,通过岗位竞聘,激发了教师工作的积极性、主动性,出现了争做班主任的良好局面。

S市的经验做法为广东省全面推进"县管校聘"管理改革提供了重要的样板和经验。

广东省委省政府高度重视S市"县管校聘"管理改革工作,将其列为2018年省委深化改革重点项目。2018年4月,在S市举办广东省中小学教师"县管校聘"管理改革现场研讨交流活动,对S市"县管校聘"管理改革经验进行总结和推广。S市中小学教师"县管校聘"管理改革案例被评为广东省人民政府治理创新优秀案例。新华社、中国教育报、南方日报先后对S市"中小学教师'县管校聘'管理改革"做了专题报道,省内外众多地市率队交流学习。

　　S市中小学教师"县管校聘"管理改革在取得显著成绩的同时,也存在亟待破解的难题,值得研究和关注。本书聚焦于S市中小学教师"县管校聘"管理改革,对S市中小学教师"县管校聘"管理改革实践进行全景敞视化的研究。尽管学界对中小学教师"县管校聘"管理改革进行了较多研究,但聚焦于特定地市,采用科学工具,进行全景深描和敞视化研究的著作并不多见。本书的出版无疑具有重要意义。

　　是为序。

黄令瑶

（韶关市市委教育工委书记、市教育局党组书记、局长）

目　　录

第一章 绪 论

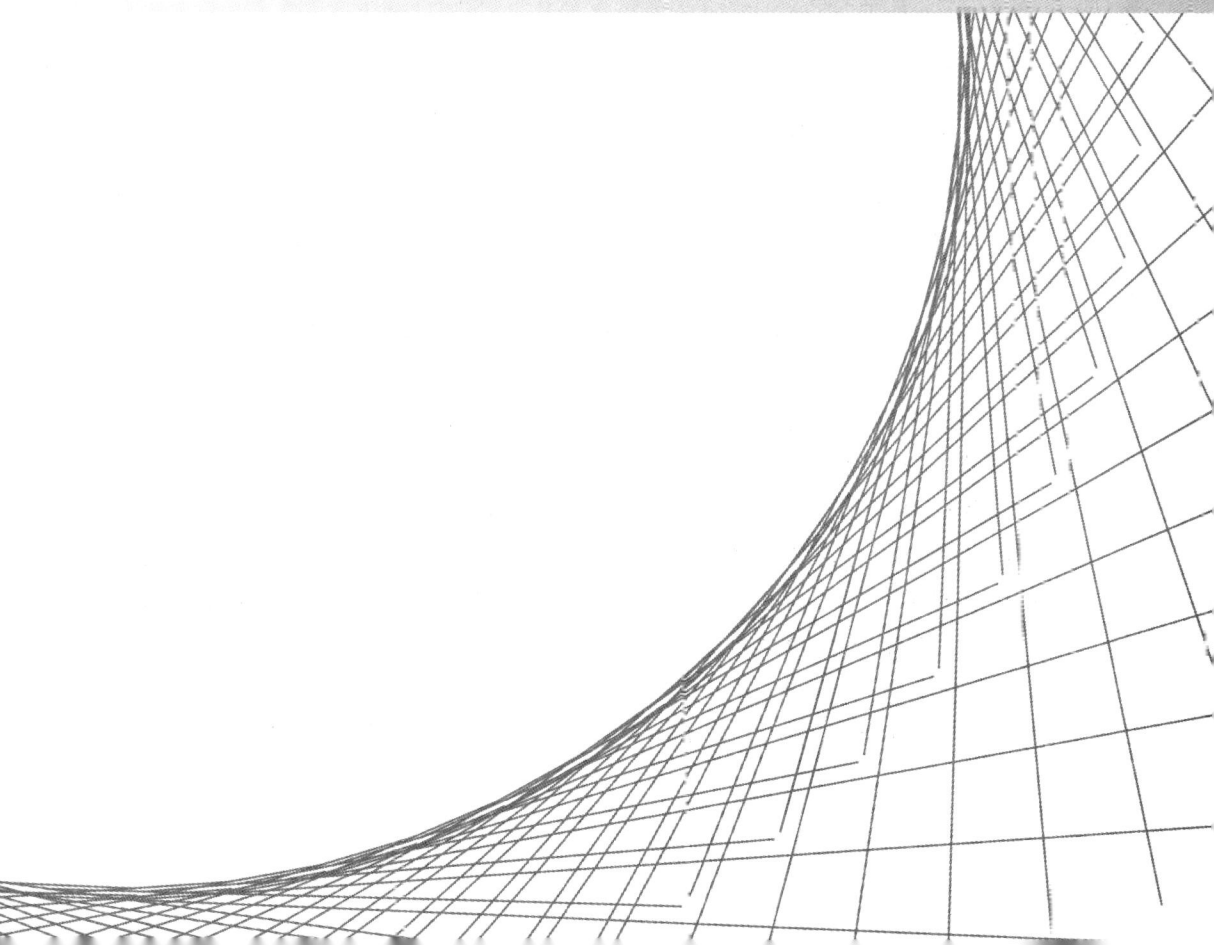

本章主要对中小学教师"县管校聘"管理改革的内涵与意义进行分析，对中小学教师"县管校聘"管理改革国际和国内实践进行介绍，旨在对 S 市中小学教师"县管校聘"管理改革实践研究背景知识进行陈述。

第一节　中小学教师"县管校聘"管理改革的内涵与意义

一、中小学教师"县管校聘"管理改革的内涵

中小学教师"县管校聘"管理改革可以从"县管"和"校聘"两方面理解。"县管"是指县（市、区）级教育主管部门依法履行对中小学教师的公开招聘、职务评聘、培养培训、交流轮岗等管理职能；"校聘"是指学校负责教师的合理配置、统筹使用、绩效考核、专业能力提升、评优表彰等日常管理。中小学教师"县管校聘"管理改革属于教育系统内人事聘用制度，本质上是一种教师资源配置方式，旨在使教师从"学校人"变为"系统人"，促进教师流动。

二、中小学教师"县管校聘"管理改革的重要意义

中小学教师"县管校聘"管理改革有利于激活教师队伍活力。受我国长期实施的计划经济体制和事业单位人事管理影响，中小学教师在长期聘任制度实施过程中，对学校形成了强烈的归属感和依赖感，眼中有"单位"没有"系统"；教师与学校聘用合同关系沦为形式，教师职业"铁饭碗"状态一直没有被打破。中小学教师"县管校聘"管理改革赋予学校更大的用人自主权，学校可以借助聘用合同、岗位聘任、岗位竞争激活教师忧患意识和竞争意识，有助于打破教师"终身制"观念，激活教师队伍活力。

教师是基础教育的第一资源，中小学教师"县管校聘"管理改革有助于推动县域基础教育优质均衡发展。2016 年国务院颁发的《国务院关于统筹推进县域内城乡义务教育一体化改革发展的若干意见》提出："全面推进教师'县管校聘'改革，按照教师职业特点和岗位要求，完善教师招聘机制，统筹调配编内教师资源，着力解决乡村教师结构性缺员和城镇师资不足问题"。作为新中国成立后中小学教师管理体制机制改革的重大举措，中小学

教师"县管校聘"管理改革可以从根本上解决优质教师在城乡间、校际配置不均衡，农村教师结构性缺编，城镇教师"有岗无编"等突出问题，有助于县域合理配置教师资源，推进县域基础教育优质均衡发展。

中小学教师"县管校聘"管理改革有益于深化基础教育综合改革。2021年9月，教育部办公厅颁布《教育部办公厅关于设立教育部基础教育综合改革实验区的通知》，决定在广东省深圳市、浙江省金华市、安徽省铜陵市、福建省三明市等12地设立教育部基础教育综合改革实验区，旨在进一步探索深化综合改革，促进学前教育普及普惠安全优质发展，义务教育优质均衡发展，普通高中多样化有特色发展，全面提高基础教育质量。中小学教师"县管校聘"管理改革作为基础教育综合改革的重要组成部分，有助于突破教师管理体制机制壁垒，为基础教育综合改革提供了基础。

第二节　中小学教师"县管校聘"管理改革的国际实践

中小学教师"县管校聘"管理改革在国外政策实践中表现为教师流动或教师交流。下面分欧美主要国家实践和亚洲主要国家实践进行简要介绍。

一、欧美主要国家实践

1.美国

美国为鼓励和支持教师流动，重视教师入职培训和指导；加大财政政策刺激，提高教师的财政激励和补偿；实施教师领导力项目；设立"全国教师流动委员会"；对愿意在薄弱学校和师资短缺的学科任教的新教师，从教后四年每年提供3400美元奖励。

2.英国

英国为留住合格教师，采取提高教师工资收入、减轻教师工作负担、改善工作环境与拓展升迁渠道等策略。为均衡优质教师，制定"教育优先区"（地理位置不佳、社会环境不利的薄弱学校）政策；实施"教育行动区"计划，启动"金手铐"（Golden Hand cuff）项目，通过1万英镑奖金、专业发展等激励教师进行交流。

3.法国

法国中小学教师属于国家公务员，由国民教育部实行统一管理，参与流动是法国中小学教师的法定义务。法国国民教育部每年会对全国中小学教师的需求进行调查与预测,以确定教师编制数和各学区教师分配指标。法国具有统一的中小学教师培养规格和工资标准,同时实施"优先教育区"政策,通过增加教师编制数量、配置高质量教师、提高工资待遇、实行特殊津贴等激励教师向"优先教育区"流动。

二、亚洲主要国家实践

1.韩国

韩国从 20 世纪 70 年代开始探索实施中小学教师"互换制度"。该制度涉及的流动对象是校长和教师。流动周期为:公立学校校长一般在一所学校工作 4 年后就要轮换到另一所学校;中小学教师流动周期没有统一规定,一般在一所学校工作 2~5 年后就要进行流动。流动区域一般在道一级行政区域内学校之间进行,车程在 90 分钟以内。流动程序如下:每年各道教育厅参考所在地区现阶段城乡教师配备情况制定并下发教师流动需求;教师个人可以结合自身情况向学校提出流动申请,教师可以提出最想流动的四个学校,并提交相关材料;各道教育厅确定流动教师与学校。

对部分办学有特色的学校,校长如要求具备特长并且工作有一定成绩的教师留任,教师个人可以提出暂不参与流动申请,但需要对工作业绩作出承诺并与教育厅签订临时协议,如在保留期内未达到协议要求,也需参与流动;如本人和配偶均为教育公务员,且其中一人正在偏远地区任教,那么另一方可不参与流动;如教师本身有残疾或其父母、配偶、子女有残疾,可以不进行流动。

韩国颁布的《教育公务员法》《提高教员地位特别法》《教育公务员任用令》《岛屿、偏僻地区教育振兴法》等,为韩国教师交流提供了法律保障。

2.日本

日本在 20 世纪 50 年代中期就出台了地方教育行政组织法,将教师的人事管理权限集中到县级教育主管部门,并且实施教师"定期流动制"。

日本教师流动目的在于提高教师的工作热情和创新能力,合理配置教师资源,激发学校办学活力,促进教育均衡发展。流动对象为:在某校或某学区连续任教达到一定年限者(同一学校工作 3~6 年者可参与流动,6 年以上者为流动对象,10 年以上者必须流动);定员超编而有必要流动者;区、市、街道、村学校及学校之间教师队伍结构不尽合理,有必要调整而流动者。在日本,教师平均 6 年流动一次,流动方式包含就近流动与跨县(省)流动。流动程序为:每年 11 月,东京都教育委员会发布制定的教师定期流动实施纲要,提出具体要求。根据纲要,符合条件的教师每人填写一份定期流动意向调查表(或教师流动推荐表),详细填写本人实际信息及流动意向地区;本校校长根据调查表或推荐表具体情况决定流动人选(充分尊重本人意愿并与之商谈),并报上一级主管部门进行审核;东京都教育委员会教育长根据实际情况进行审批(校长流动由教育长直接决定,校长本人也可以提出流动申请),并反馈给各学校;各学校校长口头通知来年需流动的教师,并嘱托不可告知他人,以防名单变化;在学期结束的最后一天,公布流动教师人员名单;来年 4 月新学期开学所有参与流动的教师须全部到位。

日本中小学教师定期流动保障机制包括:立法规定教师有流动义务;流动过程规范,保证流动公平;政策激励,吸引教师主动流动;尊重教师意愿,解除流动后顾之忧。日本政府颁布的《偏僻地教育振兴法》还规定了流动教师住宅补贴、偏僻地津贴按时足额发放、福利措施、研修活动等。

第三节　中小学教师"县管校聘"管理改革的国内实践

根据中小学教师"县管校聘"管理改革推进实践,国内中小学教师"县管校聘"管理改革大致可以分为探索期、发展期、推广完善期三个阶段。

一、探索期

中小学教师"县管校聘"管理改革探索期从时间看,始于 1996 年,终于 2005 年。

1996 年 12 月,原国家教育委员会(已更名)印发《关于"九五"期间加强中小学教师队伍建设的意见》提出,要积极进行教师定期交流,打破在教师使用方面的单位所有制和地区所有制,促进中小学教师在学校和地区之间交流;要建立教师流动的有效机制,采取切实的政策措施,鼓励教师从城市到农村,从强校到薄弱学校任教。改革开放初期,由于我国实施的是重点中学优先发展策略,造成了城乡教育发展的严重失衡。因此,中小学教师"县管校聘"管理改革初期教师流动以到农村支持薄弱学校为主要目的。

2003年,沈阳市按照"人走关系动"模式对教师交流开始探索。沈阳市全市中小学教师开始施行教师交流轮岗,教龄满5年的必须交流,每隔3年交流一次,校长交流时限为3～6年,教师交流任教是职称职务晋升的条件之一。2005年5月,教育部印发《关于进一步推进义务教育均衡发展的若干意见》提出,要采取各种有效措施,建立区域内骨干教师巡回授课、紧缺专业教师流动教学、城镇教师到农村任教服务期等项制度,积极引导超编学校的富余教师向农村缺编学校流动,切实解决农村学校教师不足及整体水平不高的问题。

中小学教师"县管校聘"管理改革探索期的主要特点:这一时期教师交流政策更多体现为积极鼓励、引导的倾向,突出了城市对农村的支援或援助特征。城乡教师交流主要是以"对口支援""送教下乡""巡回授课"等多种形式展开,具有明显短期行为特点。

二、发展期

中小学教师"县管校聘"管理改革发展期从时间看,始于2006年,终于2010年。

2006年6月,第十届全国人民代表大会常务委员会第二十二次会议通过的《中华人民共和国义务教育法》规定:县级人民政府教育行政部门应当均衡配置本行政区域内学校师资力量,组织校长、教师的培训和流动,加强对薄弱学校的建设。随后,四川省成都市、福建省福州市闽侯县、北京市东城区等地进行了中小学教师"县管校聘"管理改革试点。郑州市则发布《关于开展城乡教师交流工作的实施意见》,要求市直学校应与农村中小学校交流,且交流教师每年不少于教师总数的10%。2008年,成都市温江区设立教职工管理服务中心,作为区教育局下属事业单位,核定事业编制15名,作为全区范围内的教师管理专职机构。

2010年1月,教育部印发《关于贯彻落实科学发展观进一步推进义务教育均衡发展的意见》提出,健全城乡教师交流机制,推动校长和教师城乡、校际的流动等要求。2010年3月,江苏省基础教育教学工作会议明确指出全省实施教师轮岗制度。2010年7月国家中长期教育改革和发展规划纲要工作小组办公室发布的《国家中长期教育改革和发展规划纲要(2010－2020

年)》,强调要实行县(区)域内校长教师交流制度。

中小学教师"县管校聘"管理改革发展期的主要特点:教师交流已经从局部性、零星的支教服务行为,逐步发展成具有全局性、系统的国家战略行为;城乡教师交流制度拥有坚实的法律依据和政策基础。

三、推广完善期

中小学教师"县管校聘"管理改革推广完善期从时间看,始于2011年,延续至今。

2012年8月20日,国务院印发《国务院关于加强教师队伍建设的意见》,要求建立县(区)域内义务教育学校教师校长轮岗交流机制,促进教师资源合理配置。2012年9月,教育部、中央编办、国家发展改革委、财政部、人力资源社会保障部联合印发《关于大力推进农村义务教育教师队伍建设的意见》,强调"建立健全城乡教师校长轮岗交流制度"。2013年11月,中国共产党第一八届中央委员会第三次全体会议通过《中共中央关于全面深化改革若干重大问题的决定》提出,统筹城乡义务教育资源均衡配置,实行校长教师交流轮岗。2014年8月,教育部、财政部、人力资源和社会保障部联合发布《关于推进县(区)域内义务教育学校校长教师交流轮岗的意见》,作为专门针对县域内教师交流轮岗制定的政策文件,着重从校长、教师交流轮岗的工作目标、人员范围、方式方法、激励保障机制、"县管校聘"管理改革、责任主体六个方面提出指导性意见。

2015年4月,中央全面深化改革领导小组第十一次会议审议通过《乡村教师支持计划(2015—2020年)》提出,全面推进义务教育教师队伍"县管校聘"管理体制改革,县域内重点推动县城学校教师到乡村学校交流轮岗,乡镇范围内重点推动中心学校教师到村小学、教学点交流轮岗。2015年6月,教育部印发《关于确定首批义务教育教师队伍"县管校聘"管理改革示范区的通知》,确定北京市东城区、上海市嘉定区、江苏省淮安市清浦区、江苏省南通如皋市、广东省佛山市禅城区、广东省惠州市仲恺高新区等19个申报单位为首批义务教育教师队伍"县管校聘"管理改革示范区。其中,东部地区9个,中部地区5个,西部地区5个,共涉及15个省份。

2016年6月,教育部印发《国家教育事业发展第十二个五年规划》,规定县级教育行政部门统筹管理义务教育阶段校长和教师,建立合理的校长、教师流动和交流制度,并完善鼓励优秀教师和校长到薄弱学校工作的政策措施。2016 年 7 月,国务院印发《关于统筹推进县域内城乡义务教育一体化改革发展的若干意见》提出,全面推进教师"县管校聘"改革,按照教师职业特点和岗位要求,完善教师招聘机制,统筹调配编内教师资源,着力解决乡村教师结构性缺员和城镇师资不足问题。2017 年 7 月,教育部印发《关于公布第二批义务教育教师队伍"县(区)管校聘"管理体制改革示范区的通知》,确定北京门头沟区、河北邯郸市等为第二批义务教育教师队伍"县(区)管校聘"管理体制改革示范区。2018 年 1 月,中共中央、国务院发布《关于全面深化新时代教师队伍建设改革的意见》提出,实行义务教育教师"县管校聘",深入推进县域内义务教育学校教师、校长交流轮岗,推动城镇优秀教师、校长向乡村学校、薄弱学校流动。

2012 年,成都开始推行"县管校聘"试点工作。2013 年,邛崃市教师全员公开竞聘上岗。邛崃市教师在校级竞聘中共有 251 人落聘或转岗,其中 133 人转岗,65 人通过学区和跨学区竞聘后重新上岗,19 人进入待(顶)岗培训,仅有 34 人辞(解)聘。2013 年 7 月,浦江县实验小学教育集团等六所中小学在全县率先推行"县管校聘"试点工作。2013 年,22 个省市地方政府出台关于教师交流的政策。2016 年 10 月,甘肃省教育厅公布《甘肃省教育综合改革方案》,实行义务教育教师队伍"县管校聘"制度。2016 年 7 月,山东省淄博市发布《乡村教师支持计划(2015—2020 年)》实施方案,积极推进"县管校聘"管理制度改革。青岛市将"支教"作为教师晋升职称硬条件,校长、教师在同一学校连续任职满 6 年符合交流条件,交流比例每年不低于符合交流条件人数的 10%,骨干教师比例不低于交流教师总数的 20%。青岛市 2015 年至 2017 年,采用中小学教师聘用制等方式每年补充教师 3000 余人;为农村区市补充 2016 名音体美等紧缺学科教师;2017 年各区市校长、教师、骨干教师交流轮岗比例分别达到 32%、21.1%、32.3%。

中小学教师"县管校聘"管理改革推广完善期的主要特点:"县管校聘"管理改革在试点基础上进行推广和完善,"县管校聘"管理改革政策进一步完善,"县管校聘"管理改革进入普遍实施和常态实施阶段。

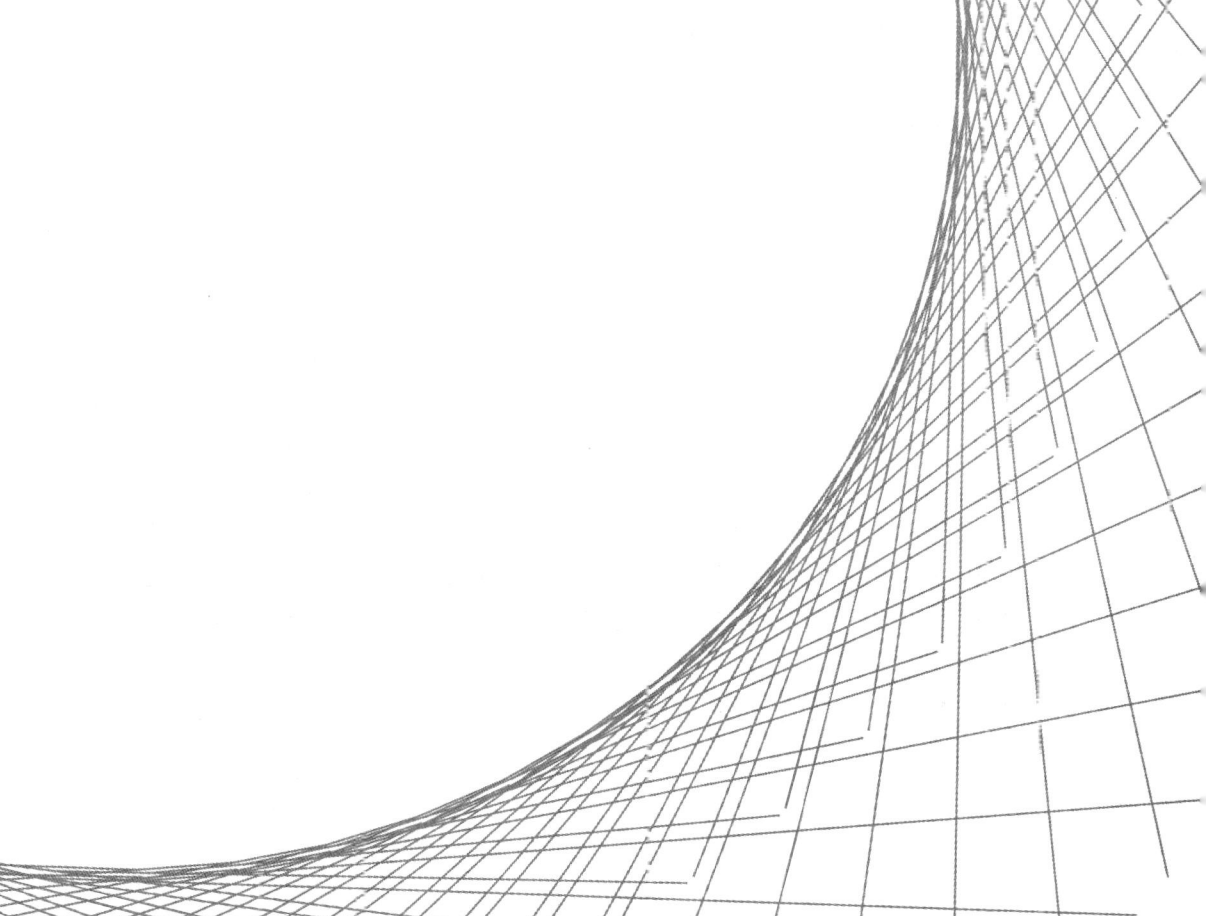

第二章　S市中小学教师"县管校聘"管理改革实践研究

本章对 S 市中小学教师"县管校聘"管理改革实践进行调查研究,旨在对 S 市中小学教师"县管校聘"管理改革政策的执行效果、政策执行中存在的问题、政策执行的对策建议进行分析。

第一节 研究背景、设计与样本说明

一、调查背景

《国家中长期教育改革和发展规划纲要 2010—2020 年》提出,将教育公平作为国家基本教育政策。但长期以来,受历史、经济、政治、文化等诸多因素影响,我国教育发展并不均衡,尤其是义务教育阶段师资配置和教学水平的不均衡现象比较突出。因此,构建完善的教师队伍管理制度,形成科学合理的教师流动机制,既是实现教育公平最有效的途径,也是推动我国义务教育优质均衡发展,从"教育大国"向"教育强国"转型的关键议题。

在教师管理体制机制方面,受教师编制制度的约束,我国一直实行"校管校用"的"单位所有制"。制度设计中,条块分割的人事关系不仅加剧了教师资源校际不均衡的矛盾,也阻碍了区域教师的有序流动,同时还增加了不合格教师退出的难度,在一定程度上制约了教师队伍的活力,影响了教师轮岗交流的制度化与常态化,导致优质教师资源均衡配置实效不足。随着我国城镇化推进带来的人口大规模流动,教师"校籍"化管理体制面临重大挑战,"二孩"政策的实施也使城乡适龄儿童的分布发生了极大改变,县域内农村学校"总量超编,结构性缺编"与城区学校"整体缺编"的师资供求矛盾日益突出。

2014 年 8 月,教育部、财政部、人力资源和社会保障部联合印发《关于推进县(区)域内义务教育学校校长教师交流轮岗的意见》提出,在义务教育阶段推进中小学教师"县管校聘"管理改革,打破教师管理体制障碍,实现义务教育阶段县(区)内教师的充分流动。2015 年,教育部在全国 19 个区县开始实行中小学教师"县管校聘"管理改革试点,并逐渐开始向全国各地推广。2016 年 7 月,国务院发布《关于统筹推进县域内城乡义务教育一体化改革发展的若干意见》提出,全面推进教师"县管校聘"改革。全国各地教育行政管理部门和中小学开展了灵活多元的探索,积累了丰富的政策和实践经验。2020年,《中共中央、国务院关于抓好"三农"领域重点工作确保如期实现全面小康的意见》再次明确提出要"全面推行义务教育阶段教师'县管校聘'"。推动义务教育教师中小学教师"县管校聘"管理改革,探索有效的教师交流轮岗制度,促进义务教育优质均衡发展,成为现阶段我国义务教育改革与创新的重要任务。

S市地处粤北地区,是广东省内经济欠发达的山区城市,县域内中小学教师"结构性缺编"矛盾一直比较突出,农村学校存在"超编缺教师"的怪象,城区的富余教师又难以调剂。2017年12月,广东省教育厅、广东省机构编制委员会办公室、广东省财政厅、广东省人力资源和社会保障厅联合出台《关于推进中小学教师"县管校聘"管理改革的指导意见》(粤教师),开始在全省全面推进中小学教师"县管校聘"管理制度改革。S市作为全省第一个以市为单位开展中小学教师"县管校聘"管理改革的地区和全国改革示范区,在2017年、2018年分两批在全市范围为推进中小学教师"县管校聘"管理改革政策,截至2019年8月底,全市所辖10个县(市、区)全面完成中小学教师"县管校聘"管理改革工作。在中小学教师"县管校聘"管理改革持续推进过程中,各地政策制定和执行状况如何?亟待解决的理论问题是什么?还有哪些政策需求?政策执行中存在哪些问题?改革措施实施的效果如何?这些问题都需要进行深入探讨、科学评估和提出决策参考。为此,S市教育局联合华中师范大学、S市学院成立专项课题组,组建了一支跨学院、跨区域的研究团队,对中小学教师"县管校聘"管理改革进程进行持续跟踪,深入各区(县)实地开展中小学教师"县管校聘"管理改革政策研究,形成以下调研报告。

二、研究设计

为确保研究高效顺利进行,课题组采用量化和质化相结合的研究范式,同时推进线上与线下调研。调研工作主要通过以下几种形式开展。

(一)专家论证

课题组成立了项目研究专家小组和工作小组,国家督学、S市学院院长廖益教授担任本课题学术顾问,专家团队成员包括北京师范大学、华中师范大学、四川师范大学、华南师范大学等多位中小学教师"县管校聘"管理改革政策同行专家,课题开展过程中多次召开线上、线下专家咨询会议,共同对研究方案进行反复论证,提出意见和建议。

(二)问卷调查

问卷调查采用全样本调查的方式,调查对象为 S 市 10 个县(市、区)样本学校全体教职员工。

课题组从校长、教师两个层面分别设计了《S 市基础教育教师中小学教师"县管校聘"管理改革政策研究之校长问卷》《S 市基础教育教师中小学教师"县管校聘"管理改革政策研究之教师问卷》,两类问卷相互补充、相互印证,提高了研究结论的有效性。

(三)现场调研

现场调研主要通过访谈和座谈的方式进行。课题组设计了"S 市'县管校聘'政策研究访谈提纲(教师)""S 市'县管校聘'政策研究访谈提纲(校长)""S 市'县管校聘'政策研究访谈提纲(教育局人员)""S 市'县管校聘'政策研究访谈提纲(编办人员)"四类访谈调查问卷,采用半结构式访谈方法,通过座谈、一对一交流等多种形式访谈教育局人员、编办人员、校长和公办教师四类对象,全面了解政策相关人员对中小学教师"县管校聘"管理改革政策的看法和意见。

(四)开展自评

全市各区县教育行政管理部门、中小学对照中小学教师"县管校聘"管理改革自评量化表的指标体系和自评报告模板格式要求开展自评,总结中小学教师"县管校聘"管理改革工作中的得失,向市教育局和课题组提交自评报告。

(五)收集相关材料

收集各县(市、区)政府、教育局、人社局、编办、财政局等部门关于中小学教师"县管校聘"管理改革的政策文件、工作总结及相关数据资料,收集 S 市教育局提供的近 3 年全市教师队伍建设相关数据。

三、样本说明

(一)调查问卷样本

课题组采用分层整群抽样的方法,以S市10个县(市、区)作为调研样本分布区域,在每个县(市、区)内选择1个县城,2个乡镇作为调查的县镇样本。每个县(市、区)的县城为固定取样样本,在选择乡镇样本时,考虑到距离是影响教师流动意愿的重要因素,课题组根据乡镇与县城人民政府的距离,将乡镇划分为近城乡镇与远城乡镇。最终每个县(市、区)确定城区,一个近城乡镇,1个远城乡镇,总计3个抽样点。在每个城区抽取6所学校作为问卷调查样本(小学和中学各3所);在每个乡镇中随机选择2所学校作为问卷调查样本(小学和中学各1所)。

(二)访谈对象样本

访谈调查采用判断抽样的方式,对S市各县(市、区)中小学教师"县管校聘"管理改革政策典型性进行初步判断,选择了较有代表性的Q区、N市、R县、X县4个县(市、区)进行实地访谈调查。

在确定具体访谈对象后,课题组按教育局人员、编办人员、学校校长和教师分类开展调查。其中,在4个县(市、区)中,每个县(市、区)教育部门选择1~2名熟悉中小学教师"县管校聘"管理改革政策操作的领导和行政人员,编制部门选择1~2名参与中小学教师"县管校聘"管理改革政策制定和实施的行政人员,学校选择1~2名参与校级中小学教师"县管校聘"管理改革政策过程的校长及中层干部参与访谈。此外,课题组选择不少于4名公办教师参与访谈调查,教师访谈尽可能涵盖"校内直聘"、"校内竞聘"、"跨校竞聘"和"组织调剂"四种类型的教师。

(三)样本描述

问卷样本和访谈样本分布情况见表2-1。

13

表 2-1　调研样本分布情况表　　　　　　　　　　（单位：人）

地区	问卷样本量		访谈样本量		
	中小学教师	校长	教育局人员	编办人员	学校
N 市	1167	15	1	1	6
L 市	817	18	—	—	—
Q 区	595	24	1	1	6
W 区	604	15	—	—	—
Z 区	571	13	—	—	—
R 县	890	15	1	1	6
X 县	1262	12	1	1	6
F 县	1063	24	—	—	—
S 县	789	14	—	—	—
W 县	1278	13	—	—	—
总计	9036	163	4	4	24

注：学校访谈样本包括校长访谈和教师访谈。

1.网络调查问卷

本次网络问卷采用问卷星进行，问卷填写截止时间为 2019 年 12 月 24 日。回收有效问卷 9199 份，其中校长问卷 163 份，教师问卷 9036 份。

1）校长问卷

从学校校长样本（表 2-2）看，学校校长的基本特征：①从任职学校类别看，完全小学的校长占 39.9%，36.8%的校长任职于初中学校，10.4%的校长任职于完全中学，6.1%的校长任职于九年一贯制学校；②从任职学校的城乡属性来看，49.1%的校长任职于县城学校，44.2%的校长任职于乡镇学校，6.7%的校长任职于乡村学校；③从地理位置看，27.0%的校长任职学校位于平原，9.8%的校长任职于丘陵地区，57.1%的校长任职于山区学校；④从是否为寄宿学校看，超过一半（55.2%）的学校校长任职于寄宿制学校；⑤从示范校看，14.7%的校长任职于薄弱学校，57.1%的校长任职于普通学校，27.6%的校长任职于省/市/县示范校。

以上分析表明，在学校校长样本中，以完全小学、初中为主，大部分学校分布在山区与平原，少量学校分布在丘陵，并存在一定比例的寄宿制学校；

县城与乡镇学校占比大致相当,优质校、普通校、薄弱校样本均占有一定的比例,总体来看,学校样本的覆盖面较广、代表性较强。

表 2-2 学校校长基本信息表

类别		比值
任职学校类别	教学点	1.8%
	完全小学	39.9%
	初中	36.8%
	九年一贯制	6.1%
	完全中学	10.4%
	高中	4.3%
	其他	0.6%
寄宿与否	寄宿制学校	55.2%
	非寄宿制学校	44.8%
示范校	薄弱学校	14.7%
	普通学校	57.1%
	县/市示范校	19.0%
	省级示范校	8.6%
	其他	0.6%
地理位置	平原	27.0%
	丘陵	9.8%
	山区	57.1%
	其他	6.1%
城乡属性	乡村学校	6.7%
	乡镇学校	44.2%
	县城学校	49.1%
学校质量	较差	3.0%
	中下	8.0%
	中等	30.1%
	中上	46.6%
	最好	12.3%

2）中小学教师问卷

从教师样本（表2-3）看，中小学教师的基本特征：①从人口学特征看，平均年龄为42.1岁，男性占41.2％，已婚教师占86.1％，以汉族为主；②从学历背景看，19.6％的教师拥有大专学历，超过四分之三的教师拥有本科及以上学历（77.6％）；③从职称看，7.3％的教师未定级，5.5％的教师为三级教师，19.3％的教师为二级教师，55.9％的教师为一级教师，副高及以上教师占比达12.0％；④从教学背景看，平均教龄为20.5年，13.5％的教师担任中层管理干部或校级领导职务，具有一定的行政职务；⑤从教师待遇看，教师的平均工资为6.9万元/年。以上分析表明，在教师样本中，中小学教师整体年龄偏大，中级及以上职称教师超过五分之三。

表2-3 中小学教师基本信息表

类别		值
男性		41.2％
汉族		97.6％
家庭经济条件	非常好	0.3％
	比较好	7.4％
	一般	78.4％
	比较差	12.8％
	非常差	1.1％
平均年龄		42.1年
平均教龄		20.5年
职称	未定级	7.3％
	三级	5.5％
	二级	19.3％
	一级	55.9％
	副高	11.9％
	正高	0.1％
行政职务	中层管理人员	10.4％
	校级领导	3.1％
婚姻状况	未婚	10.3％
	已婚	86.1％
	其他	3.6％

续表

类别		值
最高学历	高中及以下	2.8%
	大专	19.6%
	本科	76.4%
	研究生	1.2%
平均工资		6.9万元/年

2.访谈调研

改革推进期间,课题组多次到 Q 区、N 市、R 县、X 县开展实地访谈调研。与市、县(市、区)教育部门、编制部门、人社部门召开座谈会,访谈和座谈相关负责人。深入中小学召开座谈会,访谈和座谈校长、教师(包括"校内直聘"、"校内竞聘"、"跨校竞聘"和"组织调剂"四种类型)。

第二节　中小学教师"县管校聘"管理改革的实施效果

(一)政策执行范围广,落实到位

调查表明,S 市中小学教师"县管校聘"管理改革政策执行范围广,截至2019 年,中小学教师"县管校聘"管理改革在全市 10 个县(市、区)得到全面落实。S 市《关于推进全市基础教育学校公办教师中小学教师"县管校聘"管理改革工作的意见》规定,政策执行范围包含全市公办中小学校(含幼儿园、特殊教育学校)在编在岗教职工。在实际执行过程中,包括幼儿园、小学、初中、中职、高中、青少年宫以及特殊教育学校等在内不同类型的学校或机构均有不同程度的涉及。调查显示,超过九成的教师认为任职学校已全面推动中小学教师"县管校聘"管理改革,仅 6.8%的教师认为任职学校未全面推动中小学教师"县管校聘"管理改革,此类教师多为高中学校教师。

从调查数据看,教育行政部门管理者、中小学校长、教师等利益相关者对政策比较了解,说明各县(市、区)在改革推进过程中的宣传和政策解释工作比较到位。调查数据(图 2-1)显示,对中小学教师"县管校聘"管理改革政策"不了解"和"不太了解"的教师占比分别为 3.76%和 17.05%,合计 20.81%。近 80%的教师对中小学教师"县管校聘"管理改革政策有一定

17

的了解,政策宣传和落实已深入基层。

另外,关于"您同意'县管校聘'政策执行流于形式化的观点吗?"问题的调查结果(图 2-2)显示,选择"赞同"和"比较赞同"的校长分别占 6.75% 和 9.82%,选择"不赞同"和"不太赞同"的校长则占 36.81% 和 23.93%。仅 16.57%("赞同"和"比较赞同")的校长认为中小学教师"县管校聘"管理改革政策执行流于形式化,说明绝大多数校长认为中小学教师"县管校聘"管理改革政策执行落到实处,在 S 市各县(市、区)有实质性开展。

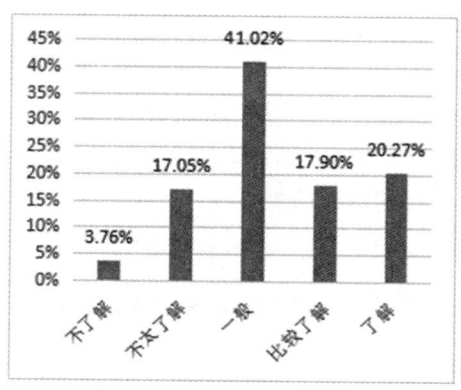
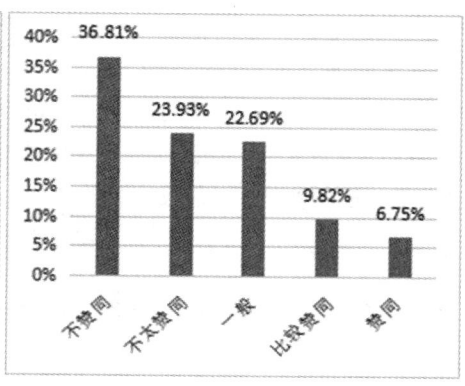

图 2-1　教师对政策的了解程度　　图 2-2　校长对政策执行形式化的认同度

(二)利益相关者对政策认可度较高

作为近几年我国教师管理制度重大变革的中小学教师"县管校聘"管理改革政策,不仅涉及编制、人社、财政等相关行政管理部门,其实施对象直接面向不同类型、层次和水平的学校、校长和教师群体,利益相关者对政策的认同程度直接影响改革成本和实施效果。访谈和问卷调研结果显示,整体而言,不同利益相关者对政策的认可度比较高,但不同类型、层次和水平的学校、校长和教师之间存在一定差异。

1.编办、人社、财政等政府部门对政策持支持态度,但配套措施有待完善

作为广东省第一批以市为单位实施中小学教师"县管校聘"管理改革的地区,S 市市委市政府将中小学教师"县管校聘"管理改革纳入全市重点突破改革项目,写入政府工作报告,成立了由副市长牵头的改革工作领导小组。通过对各县(市、区)中小学教师"县管校聘"管理改革政策的文本分析,S 市 10 个县(市、区)全部出台了由县(市、区)政府牵头制定的《中小学教师"县管校聘"管理改革实施方案》(表 2-4),并建立了由教育、编办、财政、人社等部

门协同推进的教师管理联席会议制度。各行政主管部门围绕本地区教师管理中的新问题、焦点问题和棘手问题,通过召开常规性和临时性的联席会议进行集体讨论和磋商,及时提出解决方案。

表 2-4　10 个县(市、区)中小学教师"县管校聘"管理改革政策文本

地区	文件名称	发文单位	发文时间
S 市	《S 市人民政府办公室关于推进全市基础教育学校公办教师中小学教师"县管校聘"管理改革工作的意见(试行)》	S 市人民政府办公室	2017 年 4 月 24 日
	《S 市教育局直属学校教师"局管校聘"管理改革的工作方案》	S 市教育局、S 市机构编制委员会办公室、S 市财政局、S 市人力资源和社会保障局	2017 年 9 月 12 日
N 市	《N 市关于推进全市中小学教师"县管校聘"管理改革的实施意见》	N 市人民政府办公室	2018 年 5 月 2 日
L 市	《L 市推进中小学教师"县管校聘"管理改革工作意见(试行)》	L 市人民政府办公室	2018 年 6 月 12 日
	《L 市推进中小学校教师"县管校聘"工作实施办法(试行)》	L 市教育局	2018 年 8 月 16 日
Q 区	《Q 区推进中小学教师"县管校聘"管理改革实施方案》	Q 区人民政府办公室	2018 年 5 月 10 日
W 区	《W 区推进全区基础教育学校公办教师中小学教师"县管校聘"管理改革工作的实施方案(试行)》	W 区人民政府办公室	2018 年 6 月 27 日
Z 区	《Z 区推进基础教育学校公办教师中小学教师"县管校聘"管理改革工作实施方案》	Z 区人民政府办公室	2018 年 2 月 5 日
	《Z 区中小学教师"县管校聘"工作实施细则(试行)》	Z 区教育局	2018 年 10 月 8 日

地区	文件名称	发文单位	发文时间
R 县	《R 县关于推进中小学教师"县管校聘"管理改革实施方案》	R 县人民政府办公室	2018 年 6 月 14 日
X 县	《X 县推进中小学教师"县管校聘"管理改革实施方案》	X 县人民政府办公室	2018 年 6 月 4 日
F 县	《F 县瑶族自治县推进教师中小学教师"县管校聘"管理改革工作实施方案》	F 县瑶族自治县人民政府办公室	2018 年 6 月 15 日
S 县	《关于推进 S 县中小学教师"县管校聘"管理改革工作方案》	S 县教育局、S 县机构编制委员会办公室、S 县财政局、S 县人力资源和社会保障局	2018 年 4 月 26 日
	《S 县中小学教师"县管校聘"管理改革实施意见(试行)》	S 县人民政府办公室	2018 年 5 月 21 日
	《S 县关于推进 S 县中小学教师"县管校聘"管理改革的工作的指导意见》	S 县教育局	2018 年 7 月 11 日
W 县	《W 县中小学教师"县管校聘"管理改革实施意见(试行)》	W 县人民政府办公室	2018 年 6 月 28 日
	《W 县中小学教师"县管校聘"管理改革实施方案(试行)》	W 县教育局、W 县机构编制委员会办公室、W 县财政局、W 县人力资源和社会保障局	2018 年 7 月 31 日

2.校长对政策的满意度较高,但县域差异明显

整体而言,大多数校长对中小学教师"县管校聘"管理改革政策持支持态度,对政策的整体满意度较高,认为政策执行效果利大于弊。从图 2-3 可以看出,70.55％的校长对中小学教师"县管校聘"管理改革政策持满意的态度,接近三分之一的校长(22.09％)对中小学教师"县管校聘"管理改革政策感到一般,仅 7.36％的校长不满意中小学教师"县管校聘"管理改革政策。在座谈中,不少校长也反映中小学教师"县管校聘"管理改革政策的实施激活了教师的工作动力,教师更愿意接受工作任务安排和岗位调整。可见,整体而言,校长群体对中小学教师"县管校聘"管理改革政策的满意度较高。

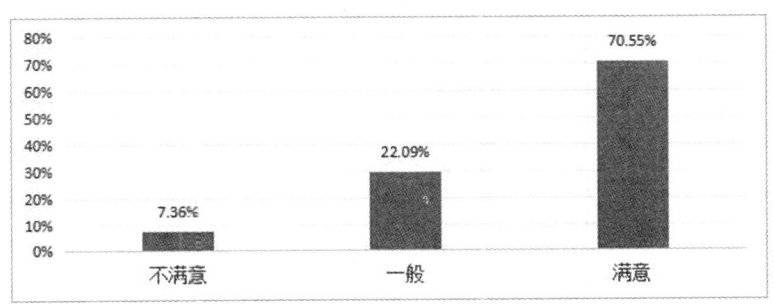

图 2-3 校长对政策的满意度

此外,从政策支持度与政策效果评价看,校长对中小学教师"县管校聘"管理改革政策的支持力度较大,政策效果评价较好。调查数据显示,75.46%的校长支持中小学教师"县管校聘"管理改革政策,62.58%的校长认为中小学教师"县管校聘"管理改革政策利大于弊。总体来看,S市中小学教师"县管校聘"管理改革政策得到多数校长的支持,政策执行效果较好。

表 2-5 表明,城乡校长对中小学教师"县管校聘"管理改革政策的满意度均较高,并不存在显著的差异。对中小学教师"县管校聘"管理改革政策感到满意("比较满意"和"满意")的县城校长与乡镇校长分别占该群体的68.00%与74.60%。不满意("不满意"和"不太满意")该政策的县城校长比乡镇校长少0.94%,感觉一般的县城校长比乡镇校长多7.54%。可见,两类群体对中小学教师"县管校聘"管理改革政策的满意度基本一致。卡方检验结果表明,城乡校长的政策满意度不存在显著的差异,两者对政策的满意度均较高。

表 2-5 城乡校长对政策满意度差异表

	不满意	不太满意	一般	比较满意	满意
县城	2.00%	5.00%	25.00%	37.00%	31.00%
乡镇	1.59%	6.35%	17.46%	41.27%	33.33%

从图2-4可以看出,不同县(市、区)校长对中小学教师"县管校聘"管理改革政策满意度存在一定的差异,按从高到低的顺序依次排列后,R县

（93.33%）＞N 市（86.66%）＞X 县（83.33%）＞W 县（76.92%）＞Z 区（75.50%）＞F 县（75.00%）＞S 县（71.43%）＞Q 区（70.84%）＞W 区（46.67%）＞L 市（33.33%）。这些数据说明 10 个县（市、区）校长对政策满意度差异水平较大，其中 R 县校长对政策满意度最高，超过九成校长对政策感到满意，而 W 区与 L 市学校的校长对政策满意度较低，值得持续关注。

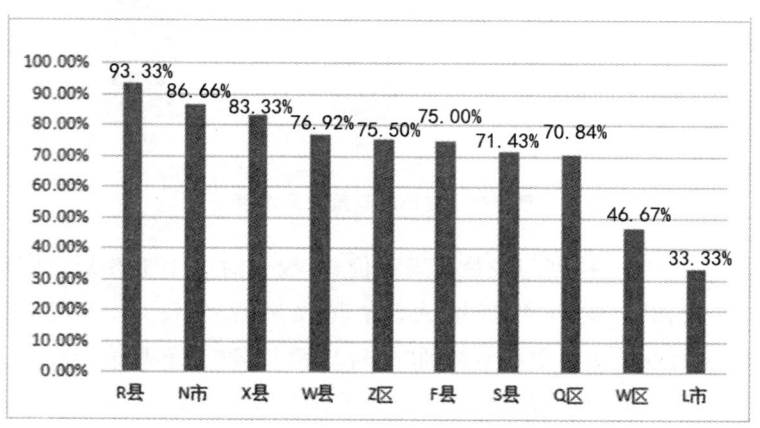

图 2-4　各县（市、区）校长对政策满意度的差异图

3.教师群体整体对政策的满意度一般，但存在学段、县域差异

问卷和访谈调查均表明，教师对中小学教师"县管校聘"管理改革政策的整体满意度一般，仅有 45.83% 的教师支持中小学教师"县管校聘"管理改革政策，35.39% 的教师认为政策执行效果利大于弊，8.2% 的教师明确表态不支持中小学教师"县管校聘"管理改革政策，8.4% 的教师则认为中小学教师"县管校聘"管理改革政策效果弊大于利。

为进一步了解教师对中小学教师"县管校聘"管理改革政策的支持力度以及政策效果评价，课题组关于"教师对'县管校聘'政策的满意度"的调查数据显示（图 2-5），41.62% 的教师对中小学教师"县管校聘"管理改革政策持比较满意与满意态度，近一半的教师认为中小学教师"县管校聘"管理改革政策一般，10.47% 的教师并不十分满意中小学教师"县管校聘"管理改革政策。整体而言，教师对中小学教师"县管校聘"管理改革政策的满意度一般占比接近一半，这表明中小学教师"县管校聘"管理改革政策仍存在不足之处，有待进一步改进。

调研组在对不同类型的教师进行的访谈中发现，受访教师对中小学教

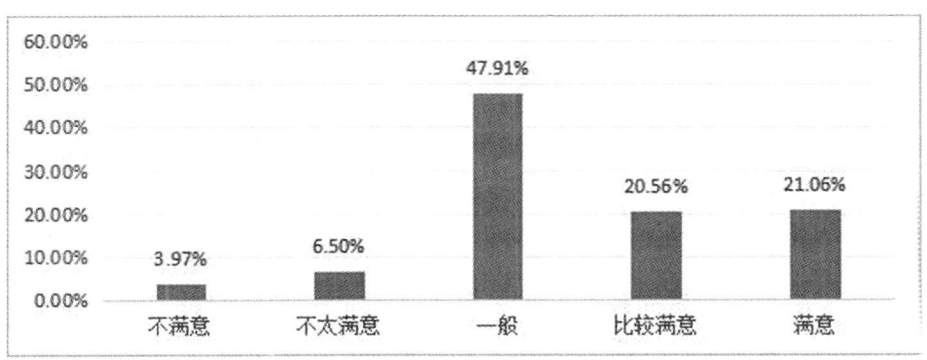

图 2-5　教师对政策的满意度

师"县管校聘"管理改革政策总体满意度受所在县域、受聘学校和个人受聘类型的具体情况影响比较大。总体而言,校内直聘和校内竞聘成功的教师对政策满意度较高,组织调剂的教师对政策的满意度一般。受聘学校为城区、优质学校的教师比乡村、薄弱学校的教师对政策的满意度更高。

　　另外,表 2-6 表明,不同学段教师对中小学教师"县管校聘"管理改革政策的满意度存在显著差异。小学、初中、高中教师对政策持满意与比较满意态度的分别占总体的 46.20%、35.00%、39.95%。其中,小学教师的满意程度最高,比初中教师与高中教师分别高 11.20% 与 6.25%。对政策持一般及以下满意度的小学、初中、高中教师,则分别占该学段教师数的 53.80%、65.00%、60.05%。综上可以发现,在不同教师群体中,小学教师的政策满意度显著高于初中与高中学段教师。

表 2-6　不同学段教师对政策满意度的差异

	不满意	不太满意	一般	比较满意	满意
小学	2.99%	5.47%	45.34%	21.80%	24.40%
初中	4.93%	8.20%	51.87%	20.34%	14.66%
高中	5.12%	6.16%	48.77%	16.93%	23.02%

　　从图 2-6 可以看出,不同县(市、区)教师对中小学教师"县管校聘"管理改革政策满意度存在一定的差异。按从高到低的顺序排列,X 县教师对政策的满意度最高,超过了一半,而 S 县教师对政策的满意度最低。具体而言,X县(55.94%)＞R 县(48.20%)＞Q 区(47.89%)＞Z 区(44.31%)＞N 市

23

(42.07%)＞W县(40.46%)＞F县(37.25%)＞L市(31.45%)＞W区(31.18%)＞S县(29.97%)。

这些数据说明,对教师群体影响最大的中小学教师"县管校聘"管理改革政策,在教师层面整体满意度反而一般,且不同县(市、区)差异较大。L市、W区和S县地区教师对政策的认同度排名靠后。

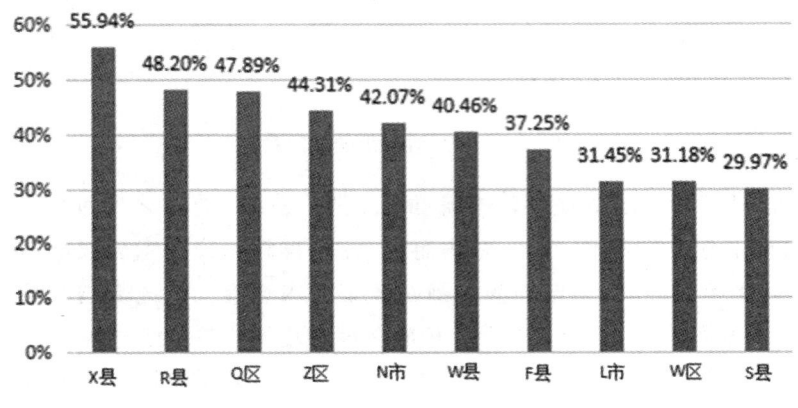

图 2-6　各县(市、区)教师对政策满意度差异图

(三)教师队伍学科对口率明显改善,不同地区、学科之间差异明显

为了获取教师第一学历所学专业与任教学科是否对口的信息,课题组在问卷中设计了"您今年主要的任教科目""您获取第一学历时所学的专业"等问题。调查发现,中小学教师"县管校聘"实施后,超过四分之三的教师任教学科与所学专业相匹配,其专业人力资源得到充分发挥。全市教师队伍的学科对口率达到77.24%,22.76%的教师处于学科与专业不匹配的状态。各县(市、区)的改革自评报告对教师学科背景对口率与城乡学校对比变化情况的统计也显示,各地教师队伍的学科对口率得到了明显改善。

城乡教师队伍的学科对口率存在显著差异,县城学校教师队伍学科对口率显著高于农村。从表2-7可以看出,县城学校教师队伍的学科对口率为78.98%,乡镇学校教师队伍的学科对口率为73.12%,前者比后者多5.86%。可见,S市城乡教师队伍的学科对口率存在显著差异,县城学校教师队伍学科对口率显著高于农村。

表 2-7 城乡教师队伍学科对口率

	专业不匹配	专业匹配
县城	21.02%	78.98%
乡镇	26.88%	73.12%

不同学科教师的学科对口率也存在较大差异。语文、英语、化学、物理、生物、音乐、美术、体育学科的学科对口率高于平均水平,而数学、地理、历史、思政、信息技术、心理、科学以及综合实践学科的学科对口率低于平均水平。调查显示(图 2-7),学科对口率从高到低的排序为:体育(93.00%)>英语(92.10%)>化学(88.40%)>音乐(86.50%)=美术(86.50%)>物理(85.10%)>生物(82.50%)>语文(78.80%)>地理(72.30%)>思政(71.10%)>数学(68.70%)>信息技术(66.30%)>历史(64.90%)>心理(61.50%)>科学(55.90%)>综合实践(0.00%)。

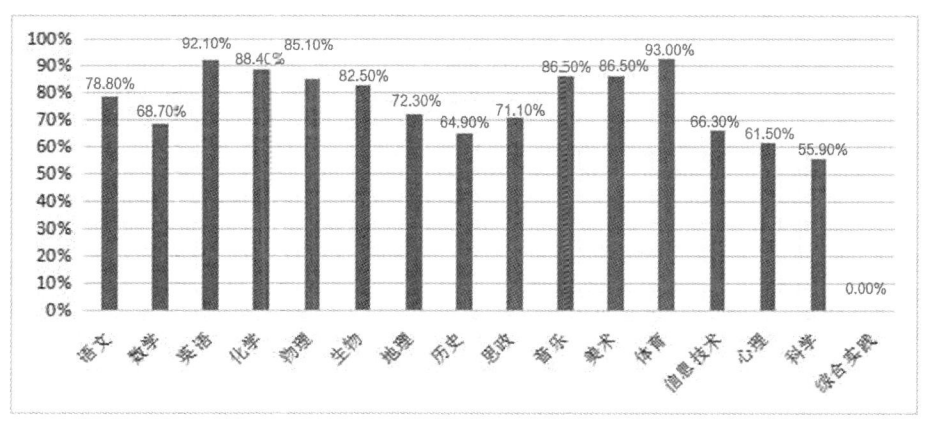

图 2-7 分专业学科对口率

不同县(市、区)的学科对口率有显著差异,L 市、W 区、X 县、S 县等学科对口率超过八成。其中,L 市、W 区、S 县、X 县、Z 区的专业匹配率高于平均水平,而 F 县、Q 区、N 市、R 县、W 县的专业匹配率低于平均水平。各地教师的学科对口率从高到低排序依次为:L 市(82.13%)>W 区(80.96%)>X 县(80.82%)>S 县(80.74%)>Z 区(78.46%)>F 县(77.69%)>Q 区(77.65%)>N 市(74.89%)>R 县(74.72%)>W 县(71.91%)。

（四）教师流动率基本达标，但区域差异明显

S市《县域内义务教育学校校长教师交流轮岗工作的执行方案》对教师流动率基本要求为，县域内每年义务教育阶段教师交流人数占义务教育阶段教师总数的比例应不低于5％。从全样本调查数据看（表2-8），中小学教师"县管校聘"管理改革政策执行后，S市教师队伍的流动比例基本达到政策要求。结果显示，全市有5.5％的教师在政策执行后由原先所在的学校调整到另一所学校任教。剔除高中教师样本后，义务教育阶段的教师流动比例达到6.5％，超过政策要求1.5个百分点。不同学段教师队伍的流动率差异更加明显。其中，小学教师流动率显著高于中学。小学流动教师占小学教师总数的7.56％，初中流动教师占比为4.80％，高中流动教师占比仅为0.65％。说明中学教师的整体流动率低于5％，未达到教师轮岗交流政策的要求，由于高中并不属于义务教育阶段，对教师流动率未做硬性规定，因此该阶段教师流动率占比非常低。

表2-8 不同学段教师队伍流动率

	流动	未流动
小学	7.56％	92.44％
初中	4.80％	95.20％
高中	0.65％	99.35％

不同县（市、区）教师流动率存在明显差异（图2-8），其中F县、Q区与W区教师流动率低于政策要求。按从高到低对教师流动率进行排序，R县（7.08％）＞X县（6.42％）＞W县（6.18％）＞N市（6.00％）＞S县（5.58％）＞Z区（5.43％）＞L市（5.02％）＞F县（4.99％）＞Q区（3.87％）＞W区（1.99％）。需要指出的是，W区的教师流动率最低，仅不足两成。

另外，调查显示县城教师队伍的流动率高于乡镇学校，但两者不存在显著差异。其中县城流动教师占县城教师队伍总数的6.71％，乡镇流动教师占乡镇教师队伍总数的6.1％。

（五）城乡师资配置仍不均衡

中小学教师"县管校聘"管理改革的重要目标是实现县域内教师队伍的

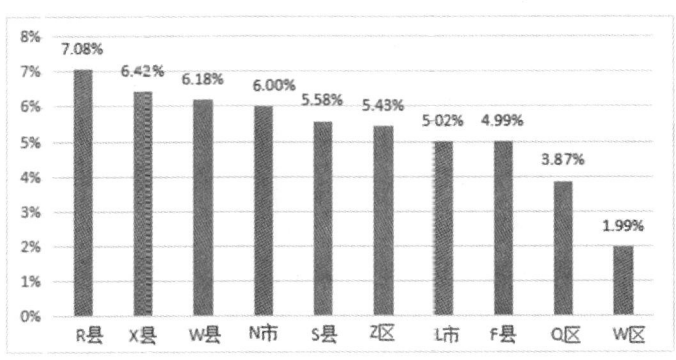

图 2-8　不同县（市、区）教师流动率的差异图

均衡配置，即县域内城乡专任教师高层次学历比例、中高级职称教师比例及骨干教师比例大致相当。通过此次调查数据分析发现，当前 S 市城乡骨干教师占比、中级及以上职称教师占比大致相当，但高层次学历教师占比仍存在一定的城乡差距，县城高级职称教师占比高于乡镇学校近 10 个百分点，并未完全实现师资均衡配置的目标。

1.县城高层次学历教师占比显著更高

通过对教师取得的最高层次学历数据（表 2-9）分析，S 市高学历教师占比存在显著城乡差异，县城教师队伍中高学历教师占比显著高于乡镇学校。

从小学看，县城小学高学历教师占比显著高于乡镇小学。具体而言，县城小学高学历教师占比为 97.51%，乡镇小学高学历教师占比为 92.30%，前者比后者高出 5.21%。初中学校的情况亦是如此，其中，县城初中高学历教师占比为 87.18%，乡镇初中高学历教师占比为 79.95%，前者比后者高 7.23%。而高中学校城乡高学历教师占比的差异并不太明显，尽管县城高中高学历教师占比仍然高于乡镇高中，但具体数据显示，县城高中高学历教师占比为 6.38%，乡镇高中高学历教师占比为 2.38%，前者比后者高 4%。

表 2-9　高层次学历教师占比城乡差异表

	小学		初中		高中	
	非高学历	高学历	非高学历	高学历	非高学历	高学历
县城	2.49%	97.51%	12.82%	87.18%	93.62%	6.38%
乡镇	7.70%	92.30%	20.05%	79.95%	97.62%	2.38%

2.城乡中高级职称教师占比大致相当

数据(表 2-10)分析表明,中小学教师"县管校聘"管理改革政策执行后,S 市城乡中级及以上职称教师占比整体差异不大,但县城高级及以上职称教师占比显著高于乡镇教师。

从整体情况看,县城中级及以上职称教师占比达 68.0%,乡镇中级及以上职称教师占比达 68.3%,城乡中级及以上职称教师占比整体差异不大。

从各级别职称教师占比看,县城、乡镇未定级教师占比相差不大,但乡镇三级职称教师占比要比县城三级职称教师高约 2 个百分点,而县城二级职称教师要比乡镇二级职称教师高约 2 个百分点。

比较城乡中级、高级及以上职称教师占比则发现,乡镇中级职称教师占比高于县城,但县城高级及以上职称教师占比高于乡镇。从中级职称看,县城中级职称教师占比达 52.9%,乡镇中级职称教师占比达 63.3%,乡镇中级职称教师占比反而比县城中级职称教师高 10.4%;从高级及以上职称看,县城高级及以上职称教师占比远高于乡镇学校,县城高级及以上职称教师占比达 15.1%,乡镇高级及以上职称教师占比达 5.0%,前者约比后者高出 10 个百分点。

表 2-10　中高级职称教师占比城乡差异表

	未定级	三级	二级	一级	高级及以上
县城	7.4%	4.8%	19.9%	52.9%	15.1%
乡镇	7.0%	6.9%	17.8%	63.3%	5.0%

3.城乡骨干教师占比大致相当

调研数据(表 2-11)显示,中小学教师"县管校聘"管理改革政策执行后,S 市教师队伍骨干教师城乡之间不存在显著的差异。其中县城骨干教师占比为 27.9%,乡镇骨干教师占比为 28.5%,乡镇骨干教师占比反而比县城骨干教师高 0.6%。政策实施后,从骨干教师的分布角度分析,S 市城乡学校的师资整体上达到了均衡配置

表 2-11　骨干教师城乡差异表

	骨干	非骨干
县城	27.9%	72.1%
乡镇	28.5%	71.5%

4.不同县(市、区)城乡师资均衡配置状况差异明显

数据(表 2-12)分析表明,不同县(市、区)城乡师资均衡配置状况存在明显差异,不同指标的差异较为明显,其中 L 市的乡镇高层次学历教师占比、中高级职称教师占比、骨干教师占比均要高于县城。

表 2-12　不同县(市、区)城乡高层次学历教师、中高级职称教师、骨干教师差异表

	高层次学历教师占比	中高级职称教师占比	骨干教师占比
N 市	+1.44%	−10.02%	−2.34%
L 市	−8.24%	−18.34%	−1.55%
Q 区	−0.37%	+2.79%	+3.65%
W 区	+4.55%	+1.09%	−3.58%
Z 区	+5.73%	+6.16%	−1.27%
R 县	−14.53%	+0.68%	+7.75%
X 县	−13.99%	+6.07%	−6.04%
F 县	−8.50%	−0.92%	+4.00%
S 县	−13.27%	+2.49%	−1.82%
W 县	−45.82%	+8.24%	−4.85%

注:数值结果为县城教师占比减去乡镇教师占比,其中,"+"代表县城教师占比高于乡镇教师占比,"−"则相反。

从高层次学历教师占比分析,N 市、W 区、Z 区县城高层次学历教师占比要明显高于乡镇,而 L 市、Q 区、R 县、X 县、F 县、S 县、W 县县城高层次学历教师占比则要低于乡镇。按照从高到低的顺序依次排序,Z 区(5.78%)＞W 区(4.55%)＞N 市(1.44%)＞Q 区(−0.37%)＞L 市(−8.24%)＞F 县(−8.50%)＞S 县(−13.27%)＞X 县(−13.99%)＞R 县(−14.53%)＞W 县(−45.82%)。排序越靠后的县(市、区),其乡镇高层次学历教师占比越明显高于县城学校。需要指出的是,W 县乡镇高层次学历教师占比要比县城高层次学历教师占比高出近五成。

从中高级职称教师占比分析,Q 区、W 区、Z 区、R 县、X 县、S 县、W 县县城中高级职称教师占比要高于乡镇,而 N 市、L 市、F 县县城中高级职称教师占比要低于乡镇。具体而言,W 县(8.24%)＞Z 区(6.16%)＞X 县(6.07%)＞Q 区(2.79%)＞S 县(2.49%)＞W 区(1.09%)＞R 县(0.68%)＞F 县(−0.92%)＞N 市(−10.02%)＞L 市(−18.34%)。

从骨干教师占比分析，Q 区、R 县、F 县等县城骨干教师占比要高于乡镇，而 N 市、L 市、W 区、Z 区、X 县、W 县、S 县县城骨干教师占比要低于乡镇。具体而言，R 县（7.75％）＞F 县（4.00％）＞Q 区（3.65％）＞Z 区（−1.27％）＞L 市（−1.55％）＞S 县（−1.82％）＞N 市（−2.34％）＞W 区（−3.58％）＞W 县（−4.85％）＞X 县（−6.04％）。

第三节 中小学教师"县管校聘"管理改革存在的问题

中小学教师"县管校聘"管理改革实施过程中，S 市按照"市级统筹、以县为主、城乡一体"的原则，优化顶层设计、科学谋划论证、深入调查研究，10 个县（市、区）都按照各地中小学教师"县管校聘"管理改革工作实施方案，扎实推进改革，取得了一定成效，但政策推进过程中也存在一些问题，主要表现在以下几个方面。

一、协同推进力度不够，政策资源供给不足

中小学教师"县管校聘"管理改革需要人社、编制、财政、教育等政府行政管理部门的协同配合，方能有序推进。尤其是编制和财力资源的配给是中小学教师"县管校聘"管理改革政策执行的两大重要政策资源，实地调研显示，在部分县（市、区）由于编制、经费等跨部门推进的工作环节，相关部门协同配合力度不一，导致改革工作无法及时开展，政策资源的供应不充足，在一定程度上制约了中小学教师"县管校聘"管理改革政策执行的效果。

1.教师编制总量供给仍不充足

从 2007—2018 年历年 S 市统计公报数据发现，S 市中小学的学生规模逐渐缩小，由 46.5 万人缩小至 40.5 万人，以国家标准核定中小学教师编制后，S 市的教师编制需要从 2007 年的 2.9 万个编制减少至 2.5 万个，整体上需要减少 0.4 万个编制。2018 年 S 市统计年鉴显示，2017—2018 学年 S 市实有中小学教职工 2.8 万人。换言之，S 市基础教育教师队伍超编约 0.3 万个编制，S 市在执行中小学教师"县管校聘"管理改革政策时教师队伍按理是超编的。从不同学段看，其中小学教师编制大致平衡，而中学教师超编情况较为严重，超编 2000 余个编制。

尽管各县(市、区)编办尽可能为教育事业保留教师编制,但是调查发现,当前S市教师编制供求仍处于"紧平衡"状态。一方面,以生师比为标准核定的编制总量不适应S市的特殊情况,山区小规模学校对编制数量的实际需求要远远大于以生师比核定的编制总量,按照班师比为小规模学校配备足额的教师编制数量,又会挤占有限的编制总量;另一方面,重病教师、哺乳期教师、借调教师等在编不在岗教师也加剧了中小学教师编制供求的矛盾。以R县为例,据编办人员介绍,R县近年来每年约有100名女教师休产假,约有200名中小学教师被借调到其他机关部门工作,仅此两类教师就占到编制总量的14.0%,这还不包括患重病和丧失劳动能力的教师。在"紧平衡"的供求状态下,许多教师在访谈过程中表示自己不敢病、不敢请假。

编制配套制度以及相应的核定标准的不衔接加剧了S市教师编制供求的矛盾。由于管理体制上的不足,地方政府无力调剂编制资源,教师资源无法得到有序整合,资源使用率不高,对教师队伍的长远发展不利。

2.财力资源供给不足

调查发现,S市中小学教师"县管校聘"管理改革政策缺乏一定的财政资源投入,中小学教师"县管校聘"管理改革政策主要依靠各县(市、区)教育局、学校与教师在不计成本的状态下执行。在访谈过程中,S市各县(市、区)教育局人员均表示县财政部门在政策执行过程中的参与度较低,没有投入中小学教师"县管校聘"配套经费。由于教师参与流动必然会产生交通、住宿等额外费用,尤其是下乡流动的成本会在一定程度上影响教师的流动意愿与政策满意度。

对于下乡教师而言,处于不同家庭生命周期的教师对住宿与否的需求不同。调查数据(图2-3)显示,在县城下乡的流动教师中,超过二分之一的教师(59.11%)住在学校宿舍或教师周转房,接近五分之一的教师(18.25%)自费租房、补贴租房或自购商品房,剩下的教师(22.64%)则选择住在家里。可以发现,在中小学教师"县管校聘"管理改革政策执行后,仅在住房/交通上,接近五分之二的下乡教师就需要支出不小的费用,这也在一定程度上抵消了《山区和农村边远地区教师生活补助》政策的激励作用。在实地调查过程中,YSS老师为笔者详细地算了一笔账:"我每天都要在学校和家里往返,基本上每天早上5点多起床,7点多到学校。PT镇距离NX市市区50多公里,每天来回跑要花接近2个半小时,每周末要加200~300元

31

油。看起来我每个月有1600元的生活补助,但是扣除了这些生活成本后,没剩多少钱,有时候还要自己多出呢。而且,这也不是钱的事,能用钱解决的事都不是事,而是这来回路上山路多,开车也不安全。一旦出事,也没有相应的保障措施。"

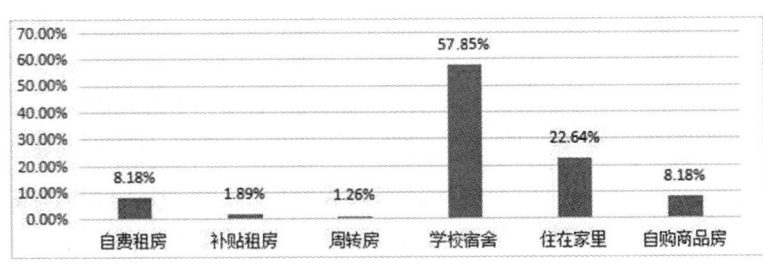

图 2-9　下乡流动教师的住宿情况

二、政策规定有待完善

1.流动规则不太合理

调查发现,部分县(市、区)的教师流动规则有不合理之处,直接导致师资的"逆向流动"。如 X 县直接规定:"校内考核在后 20％的教师不能参加县城学校的跨校竞聘"。换言之,X 县的落聘教师只能在乡镇学校内进行跨校竞聘。如果此类教师在乡镇学校跨校竞聘中依然落聘,那么县教育局会通过组织调配的方式,将这部分教师调配到偏远乡镇的学校(通常是教学点),以保证每一位教师都能够有岗位。这一规则实际上形成了从县城学校到近城乡镇再到偏远乡镇的师资质量递减的格局,具有明显的保护县城学校的特点。而在竞争机制的影响下,通过层层选拔,越是教学质量差、排名靠后的教师,就越会被调配到边远乡镇学校,直接导致了师资的逆向流动,而往往越是偏远乡镇的学校,越需要优质的师资。

2.教师考评标准不够科学

中小学教师"县管校聘"管理改革政策执行最大的难度之一在于优秀教师评价标准的模糊性。S 市各县(市、区)教育行政管理部门对教师评价主要有两种不同的实施模式:一种是由县(市、区)教育局统一出台考核评价标准;另一种则是将制定的教师考核评价标准下放至学校,由学校自主制定考核评价标准。由于 S 市处于第一轮中小学教师"县管校聘"管理改革政策执行期,大多数县(市、区)教育局出台的执行意见与方案较为模糊,指导性不强,仅 N 市、W 县出台了统一的考核评价标准,其他各县(市、区)则由各个学校自行制定教师考核评价标准。但由于不同学校的发展状况、历史积淀、师资力量等均存在一定的差异,学校自主制定教师考核评价标准差异较大。这种标准的差异化、个性化容易激发教师的相对不公平感。在访谈过程中,有校长指出,依据不同标准得出不同的结果,甚至截然相反的结果,使得学校里有部分落聘教师对考核标准以及政策结果提出质疑。

此外,调查也发现,部分学校自定考评标准存在一定的不科学性,对部分老教师不太公平,尤其是年龄在 50 岁左右的教师。这类老教师大多教学经验丰富,但与较年轻的教师相比,在校内竞聘与跨校竞聘中并不具有比较优势。有教师在访谈过程中提到他甚至都不清楚在原先的学校是如何考核的,就已在校内竞聘中落选了。可见,这种考核方式未考虑到不同年龄层次教师的差异,政策如何在公平的基础上做到"相对公平"的问题值得商榷。

三、政策执行范围不统一

S 市将中小学教师"县管校聘"管理改革政策执行范围由义务教育扩展为基础教育,政策执行范围的拓展为县域内统筹调配教师编制资源提供了一定便利,但也产生了一系列新的问题。从政策执行范围看,S 市将基础教育阶段不同类型的公办学校和教育机构均纳入改革范围内,而各县(市、区)基本延续市级政策文本的规定,但在具体范围上又存在一定的差别,如部分县(市、区)未将高中学校、中职学校纳入中小学教师"县管校聘"管理改革中。即使有县(市、区)将高中学校纳入改革范围内,高中学校的实质参与度也并不高。数据显示,高中教师的流动率非常低,仅不足 1%。换言之,几乎全部的高中教师在中小学教师"县管校聘"管理改革后均留在了原校,并没有参与流动,高中教师对中小学教师"县管校聘"管理改革政策的参与度并不高。S 市各县(市、区)政策规定的执行范围以及辖区内不同类型学校教师的参与度存在较大的差异,政策执行范围缺乏统一的标准。

实际上,政策执行范围越广,意味着教师在不同类型学校之间流动的可能性越大,这也更加能暴露教师能否胜任工作的问题。如特殊教育教师能否胜任普通学校工作?高中学校教师能否胜任小学、幼儿园工作?每一位教师都可以自由流动?还是需要有一定的限制条件?尽管教师法规定,持高学段教师资格证的教师允许到低学段竞聘,但不同学段的教学方法、内容以及学生特征均有所不同,高学段教师不一定能胜任低学段教学工作。课题组在实地调查中发现,部分跨城乡、跨学科、跨学段的流动教师明确表示自己并不适应新的工作岗位,需要较长一段时间调整自己的教学内容与方法。从教育教学规律看,教师可以花费一定时间适应新的工作岗位,但这种适应不能以牺牲学生的成长为代价。

毋庸置疑,当前中小学教师"县管校聘"管理改革政策仍处于实践探索阶段,各地的改革经验仍在积累之中。换言之,S市以基础教育公办学校为政策执行范围,不失为一种有益的经验探索。但是,无论是基础教育,还是义务教育,问题的关键是流动教师能否胜任新的工作岗位,如果全部流动教师均能胜任新的工作岗位,以基础教育为执行范围反而能够促进更大程度的教师流动,更有利于教师资源在劳动力市场的自由流动。开展教师胜任力培训活动,完善政策支持系统,提高流动教师,尤其是跨学科、跨学段、跨城乡等特殊类型流动教师的胜任力,是未来S市中小学教师"县管校聘"管理改革的重要议题之一。

四、政策信息透明度有待提高

尽管各县(市、区)在中小学教师"县管校聘"管理改革政策启动前和推进过程中对政策的宣传比较到位,但调查发现,在政策执行过程中依然存在信息不透明的问题,降低了教师对政策的满意度。政策信息不透明主要表现在校内竞聘信息以及岗位空缺信息两个方面。

从校内竞聘信息看,接近一半的流动教师对自己的校内竞聘信息不太了解。对流动教师的进一步分析发现,有接近32.76%的流动教师不知道自己的校内竞聘的排名,也不知道自己的分值,还有13.96%的教师只知道校内竞聘的排名,不知道具体分值,两者相加的比例高达46.72%。换言之,接近一半的教师在不了解自己校内竞聘结果信息的情况下就落聘了。让教师充分了解竞聘考核结果的计算细节,有助于增强政策结果的公信力,提高教师对政策结果的信任感。然而进一步追问发现,仅23.37%的教师了解校内竞聘考核结果的计算细节,而剩余接近五分之四(76.63%)的教师对校内竞聘考核结果不甚了解。

可见,在中小学教师"县管校聘"管理改革政策执行过程中,有相当比例的教师并不清楚自己校内竞聘的结果,对竞聘结果的运算过程也不甚了解,尤其是流动教师。而恰恰是这部分教师在对竞聘结果不清楚的情况下"被迫流动",成为利益的受损者,其政策的满意度也较低。在访谈过程中,有教师用"神秘"二字形容原学校的"校聘"过程:"(原)学校的'校聘'过程非常'神秘'。我觉得自己个人能力还行,也算年轻,但是不知道为什么我就排在末位落聘了。(原)学校就是贴了一张纸,公布了所有(校内竞聘)教师的排名,也没有分数。我不知道其他人交的材料是怎样的,也不知道我为什么排在后面,整个校内竞聘过程我只能用'神秘'来形容。"

从岗位空缺信息看,教师、校长与教育行政管理部门存在信息不对称的现象。比如对于如何公布岗位空缺信息,当前S市在中小学教师"县管校聘"管理改革政策实践中存在三种不同的处理方式:第一种是不公开,即不公布县域内学校岗位空缺信息,由教师"盲选";第二种是有限公开,由教育局统一收集县域内学校岗位空缺信息,再传递至学校层面,由学校校长决定是否向教师公布;第三种是全部公开,由教育局统一收集信息,并要求学校校长向全体教师公布岗位空缺信息。

无论是何种方式,在第一轮岗位空缺信息公布前,学校学科岗位空缺信息只掌握在少数人(教育局人员、本校校长)手中,部分有关系、有人脉的教师会提前"消化"部分空缺岗位。换言之,岗位空缺信息的公布方式,教师获得相关信息的早与晚会对竞聘结果产生重要影响,容易让教师产生不公平感、滋生寻租行为。

五、优秀师资城乡逆向流动

中小学教师"县管校聘"管理改革政策通过制度设计以调动县域内教师参与流动,以期促进县域内城乡师资的均衡配置。然而,教师流动率高并不必然带来师资的均衡配置,流动教师的流动方向、属性均会对城乡师资均衡配置产生重要影响。尤其是在教师流动存在逆向流动的趋势时,反而会恶化县域内城乡师资均衡配置的状况。通过分析S市流动教师的信息发现,城乡间师资流动存在"逆向流动"的倾向。

从图2-10可以看出,在中小学教师"县管校聘"管理改革政策中,教师的流动方向主要是县城内流动、乡镇内流动、县城流向乡镇以及乡镇流向县城,其中县城流到乡镇学校的教师占比最低。具体而言,县城内流动的教师占比达41.80%,乡镇内流动的教师占比达27.70%,进城教师占比达 26.30%，下乡教师的占比最低，仅占 4.20%。可见，县城内、乡镇内以及乡镇进城是教师主要的流动方向，而从县城流向乡镇学校工作的教师人数占比最少。

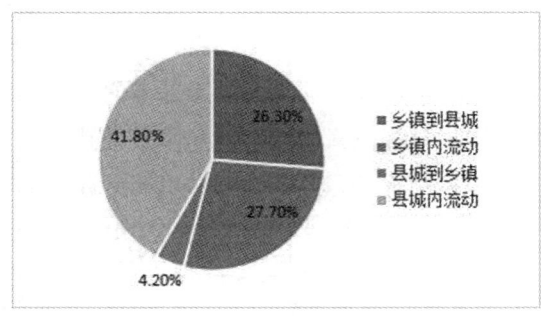

图 2-10　流动教师类型图

从城乡流动教师的属性看，城乡间教师流动存在逆向流动的现象。从表 2-13 可以看出，无论是高学历教师、中高级职称教师还是骨干教师，其人数相比于下乡教师而言，进城教师的规模远远高于下乡教师。受到城乡二元经济社会结构影响，S 市乡镇学校自身的师资力量就相对薄弱，它还向县城学校输送了大量高学历教师、中高级职称教师和骨干教师，对乡镇学校的发展更不利。

表 2-13　城乡流动教师特征表

	学历		职称		骨干	
	非高学历	高学历	中级职称	高级职称	非骨干教师	骨干教师
下乡教师/人	0	21	4	0	16	5
进城教师/人	13	195	98	11	161	47

在访谈过程中，调研员也发现了城乡师资的逆向流动现象。以 HL 中学为例，HL 中学是 X 县一所偏远的乡镇中学，政策执行前，该校有在编教师 51 人。政策执行后，HL 中学共调出教师 11 名，补充 4 名新手教师，3 位跨校调剂的教师，再加 2 位支教的教师，从而使得学校教师基本处于够用状态。从调出教师与补充教师的质量看，HL 中学处于劣势地位，调出的 11 名教师都是学校近几年培养的青年骨干教师，他们的离开给学校教师队伍建设带来较大的难题。而且，在访谈过程中，该校校长提到，让他现在非常忧虑的

是,三年一聘的动态调整机制,会不会出现三年后 HL 中学培养的优秀青年教师再次流向县城中学。毕竟这些青年教师三年之后不仅教学水平、能力都会有很大成长,而且也要考虑个人、家庭等实际情况。

第四节 对策与建议

S市中小学教师"县管校聘"管理改革实施虽然取得了初步成效,但也出现了一些新问题。为更好地推动和落实这项政策,提出如下建议。

一、进一步修订相关政策文本,完善政策手段

在具体化、明晰化各县(市、区)中小学教师"县管校聘"管理改革政策目标的基础上,加强省—市—县三级政策制定者的沟通,围绕中小学教师"县管校聘"管理改革政策目标达成基本共识,并建立协同合作机制。建议县级政策制定者根据实际情况设置中小学教师"县管校聘"管理改革工作总体目标与阶段性目标。协同编制、人社、财政等相关职能部门开展实地调研,摸清家底,认真分析本县(市、区)教师队伍状况,分门别类地制定不同政策目标的总目标与具体的阶段性目标,为基层执行者提供必要的指导与规范。

(1)明确 S市不同县(市、区)中小学教师"县管校聘"管理改革政策的执行范围,积极探索"义务教育""基础教育""义务教育+基础教育"等不同执行范围的利弊。同时,加快建立教师胜任力培训制度,为流动教师提供必要的培训活动,以适应新工作岗位的需求。

(2)修订中小学教师编制管理方案、岗位设置方案等政策性文件,县(市、区)相关部门出台与中小学教师"县管校聘"管理改革各项工作相衔接的各项配套文件,为全面落实中小学教师"县管校聘"管理改革提供政策依据和操作性指引,确保改革的纵深推进。

(3)优化教师聘用周期。根据不同学段的学制,研究与制定不同学段的聘用周期,小学教师的聘用周期建议调整为六年,确保教师可以带一轮学生,避免小学生在求学过程中频繁更换教师;初中、高中教师的聘用周期可为三年,但也可调整为六年,以保证政策的一致性。

(4)研制县级教师考核评价标准,由县(市、区)统一出台教师考核评价

基本标准,再由各校出台具体实施细则,这样才能保证学校聘用程序的公平性,提高教师聘用结果的公信力。

(5)建立与完善信息公布机制,增强政策信息的透明度,减少信息的不对称。各县(市、区)教育局在"校聘"政策执行过程中需要及时收集岗位空缺信息,并向县域内全体教师公开学校岗位空缺信息,让所有教师都处于同一起跑线;学校要及时公布校内竞聘环节信息,使得每位教师对其校内竞聘的结果"知其所以然",对竞聘结果心服口服。

(6)优化教师流动规则,加大对山区和农村边远地区学校的保护力度。首先,尽快修正对山区和农村边远地区学校不利的流动附加规则,如取消校内考核在后 20% 的教师只能参加农村学校的跨校竞聘,不能参加县城学校的跨校竞聘等附加规则;其次,考虑到山区和农村边远地区学校所处的不利地位,应当为其优秀教师的流出设置更高的门槛,并赋予山区和农村边远地区学校校长更多的聘用自主权,在政策执行过程中,农村学校有权拒收薄弱学校教师;最后,县(市、区)教育局在组织调剂时,要在"矮个子里挑高个",优先将相对质量更高的教师群体向偏远乡镇学校调配。

(7)建立"机动教师组",满足县域内学校教师编制的弹性需求。建议各县(市、区)教育局模仿教师编制周转池制度,牵头设立"机动教师组",在聘用周期内,根据学校的实际需求统筹调配机动教师(机动教师可以是临聘教师,也可以是超编学校的公办教师)以缓解师资短缺问题。

二、加强"省级统筹",加大政策资源投入

《关于推进县(区)域内义务教育学校校长教师交流轮岗的意见》提出,校长、教师交流轮岗实行"省级统筹、以县为主"的工作机制。然而调查发现,当前广东省政府在中小学教师"县管校聘"管理改革政策中扮演的角色并不突出。从目前的情况看,省级政府角色缺位、县级政府能力不足是政策资源供给不充足的主要原因之一。由于广东省政府的财政能力远远强于 S市,广东省理应在中小学教师"县管校聘"管理改革政策中扮演更重要的角色。

从经费供给看,S市是广东省经济欠发达地区的山区城市,其自身有限的财政能力制约了其资源投入的意愿与能力;从编制资源供给看,S市各县(市、区)编办已尽可能为教育事业保留教师编制,然而生师比核定的编制总

量以及在编不在岗的特殊状况仍然影响与约束着教师编制的有效供给。

加强广东省"省级统筹",加大S市教育经费投入,从S市政府和广东省政府"双管齐下",以加大政策资源投入,构建政策资源投入的长效机制。考虑到市、县两级政府调整编制核定标准与岗位设置比例的权力不足,省级政府应当在编制核定标准与岗位设置上承担更多的责任,根据实际情况研制相应的省级政策文本,为市、县级政府执行中小学教师"县管校聘"管理改革政策提供政策依据;厘清中小学教师"县管校聘"管理改革政策执行所需的经费资源,省、市政府按比例合理分担政策执行所需经费,加大省级政府的转移支付力度,建立经费投入的长效机制。

三、建立合理的利益补偿机制,提高农村教师岗位吸引力

从教师群体看,相较于县城学校,教师在农村学校工作所能获得的预期收益相对偏低,而且部分教师还需要付出高额的生活成本,极大地制约了优秀教师到农村学校工作的积极性。由此,在缺乏合适激励机制的影响下,乡镇学校往往成为优秀师资的输出校,其输入的教师质量普遍偏低,导致师资逆向流动现象的产生,与县域内义务教育优质均衡发展目标相悖。因此,应建立合适的利益补偿与激励机制,覆盖下乡流动教师的流动成本,完善教师生活补助政策,向偏远乡镇学校的教师给予更多的经济激励,提供更多的职业发展机会,改善其生活环境等,以增强乡镇学校对优秀教师的吸引力,促使各学校、城乡之间教师分配更加合理。

第一,科学测算教师流动成本,合理分摊与覆盖流动成本。其一,建议依据特征价格理论科学测算与补偿农村教师岗位所需的额外成本,增强农村教师岗位吸引力,实现城乡教师效用的均等化;其二,已有研究表明,教师流动会产生交通、通讯、住宿、校际收入差距等直接成本,从而制约了教师流动的意愿。对此,考虑到S市特殊的地理环境,应当优先考虑采用货币化的方式,直接覆盖下乡流动教师的交通、住宿等费用,为从县城向农村学校流动的教师提供额外的经济补贴,激励更多的县城教师向农村学校和薄弱学校流动。如地方财政能力允许,还可以进一步将通信费、保姆费等因下乡流动而产生的额外费用全部覆盖,以确保教师因流动而产生的费用都能够得到全额补偿。

第二,完善教师生活补助政策,平衡不同地区教师的利益诉求。以距

离/车程为标准,建立有梯度、有层次的生活补助额度,越是艰苦边远地区、能力越强的教师,其补助标准就越高。对此,一方面,加大教师生活补助政策的经费投入,S市应当积极争取省级政府更高的转移支付比例,加大地方财政对教师生活补助政策的投入;另一方面,在现有经费增长空间不足的情况下,要优化教师生活补助政策的支出结构。对于城区附近的农村学校,如车程在10分钟以内的学校,可以适当降低补助额度,节约经费;对于车程在10分钟以上、30分钟以内的学校,维持原先的补助额度;对于车程在30分钟以上的学校,建议进一步增加补助额度,以提高边远地区学校的吸引力。

第三,加快完善农村教师周转房建设,由省级财政统一规划、出资建设农村教师周转房,周转房需能满足教师基本生活、工作需要,其面积不应少于30~40平方米/间;保障农村教师培训经费投入,保证农村教师培训的质量和时间,加大农村教师参与市级、省级等高质量教师培训活动的比例,确保农村教师参与高质量教师培训活动的比例不低于县城教师,为农村教师提供充足的职业发展机会;建立农村教师荣誉制度,县级政府对在农村学校从教10年以上的教师给予鼓励,对在农村学校从教20年以上的教师颁发荣誉证书,对以上两类教师给予一定的物质奖励,并在评优评先、职称评审等方面对获奖教师给予更多的倾斜。

四、建立健全监督机制,完善配套政策

首先,建立健全的监督与问责机制,规范政策执行行为,减少政策执行偏差。第一,建立S市基础教育均衡发展的监督系统。市、县级政府应每年对师资均衡发展指数进行测算,在此基础上实现对师资配置均衡程度的监控,每年向社会各界公布相关的信息,并形成正式的制度。基于不同地区、不同学校师资配置均衡状况的比较,及时发现县域内师资配置的薄弱校,为下一次中小学教师"县管校聘"管理改革政策执行提供基础性信息,并要求相关政策执行者重点或着重引导或调配优秀师资向薄弱学校流动。第二,建立激励与补偿机制,对完成政策预期目标的政策执行者予以一定的经济、荣誉或职务晋升等方面的奖励,调动政策执行者政策执行的努力度与投入度。

其次,建立流动教师培训政策,提高流动教师工作适应性。县(市、区)层面应加快研讨与建立跨学段、跨学科、跨城乡流动教师培训政策,为此类

流动教师提供及时的培训,以帮助其尽快适应不同学段、不同学科以及不同环境的教学工作。

再次,完善职称评定的衔接制度,厘清跨学段教师职称评定渠道。人社部门要加快完善不同学段、不同学校之间职称评定的衔接制度,有效衔接教师流动前后学校的工作信息与职称评定条件,减少教师流动的顾虑。

最后,完善教师退出机制,及时腾出编制。尽快研制与完善教师退出政策,明确重病教师、违反师德教师的标准及其退出渠道,使其得以正常退出教师岗位,为教育事业发展留出相应的编制。

第三章　S市中小学校长职级制改革实践研究

中小学校长职级制改革是与中小学教师"县管校聘"管理改革并行的重要支持政策。本章主要对 S 市中小学校长职级制改革可能存在的潜在风险点及风险程度进行分析。

第一节　调研背景、目的、方法与过程

一、调研背景和目的

(一)调研背景

长期以来,我国中小学校长普遍享有行政级别,并按干部管理权限由组织人事部门进行管理,这种管理体制在一定程度上影响了中小学教育改革的深入推进,也制约了中小学校长的专业发展。取消中小学校长行政级别,推行职级制改革,促进校长走向专业化,是学校"去行政化"管理体制改革、创建现代学校制度的一项重要举措。

1993 年,上海市率先提出校长职级制改革的设想并开展了探索。1998年 8 月,教育部首次提出了"逐步试行校长职级制"的构想。1999 年,中共中央、国务院明确提出"试行校长职级制,逐步完善校长选拔和任用制度,鼓励优秀校长到薄弱学校任职"。2003 年 9 月,人事部、教育部《关于深化中小学人事制度改革的实施意见》提出逐步取消中小学学校行政级别。2010 年 6月,中共中央、国务院《国家中长期人才发展规划纲要(2010—2020 年)》提出取消科研院所、学校、医院等事业单位实际存在的行政级别和行政化管理模式。2013 年 2 月,教育部《义务教育学校校长专业标准》进一步明确提到"完善义务教育学校校长选拔任用制度,推行校长职级制"。2017 年 1 月,中组部、教育部《中小学校领导人员管理暂行办法》提出"加快推行中小学校长职级制改革,拓宽职业发展空间,促进校长队伍专业化建设"。2018 年 1 月,中共中央、国务院《关于全面深化新时代教师队伍建设改革的意见》明确要求"推行中小学校长职级制改革,拓展职业发展空间,促进校长队伍专业化建设"。

二十年来,党和国家出台的一系列有关中小学校长职级制改革的政策

文件,成为各省市推进校长职级制改革的重要政策支撑。上海、山东、广东、江苏等省市先后把中小学校长职级制改革列入基础教育综合改革的重要内容,使该项改革成为当前我国中小学教育改革的热点和焦点。

广东省高度重视校长职级制改革的探索和推进。《2018年广东省教师队伍建设工作要点》第22条明确提出:"积极探索中小学校长职级制改革"。同年,省委改革办将S市中小学校长职级制改革列入广东省重大改革试点项目。市委市政府高度重视,S市教育局在深入研究国家和广东省文件的基础上,借鉴山东潍坊、深圳、珠海等地市相关改革方案的经验,结合S市实际,起草了《S市试点推行中小学校长职级制改革的实施意见(试行)》,多次征求广东省教育厅及有关单位意见并修改完善,于2018年8月提交市政府常务会议审议。会议要求市教育局进一步开展调查研究,充分征求改革主体的意见,做到稳字当先、稳字当头,稳妥推进改革。根据会议要求,组织开展了此次调研。

推行校长职级制改革是我省教育领域破解"广东城乡二元结构,把短板变成'潜力板'"的重要举措,是以实际行动贯彻落实习近平总书记在广东考察时的重要讲话精神的具体体现。做好深入细致的调查研究,为校长职级制改革提供科学依据和理论支撑,是稳妥推进此项改革的前提和基础。

(二)调研目的

1.为市委市政府和教育行政部门提供决策参考

根据中央办公厅和国务院办公厅《关于建立健全重大决策社会稳定风险评估机制的指导意见(试行)》(中办发〔2012〕2号)的要求,S市需要对《S市试点推行中小学校长职级制改革的实施意见(试行)》进行政策调研及风险评估,全面了解即将试行的中小学校长职级制改革可能存在的潜在风险点及风险程度,为市委市政府和教育行政部门提供决策参考。

2.为进一步完善文件内容提供建设性意见

通过调研,更加深入全面了解S市校长队伍的现状、社会各层面对推行校长职级制改革的态度、推行该政策将面临的问题及困难,使文件更加科学完善。同时,也有助于下一步建立和完善科学的校长考核评价任用体系,有效激发中小学校长的办学积极性,鼓励校长依法办学、积极创新、努力进取,不断提升自身素质,进而为全面提高S市中小学学校的办学水平和效益提供助力。

3.为中小学校长职级制改革贡献理论增量和实践经验

推行校长职级制已经纳入国家教育发展规划,成为当前各级政府迫切需要解决的现实命题。虽然国内理论界对此开展了较多研究,但现有理论成果还不够系统全面,尚不能有效指导改革实践。因而,探索新形势下中小学校长职级管理的模式及方法,发现管理实践中存在的问题,并分析解决问题的对策与办法,有助于进一步丰富和发展中小学管理理论。

二、调研方法与过程

为了获取科学全面的调研数据和资料,韶关学院协同S市教育局、华中师范大学组成了专项调研工作组,对专项调研工作方案进行了充分论证,并开展了实地调研。调研方法与过程如下。

(一)调研方法

(1)文献研究法。调研组通过百度引擎、中国知网(CNKI)数据库、维普数据库等途径,全面检索国内外关于中小学校长职级制改革的现有文献,尽最大努力掌握和收集该研究领域的前沿文献,阅读、讨论与提炼中小学校长职级制改革的相关成果。

(2)问卷调查法。为了全面、准确了解校长对职级制改革的态度和看法,调研组设计了专项调查问卷,一共26道选择题。其中前12道选择题用于收集校长的基本信息,后14道题用于收集校长对职级制改革的态度及支持程度。

(3)访谈法。调研组采取结构性访谈的形式,根据访谈提纲对中小学校长和教育、人社、编办、财政等党政部门领导进行访谈。

(二)调研工具

针对本次专项调研的目的和要求,调研组制定了科学的调研方案,编制了调查员使用的调研手册,开发研制了中小学校长网络调查问卷和实地访谈提纲。其中,访谈提纲包括校长访谈提纲和党政干部访谈提纲。

（三）研究路径

1.文献资料研究

为了对中小学校长职级制改革有比较充分的了解和把握,在正式开展调研之前,调研组对国内外校长队伍管理和改革的文献资料进行了收集、查阅和整理;同时,也对国内校长职级制改革做得比较好的上海、山东、深圳等地的政策文本进行了专门研读,对它们的主要做法进行了梳理和归纳,较为充分地了解了国内外中小学校长管理尤其是校长职级制的理论研究现状和具体实践情况,认真梳理了其他地区在推行校长职级制改革过程中的先进经验和存在的问题。

2.开展国内专家咨询

调研组把S市的政策文本分别呈送给了国内对校长职级制改革较有研究的专家和学者,收集了专家的书面反馈意见。邀请《S市试点推行中小学校长职级制改革的实施意见(试行)》文件起草者对文件起草过程进行了介绍,对文本内容进行了详细的解读,专家组认真学习和分析了文本初稿,提取了文本的核心要点,结合现有资料,分析其中存在的政策薄弱点尤其是可能产生的风险点。

3.到先行先试地区实地考察调研

中山市从 2012 年开始推行中小学校长职级制改革,取得了一些成效,也存在诸多操作性问题,对我们开展S市各县(市、区)的调查研究具有参考指导意义。为了更好地了解具体情况,2018 年 10 月 25 日至 27 日,调研组派出代表专程到中山市教育局调研,详细了解了中山市推进校长职级制改革的过程、具体做法与经验教训,讨论了校长职级制改革工作存在的问题和努力方向。调研组同时走访了中山市多名中小学校长,了解了一线校长在职级制改革过程中的态度及遇到的问题和困难。

4.开展网络问卷调查和实地调研

根据科学抽样的原则,选取了 Q 区、Z 区、N 市、S 县、R 县、W 县和 S 市七个样本区域开展面向中小学校长的网络问卷调查和实地调研访谈。抽样充分考虑了性别结构、年龄结构、学历结构、职称结构、职务结构、地域结构、任职年限等因素,抽取的样本比较具有代表性。调研组分成 4 个小组,分别赴样本县区开展实地调研。各县区实地调研过程按统一规范程序开展:由调研组负责人向访谈代表阐明专项调研的背景和目的意义,解读 S 市校长职级制改革政策要点,现场完成网络问卷,并采用个别访谈法开展深度访谈。

实地调研共访谈了 141 人(中小学正副校长和教育行政干部)。其中,男性 117 人,女性 24 人;行政干部 9 人(局长 2 人、副局长 2 人、股长 4 人、纪委书记 1 人);高中校长 25 人,初中校长 39 人,九年一贯制学校校长 7 人,小学校长 46 人,特殊学校校长 4 人,中职校长 11 人;正校长 88 人,副校长 44 人;高级职称的校长 61 人,中级职称的校长 71 人;来自县城学校的有 84 人,来自乡镇学校的有 48 人;任职年限最短是 1 年,最长是 30 年;年龄最小的 35 岁,最大的 58 岁。共有 131 名校长完成问卷调查。其中,男性 107 人,女性 24 人;高中 25 人,初中 39 人,九年一贯制学校 7 人,小学 45 人,特殊学校 4 人,中职 11 人;正校长 88 人,副校长 43 人;高级职称 60 人,中级职称 71 人;来自县城学校的有 83 人,来自乡镇学校的有 48 人;任职年限最短是 1 年,最长是 30 年;年龄最小的 35 岁,最大的 58 岁。每位调查员根据访谈调研提交个人调研报告,由调研小组组长综合形成小组调研报告,调研组在综合汇总 4 个小组调研报告的基础上,结合网络问卷调查数据,形成本次调研总报告。

第二节　调查结果分析

一、问卷调查与校长访谈的结果分析

本次问卷调查围绕校长职级制改革的 9 个关键点展开,访谈时设置 6 个主要问题,其中前 2 个问题与问卷调查一致,另外 4 个问题是在问卷调查的基础上结合校长切身的利益加以拓宽、深化所得,两者互相参照、综合分析,结果如下。

1.对改革必要性的态度

根据数据(图 3-1、表 3-1)分析,79.39％的校长表示推行校长职级制改革非常有必要或有必要,这说明大部分校长比较认可和支持校长职级制改革。具体来看,校长和副校长对校长职级制改革的必要性认识和支持情况存在一定差异性。校长中认为有必要推行校长职级制改革的有 59 人,占比

66.29%;认为非常有必要推行校长职级制改革的有 15 人,占比 16.85%;副校长中认为有必要推行校长职级制改革的有 23 人,占比 56.10%;非常有必要推行校长职级制改革的有 6 人,占比 14.63%。这说明,校长群体比副校长群体更加支持校长职级制改革,校长对改革的期望比副校长要强烈。

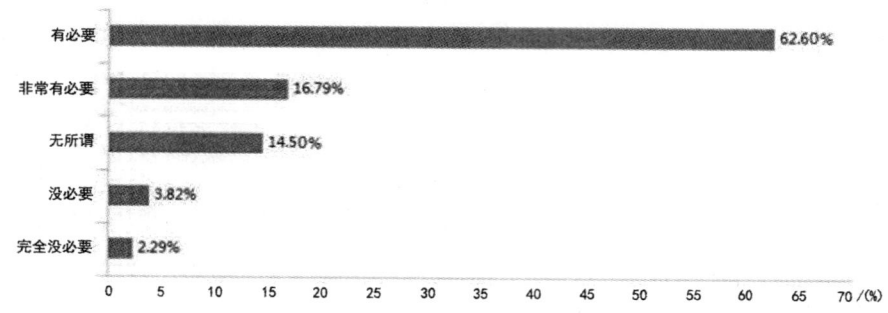

图 3-1 校长群体对推行校长职级制改革必要性的态度

表 3-1 不同群体对推行校长职级制改革必要性的态度

选项	完全没必要	没必要	无所谓	有必要	非常有必要
校长	2(2.25%)	2(2.25%)	11(12.36%)	59(66.29%)	15(16.85%)
副校长	1(2.44%)	3(7.32%)	8(19.51%)	23(56.10%)	6(14.63%)
书记	0(0%)	0(0%)	0(0%)	0(0%)	0(0%)
副书记	0(0%)	0(0%)	0(0%)	0(0%)	1(100%)

注:表中数据为人数(占比)。

从实地访谈中了解到校长们赞成改革的理由主要有以下几点。

(1)目前的管理制度在一定程度上制约了校长的积极性,亟待改革。改革方案提出试行校长职级制有利于提高校长待遇,调动校长的工作积极性。

(2)职级制改革有利于去行政化,从而减轻了校长负担,促进了校长的专业化发展,增加了学校的办学自主权等。校长普遍认为当前行政事务太多,只有 30%~40%的精力能用在学校事务上,希望通过去行政化减少无谓的事务与会议。

(3)推行校长职级制改革后,有利于优秀校长向薄弱学校流动,促进教育的均衡发展。

（4）推行校长职级制改革是大势所趋，是自上而下不可阻挡的。

从访谈中了解到校长对改革的顾虑主要有以下几点。

（1）取消了校长的行政级别，相当于取消了学校的行政级别，在当前社会讲究级别对等的情况下会不利于学校与其他行政部门打交道，不利于学校发展。

（2）担心取消行政级别，可能受其他单位干扰的情况会更严重。

（3）认为改革是不是应该先试点，然后再全面铺开。

2.对校长职级制改革的了解程度和途径

通过问卷调查（图 3-2、表 3-2）发现，97.71％的校长对即将推行的职级制改革了解一点或比较了解，但校长和副校长两个群体在对校长职级制改革的了解程度上存在一定差异。其中校长回答"比较了解"校长职级制改革的有 36 人，占比 40.45％；副校长"比较了解"校长职级制改革的有 7 人，占比 17.07％，这说明校长要比副校长更关注校长职级制改革。但是，整体看，校长群体对职级制的了解程度都不深，131 名校长中，仅有 1 位校长表示对校长职级制非常了解。

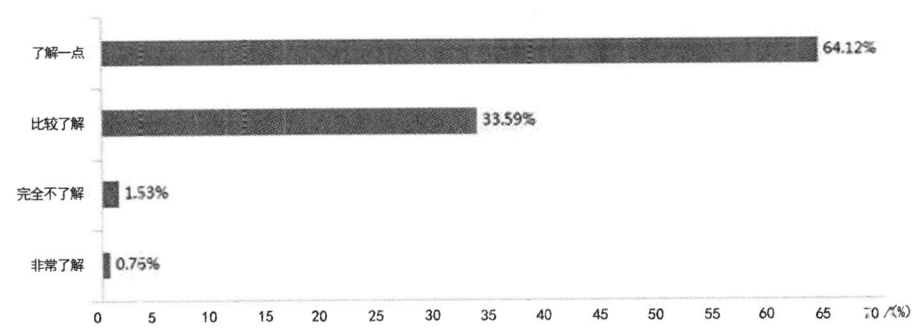

图 3-2　校长群体对校长职级制改革的了解程度

表 3-2　不同群体对校长职级制改革的了解程度

选项	完全不了解	了解一点	比较了解	非常了解
校长	2(2.25％)	50(56.18％)	36(40.45％)	1(1.12％)
副校长	0(0％)	34(82.93％)	7(17.07％)	0(0％)
书记	0(0％)	0(0％)	0(0％)	0(0％)
副书记	0(0％)	0(0％)	1(100％)	0(0％)

注：表中数据为人数（占比）。

从访谈中得知,校长们了解职级制改革的途径主要有以下几点。

(1)政策文本。近两年市、县在政策准备过程中,曾发放政策文本初稿给部分校长征求意见,以及在各种会议和文件精神的学习传达中提及即将推行的校长职级制改革。

(2)媒体报道。通过媒体报道了解到上海、山东等其他省市校长职级制改革的信息。

(3)信息交流。通过网络、朋友圈、教师培训和学术研讨会等方式,直接或间接地了解到校长职级制改革的相关信息。如部分校长曾参加S市政协组织赴吉林和黑龙江职级制改革专题调研活动,有些校长曾参加市教育局组织到山东的专题调研活动,因此相对比较了解校长职级制改革。

3.对实施校长职级制改革达成目标的预期

从表3-3数据分析可知,校长们认为校长职级制改革比较容易达成的目标分别为促进校长的个人发展、提升校长的专业化水平、打破校长职位"能上不能下"的格局。对职级制改革能实现理顺教育行政部门与学校的关系、提高校长的工资水平的预期较低,访谈中校长们也普遍认为领导的工资不宜与教师差距太大,否则容易引起干群矛盾。

表3-3　校长群体对实施校长职级制改革达成目标的预期

选项	非常小	比较小	一般	比较大	非常大
促进校长的个人发展	2(2.25%)	0(0%)	19(21.35%)	51(57.30%)	17(19.10%)
提升校长的专业化水平	2(2.25%)	0(0%)	22(24.72%)	52(58.43%)	13(14.61%)
打破校长职位"能上不能下"的格局	1(1.12%)	7(7.87%)	25(28.09%)	33(37.08%)	23(25.84%)
引入良性竞争机制	1(1.12%)	2(2.25%)	30(33.71%)	43(48.31%)	13(14.61%)

选项	非常小	比较小	一般	比较大	非常大
学校管理规范化	1(1.12%)	6(6.74%)	23(25.84%)	49(55.06%)	10(11.24%)
提高校长的工资水平	2(2.25%)	3(3.37%)	31(34.83%)	39(43.82%)	14(15.73%)
理顺教育行政部门与学校的关系	4(4.49%)	7(7.87%)	29(32.58%)	42(47.19%)	7(7.87%)

注:表中数据为人数(占比)。

4.关于校长任期年限

根据调查数据(表 3-4)分析,54.20%的校长认为校长职级制推行后校长任职年限为五年比较合适,认为四年和三年的分别占 19.85% 和19.08%。这说明大部分校长和副校长认同目前校长五年一个任期的做法。

表 3-4　校长群体对校长职级制下的校长任职年限的预期

	人数/人	比例/(%)
三年以下	3	2.29
三年	25	19.08
四年	26	19.85
五年	71	54.20
五年以上	6	4.58

5.对校长评定考核主体的选择的态度

从表 3-5 可知,校长群体对校长评定考核主体的选择比较认同本校教职工(91.67%),其次是上级教育主管部门(89.39%),再次是教育领域专家(82.58%),选择学生和家长的仅有 36.36%,权重较低。

51

表 3-5 校长群体对校长评定考核主体选择的态度

选项	人数/人	比例/(%)
本校教职工	121	91.67
上级教育主管部门	118	89.39
教育领域专家	109	82.58
学生、家长	48	36.36

6.关于校长职级评定是否需要引入第三方评估机构

分析表 3-6 数据可知,52.67%的校长认为有必要或非常有必要在校长职级评定中引入第三方评估机构,29.01%的校长认为没有必要或完全没必要引入第三方评估机构,18.32%的校长持无所谓态度。这说明校长整体比较认同在校长职级评定中引入第三方评估机构。

表 3-6 校长群体对校长职级评定是否需要引入第三方评估机构的态度

选项	人数/人	比例/(%)
完全没必要	6	4.58
没必要	32	24.43
无所谓	24	18.32
有必要	61	46.56
非常有必要	8	6.11

7.关于校长职级制的评价指标

问卷给出了"校长的教育观念、校长的办学思想、校长的办学实绩、校长的管理能力、学校的办学水平"5 项评价指标,每人限选 3 项。分析数据(表3-7、表 3-8)可知,排在前三位的选项包括:校长的办学实绩(79.55%)、校长的管理能力(74.24%)、学校的办学水平(53.03%)。校长和副校长对校长职级制评价指标的态度存在一定的差异,校长、副校长都认为校长的办学实绩、校长的管理能力、学校的办学水平、校长的办学思想是比较重要的评价指标,但校长群体认为,校长的办学实绩更重要,而副校长群体认为校长的管理能力更重要。

表 3-7　校长职级制评价指标体系

选项	人数/人	比例/（%）
校长的办学实绩	105	79.55
校长的管理能力	98	74.24
学校的办学水平	70	53.03
校长的办学思想	67	50.76
校长的教育观念	43	32.58

表 3-8　不同群体对校长职级制评价指标体系的态度

选项	校长的教育观念	校长的办学思想	校长的办学实绩	校长的管理能力	学校的办学水平
校长	29 （32.58%）	45 （50.56%）	74 （83.15%）	61 （68.54%）	50 （56.18%）
副校长	13 （31.71%）	20 （48.78%）	30 （73.17%）	35 （85.37%）	20 （48.78%）
书记	0 （0%）	0 （0%）	0 （0%）	0 （0%）	0 （0%）
副书记	1 （100%）	1 （100%）	0 （0%）	1 （100%）	0 （0%）

注：表中数据为人数（占比）。

8.关于实施校长职级制需要进一步完善的配套制度

关于实施校长职级制应进一步完善哪些配套制度，在问卷中（表 3-9）给出了"校长评价制度、校长选任制度、校长培训制度、校长监督制度、校长资格制度、校长交流制度"6 个选项，每人限选 3 项。选择最多的依次为校长评价制度（90.15%）、校长选任制度（79.55%）、校长培训制度（46.21%）、校长监督制度（40.91%）。

表 3-9　校长职级制需要进一步完善的配套制度

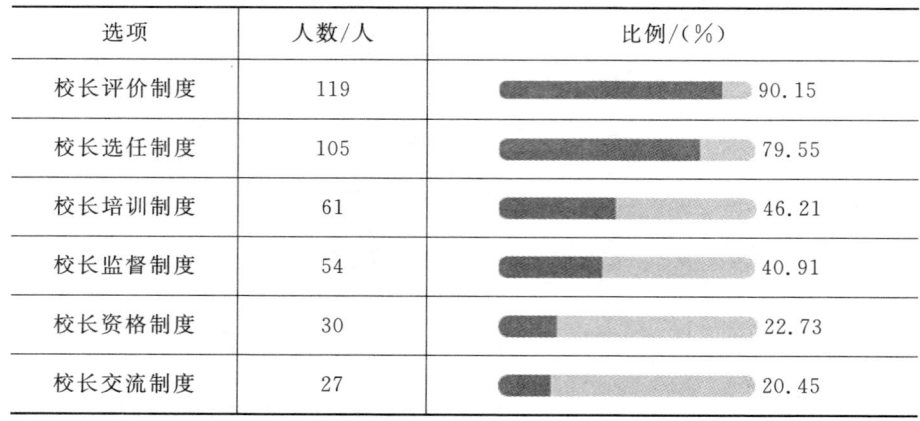

选项	人数/人	比例/（%）
校长评价制度	119	90.15
校长选任制度	105	79.55
校长培训制度	61	46.21
校长监督制度	54	40.91
校长资格制度	30	22.73
校长交流制度	27	20.45

9.校长比较关注职级制改革的主要内容

在访谈中,校长比较关注的主要内容如下。

(1)校长职级如何设定才更加合理?

(2)如何对校长及学校进行公平、公正、合理的评价?

(3)不同办学规模、层次和类型的学校,如何区别性进行绩效考评? 如九年一贯制学校该如何界定?

(4)校长及学校的办学自主权到底有多大?

(5)对照现有条件,自己能评到什么级别? 部分校长认为一级校长比例较少,应增加比例;认为不宜对等级做具体年限限制,建议达到条件即可申报更高等级和档次。

(6)高中校长更多关注交流轮岗的问题,尤其是重点高中的校长(轮到弱校心理上会比较不舒服),在县里怎么轮?(有的县只有一所高中,多的只有两到三所),其次是年龄大的校长,临近退休的校长不愿意离开熟悉的学校。

(7)职级级别的工资额度是多少? 财政最终能否落实? 地区差会不会进一步加大?

(8)多数校长认为中小学管理者职称与教师职称要各自独立评定,这样才有利于教师结合自身特质选择合适的晋升路线,同时能够解决管理者与教师利益上的矛盾。

10.对职级制改革主要风险的看法

所有访谈对象普遍认为中小学校长职级制改革基本没太大风险,他们感觉中小学校长是一个高素质群体,对上级改革措施基本持支持态度。不过,大部分校长认为职级制改革配套制度一定要科学合理,要有较好的可操作性,否则可能产生某些负面作用,主要有:

一是老校长和乡镇校长普遍学历低、职称低、课题少、论文少,但工作能力强,最容易成为被牺牲的对象;

二是职级制改革后,校长之间变成竞争性关系,所有校长可能都会往城区学校竞争上岗,而不愿意到农村学校、薄弱学校任职,不利于薄弱学校的发展;

三是职级制改革后可能会导致校长权力过大,副校长只能与校长保持一致观点,容易造成学校管理"一言堂";

四是制度设计中没有考虑学校中层干部的待遇提升问题,现在校长和班主任都有待遇体现,这样会让中层干部形成巨大的心理落差,对学校管理不利;

五是鉴于有些地方在推行校长职级制改革时政策落实不到位,去行政化了但没有落实职级工资,非但没能达到政策预期目标,反而造成校长群体的心理震荡,甚至出现校长集体辞职潮。

11.对校长职级工资的期望值

大部分校长认为职级工资不能低于现有水平,以不低于1000元/月比较合适;有校长建议在现有工资基础上增加1500~3000元/月。也有校长建议校长职级工资既要体现校长、副校长与普通教师之间的差距,又要控制在一定幅度,副校长的职级工资按照校长工资的50%~80%的标准设定,不能造成校长、副校长与普通教师三者之间的矛盾,建议全市统一标准、统筹经费。

12.对实施校长职级制改革的建议

访谈中校长对实施校长职级制改革的建议主要有以下几点:

(1)建议对校长和学校进行绩效考评的时候,要注意将不同办学规模、层次与类型的学校区分开来,要有不同的评价指标体系,进行合理有效的考核。

(2)建议合理设置校长、副校长、学校中层干部、班主任等群体之间的职级工资等级,四者之间既要体现岗位贡献,又要缓和群体间的矛盾。

(3)文本初稿中特级校长所占的比例为2%,一级校长所占比例为10%,比例偏低,建议提高特级与一级的比例,一级可以提升到20%,县与市的条件应有所区别。

（4）建议在政策过渡时期放宽校长选聘的任职资格条件，如一级校长的职称放宽到中级职称，三级至二级校长的学历要求放宽到大专学历（或者针对年龄较大的校长酌情放宽条件）。降低评定条件中的学历条件、职称条件、荣誉称号条件等硬指标，评价时重学校管理成效，轻教育科研成果，下一轮评价时再逐步提高标准。

（5）取消行政级别之后，要为教育干部与其他系统的干部交流设计通道。

（6）建议教育行政部门大胆放权，真正给校长"松绑"，增加学校办学自主权，逐渐实现人事权、经费使用权等下放到学校。下放经费使用权，有利于中小学奖勤罚懒，真正做到绩效与工资挂钩。

（7）建议建立城乡、市县校长的分类考核评价制度。

（8）建议重视校长培养，同时也要重视后备干部建设，尤其是教育管理能力的培训和培养。

二、党政部门管理人员的访谈结果分析

1.关于职级制改革对"去行政化"的达成度

在访谈中，对能否通过实施校长职级制改革达到"去行政化"的目的，大部分领导认为可以达成。很多校长并不太看重行政级别，而且，同样是中学校长，有的有级别、有的没有级别，管理要求都一样，毫无意义。推行职级制使校长有了新的奋斗目标，消除了原来当上校长就到了天花板的感觉，当前应该是推行改革实现"去行政化"的好时机。也有个别领导认为"去行政化"的目标很难达成，因为，虽然取消了行政级别，但各级部门给学校的社会事务是避不开的，如校园周边环境的整治、校园治安、打黑、创文，等等，会议可能会少一点，但事务很难减少。

2.对职级制改革的态度及依据

全部访谈对象都支持校长职级制改革，并希望能尽快推进，理由如下。

（1）"县管校聘"的成功推进，看到了改革给教育工作带来的生机。S县、N市于今年暑假完成了"县管校聘"工作，使教师职业倦怠的情况得到了很好的改变，以前很多教师不愿干的工作改革后都有人抢着干，校长和教育主管部门都觉得成果完全超出预期。

（2）校长待遇一直是解决不了的难题，有的甚至比不上老教师的工资，此次改革提高了校长待遇，激发了校长的积极性。

（3）此次改革，有利于提高校长的社会地位，原来校长按行政级别去衡量，乡镇校长相当于乡镇的"七站八所"（农技站、卫生所等），被人呼来喝去的，改革使校长回归专业行业。

（4）此次改革，能减轻校长非教育教学的行政事务工作。

3.目前对职级制改革相关配套制度的酝酿和进展情况

在S市宣传准备推行校长职级制改革后，有两个县的教育局就已经开始酝酿相关制度和做法，也与党政主要领导和相关部门进行了初步探讨，对可能存在的问题整理如下。

（1）校长待遇要提高，会与县绩效总量控制相矛盾，提高了教育干部的绩效总量会不会挤占其他部门的绩效额度。

（2）中层管理干部没有配套改革鼓励政策，会严重影响其积极性和学校的管理运行，现在班主任有补助、校长职级制改革后有报酬，只有中层没有。

（3）由县里推进职级制改革有较大难度（配套政策是核心），能否科学地落实，教育部门没有把握，县里需要上面的政策依据才敢改。

（4）校长的评价考核是否能做到重业绩、重实效。

4.对职级制改革的财政保障

有的县区提出地方财政比较困难，本身现在的财政一定程度上是依靠国家财政转移支付才解决的，故希望省级有配套的校长职级制改革财政支出，才能保证改革顺利进行；也有个别访谈对象认为，只要上级有政策文件依据，解决职级工资就没有问题。

5.对校长权力分配的态度

党政部门管理人员普遍认为可以扩大校长的办学自主权，但有一些权力的下放会存在一些问题，如副校长完全由校长提名会有如下问题。

（1）校长提名选拔视野太窄，只能从身边人提名；由教育局提名则可以在全县同类学校进行考察、选拔，更有利于优秀人才脱颖而出，建议校长提名与组织提名相结合。

（2）不能保证所有校长没有私心。

（3）如何体现党管干部？

（4）校长不敢得罪人，不敢按自己意愿提名。

6.对职级制改革风险的看法

在访谈中对推行校长职级制改革存在的风险预判,主要有以下几方面。

(1)校长职级工资绩效发放有没有政策依据,现在正在清理乱发津补贴的问题。

(2)如果财政不能保证,会导致改革的失败。

(3)校长考核评价制度是否科学,是否是以学校管理业绩和管理效益为主,如果是唯论文、唯荣誉、唯职称的话,会造成校长只看条件和评价标准做工作,而不是把精力放在解决学校办学的实际问题上。

(4)校长的权力大了,各种矛盾自然也会指向校长,能否有相应的监督和保护机制,以规范校长的岗位职责。

三、访谈中反映比较强烈的建议和看法

(1)关于校长提名副校长的问题。

访谈对象提起某县一学校的校长因为没有提名3名中层连任,结果造成3名中层干部不满并采取一系列行动,闹得满城风雨,导致校长无法正常开展工作,被调离原单位。

警示:在工作中,注重地方文化,稳定人际关系是很重要的,尤其关系到个人的切身利益的时候,必须慎重。

(2)关于校长任职条件的思考。

某校长1976年参加工作,高级职称、特级教师、大专学历,前后任正校长三十年。他先后荣获"广东省先进个人""全国精神文明先进工作者""广东省名校长""全国教育系统先进工作者""S市十佳校长""广东省特级教师""S市校长工作室主持人""广东校长工作室主持人"等荣誉称号。如果按照实际水平,应该可以评为一级校长及以上;但对照此次选聘条件,仅因是大专学历,连三级校长都评不上,这样对优秀的老校长不公平。

建议:在政策推行时要考虑历史的原因,给一个过渡政策,保证优秀老校长不因学历、职称、科研等问题而造成太大影响。

(3)关于校长去行政化的问题。

多位校长提到当前校长有心管理好学校、推动学校优质发展,但没有时间、精力,他们指出当前学校的社会性事务太多,三天两头各种检查、各种培训、各种会议。因此,他们非常赞同校长职级制改革,认为去行政化后,学校

的社会性事务也能够大幅减少,他们能有足够的时间、精力去做专业的事情,促进学校的优质发展。然而,校长们似乎产生了一定的误会,即去行政级别等同于去行政性事务。实际上,在政策文本中,去行政化只提及去校长的行政级别,而没有提及减少学校的行政性事务。

警示:误会一方面会导致职级制改革后部分校长的不满,非专业的、行政性的事务没有减少,而行政级别却没有了;另一方面也是提醒在推行校长职级制改革时,能否适当减少学校与教育教学相关性不强的事务,解放校长的时间与精力。

第三节　结论与建议

一、主要结论

1.校长职级制改革是国家教育部主推的重要改革方向

校长职级制改革符合专家型校长成长规律,是教育部力推的教育改革,是大势所趋、人心所望。校长职级制的实施将理顺政校关系,建立起新的管理体制,更利于教育行政部门的宏观管理,使校长能更好地行使办学自主权。校长职级制的实施将校长的专业发展分成了系统化、等级化的不同层次,打通了中小学校长专业发展的通道,激励了校长充分地发挥主观能动性,努力实现专业水平的不断提升,逐步从保守维持型校长转化为专家型、变革型教育家式的校长。

2.S市具备推行中小学校长职级制改革的基础和条件

调研表明,中小学校长对校长职级制改革普遍持赞成的态度且期望值较高,希望能借助此契机革除当前校长队伍管理中的各种弊端;教育行政主管部门、组织部、财政局、人社局等党政部门也持赞成态度。S市在推行中小学校长职级制改革中具备了基础性条件:

第一,绝大部分参与访谈的校长在不同程度上了解和熟悉校长职级制改革的基本取向,对中小学校长职级制改革有了一定的心理预期。

第二,绝大多数的校长认为有必要或非常有必要推行中小学校长职级制改革,认为职级制改革不会带来太大的社会风险。

第三,绝大多数的校长支持或默认 S 市推行校长职级制改革,推行该项政策有较好的群众基础。

第四,教育行政主管部门与市委组织部、财政局、人社局、编办等党政机关进行过多轮深入磋商和研讨,对中小学校长职级制改革达成了一定的共识,对各方面均持赞成态度。

3. 推行中小学校长职级制改革需抓好两个关键环节

(1)校长职级制改革配套制度设计的科学性与合理性。调研发现,校长们普遍支持校长职级制改革,但是,他们对职级制改革配套制度设计的科学性与合理性持谨慎和顾虑态度。配套制度的科学性与合理性是制约职级制改革的关键性因素。

(2)财政能力的保障程度。调研发现,校长们(特别是县一级)都顾虑当地政府是否有足够的财政能力来支撑和保障校长职级制改革所需要的财政支出。

二、主要建议

1. 党委政府高度重视,相关部门大力支持和配合是改革顺利推行的前提

先行先试地区的成败经验和该次调研显示,校长职级制改革是重大的基础教育体制机制综合改革,影响深远,涉及部门众多,不是教育部门一个部门有能力推动的,必须得到市委、市政府高度重视,获得组织、财政、人社、编办等各党政职能部门的支持与配合,成立专项改革领导小组,才能保证改革的顺利推进。

2. 科学制定配套制度是破解改革难题的重点

重视调研中反映出来的问题和诉求,综合考虑"为什么要评? 评什么? 怎么评? 谁来评?"等问题,及时完善改革需配套的校长选聘、职级管理、考核评价、交流任职、培养培训、校长和教师管理制度,充分考虑当前由于历史原因形成的校长队伍中的实际困难,兼顾老校长的实际情况,允许政策推行过程中有较合理的缓冲区,分步实现改革目标。

3. 经费保障是改革能否取得实效的关键

建议市及县、区财政部门必须重视中小学校长职级制改革的经费保障,对改革所需资金数额进行科学的测算,确保改革财政经费的投入。

4. 宣传到位是改革顺利推进的基础

校长职级制作为一种新型的校长管理模式,各部门和校长对职级制改革还不是很了解，在一定程度上造成了各方对职级制改革的不理解甚至抵触。校长群体担心职级制改革造成自身利益受损，因此，职级制改革必须加大宣传力度，促进社会各层面对职级制改革的了解，同时消除校长去行政化后的忧虑，以增强校长群体对职级制改革的信心，扩大校长职级制改革的社会影响。

第四章 S市中小学教师退出机制实践研究

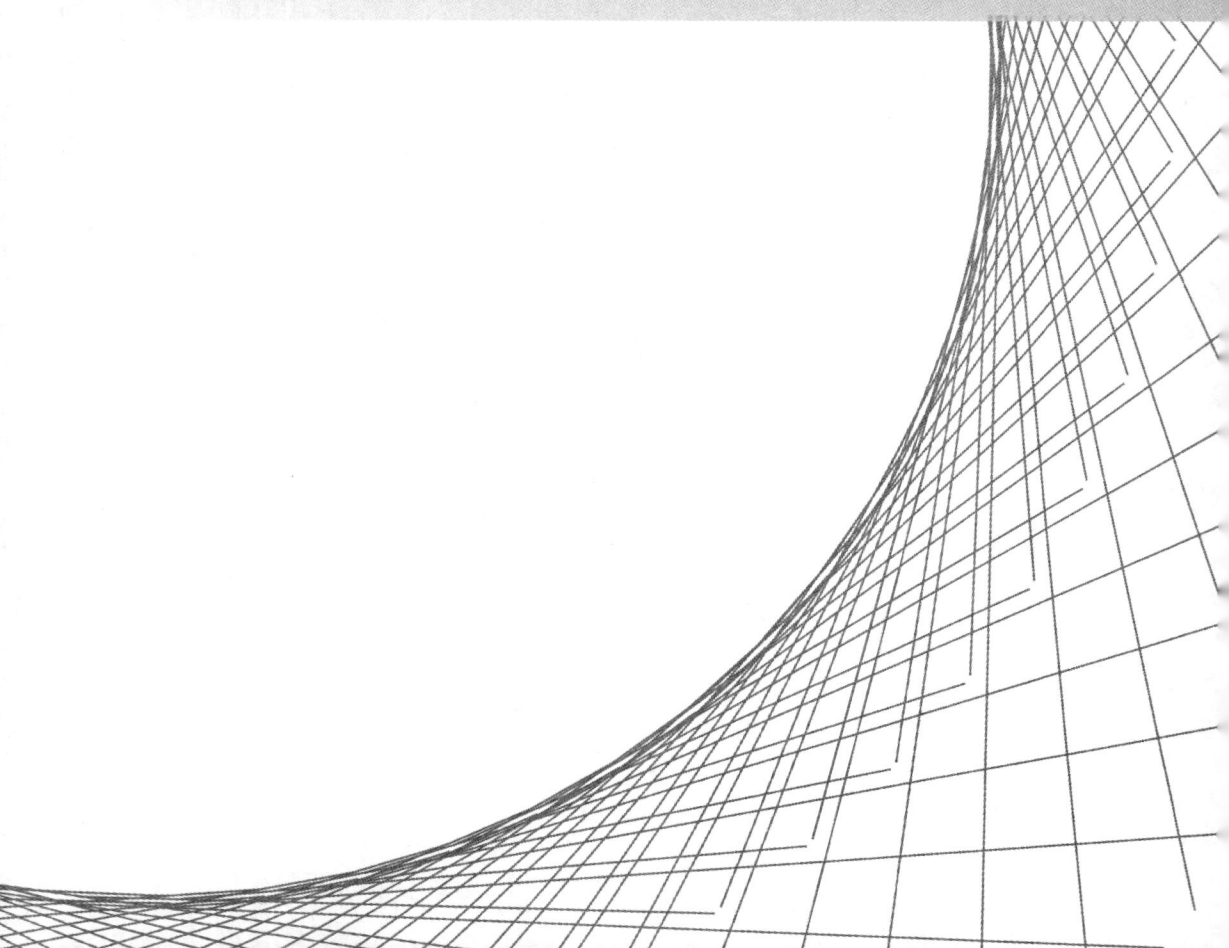

中小学教师退出机制是中小学教师"县管校聘"管理改革的重要内容。本章主要对S市中小学教师退出机制的问题与路径进行分析。

第一节　中小学教师退出机制概述

一、概念界定与研究现状

(一)概念界定

关于教师退出的内涵,目前学术界并未形成统一定论,相关界定口径不一,有人将教师退出界定为强制性退出,即教育主管部门强制性地将不符合岗位要求的教师予以转岗、辞退或者解聘,也有人将教师个人自愿离开教师岗位一并纳入教师退出,这个口径比较宽泛,既有强制性退出,也有自愿性退出。本文研究所说的教师退出属于强制性退出,即教育主管部门依据一定的退出标准对达不到岗位要求的不合格教师做出调换岗位、降职、劝退、解聘或提前退休的安排。

(二)研究现状

近年来,虽然我国中小学教师队伍不断壮大,整体质量不断提升,但不合格教师仍然存在。不合格教师占用了有限的教师编制,滋生了"劣币驱逐良币"效应,影响了中小学教育质量的提升。因此,构建和完善教师退出机制意义重大。2010年7月,中共中央、国务院印发《国家中长期教育改革和发展规划纲要(2010—2020年)》,首次以政策文件形式明确了"完善教师退出机制"的要求。随后,教师退出机制建设的试点工作在全国多地推行。2018年1月,中共中央、国务院印发《关于全面深化新时代教师队伍建设改革的意见》,再次强调要建立完善的教师退出机制。这一系列举措表明,构建和完善教师退出机制成为新时期教师队伍建设的重要议题。众所周知,当今世界国家间的竞争日益剧烈,各国对教师队伍质量的要求空前提高,不合格教师的退出因此备受关注。关于不合格教师的退出问题,国外研究较多地着眼于政策机制、管理者的作用以及实践案例,尤其是在教师退出认定标准以及教师退出程序等方面进行了较为丰富的研究。与之相比,国内有关教师退出的研究成果数量尚不够多,国内相关研究文献的发布始于2005年,集中发布则是在2010年以后,其研究的焦点主要有以下几个方面。①教师退出机制的内涵。对此,学者们的看法存在一定的分歧,有学者将教师的退出界定为强制性退出,认为教师退出机制是包括退出标准、退出方式、退出程序等内容的教师管理制度;也有学者认为教师退出不仅包括强制退出,还应包括自愿退出(教师退出机制是包括教师聘任、教师培训、教师考核、教师专业发展、教师解聘和退休等一系列完整制度)。②关于教师退出标准的研究。教师退出,一般认为是指不合格教师的退出,其关键是要有不合格教师的判定标准。有研究表明,教师的道德品行和教育教学态度是评判不合格教师的重要标准,当前最大的问题是对不合格教师的认定缺乏统一标准。③关于教师退出程序和退出对策的研究。有学者认为,完善退出机制需要明确退出标准,构建完整的退出程序;也有学者从规范鉴定程序、规范退出程序、拓宽退出渠道、完善社会保障制度等方面提出教师退出机制的完善策略。④关于教师退出机制现状的研究。围绕教师退出机制存在的问题,有学者对教师退出机制进行反思,并在此基础上提出教师退出机制的构建策略。总之,学术界在教师退出机制的内涵、教师退出的标准、教师退出的程序和教师退出机制构建的策略等方面已经做出了有益探索,积累了一定的成果,这为本研究提供了重要启示。

二、中小学教师退出机制建设情况

近年来,随着基础教育的空前发展,S市的中小学教师队伍亦不断发展壮大,全市现有在编教师26420人,其中小学教师13625人,初中教师7728人,高中教师5067人。广大教师积极进取,为S市基础教育迈上新台阶做出了巨大贡献。当然,在教师队伍发展整体向好的同时,也存在着不合格教师占据教师岗位、制约教育教学质量提高的短板。对此,S市在推进中小学教师"县管校聘"管理改革中提出了"逐步完善教师退出机制"的目标,并就相关工作做出了具体安排:一是资格认定。全面落实教师资格定期注册工作,全市除新入职的教师外,所有在职在编符合教师资格注册的教师已全部完成教师资格定期注册。二是师德为重。严格实行师德师风"一票否决制",

将师德考核结果作为教师职称聘用、年度考核、干部任免和评先评优的重要依据。三是标准先行。确立不合格教师的处理依据和方法，明确学校可依据《广东省事业单位工作人员考核办法（试行）》调整不合格教师的岗位，对不同意调整岗位或者到新岗位后考核仍不合格的教师，学校可按规定程序解除聘用合同。

尽管国家及广东省多次就完善教师退出机制做出政策安排，S市也在中小学教师退出机制建设上做出了积极努力，但是，到目前为止，相关的政策法规对不合格教师的判定都是原则性的，辞退条件十分笼统，对解聘教师所涉及的关键性问题如主体、程序、申诉途径、保障措施等缺乏明确规定。政策依据不够充足，再加上传统观念以及各种现实问题的影响，使得真正意义上的不合格教师退出困难重重。根据有关部门对中小学教师"县管校聘"管理改革所做的总结报告分析，S市的中小学同样面临教师退出机制难以实施的困境。部分教师因身体原因无法继续承担教学岗工作，但是由劳动能力鉴定委员会鉴定完全丧失劳动能力的难度较大，致使这部分教师无法申请提前退休。因此，实践中学校要么是回避矛盾，要么是通过补充新教师消化矛盾。

第二节　中小学教师退出机制的问题与路径

一、中小学教师退出机制存在的问题

（一）退出标准不明确，退出教师认定困难

现有的涉及中小学教师的法律法规为数不少，如《教师法》《教师资格条例》《中小学教师职业道德规范》《中小学教师资格定期注册暂行办法》等，但这些法律法规对不合格教师的界定十分笼统，评判标准也很模糊，缺乏可操作性，导致不合格教师认定困难。根据对各个县（市、区）中小学教师的调查信息，接近九成的中小学教师对建立教师退出机制持肯定或不反对的态度，但对现有评判标准的科学性普遍持有疑义，过半数的被调查者担心退出标准"客观性太差"，管理部门或管理者的主观认定容易形成不公正的结果，不

利于教学队伍的稳定和教学质量的提高。也有教师认为考核评价本身是一个主观性很强的活动,公正考核评价教师是非常困难的。在被调查者中,近三成的教师不认为现行的考核评价制度能提高教学水平。事实上,由于退出标准不明确,即使有个别教师不胜任教师岗位,学校通常也不会将其判定为不合格,因此也就不存在需要退出的教师。因此,教师退出机制在实践中往往很难实施。

(二)退出程序不健全,退出操作执行困难

有学者梳理国外有关教师退出的研究成果,发现美国的教师退出操作分为鉴别、补救和评议三个阶段。鉴别和补救两个阶段在学校完成,评议阶段则由学校、教育局和学区教育委员会等教育行政机关共同完成,体现了对教师权益的尊重和保护。在我国,教师退出的操作程序尚不健全,实际工作中不合格教师退出操作存在执行难的矛盾,S市也不例外。根据对各个区县中小学校领导的访谈结果发现,教师退出的操作主体模糊不清,学校认为自己没有自主权,教育主管部门则认为教师被聘任以后就进入了学校的管理范围。因此,在实施教师退出过程中主体不明确,实际执行者往往成了冲突的承受者,中小学校领导对此纷纷表示有压力。更为重要的是,教师退出目前还缺乏规范、完整的操作流程,具体表现:一是申诉渠道不明确,虽然法律规定教师有申诉权,但如何申诉以及向谁申诉并不明确,以至于教师在遇到问题时不知道该通过什么途径申诉;二是保障机制缺失,针对退出教师的补偿、社会保障、再就业培训等没有系统的政策规定,教师退出后的再就业以及后续的生活将会面临较大隐患。实践中,出于担心考核不公正且投诉无门,担忧退出教师岗位后再就业困难而使生活无着,众多教师对退出机制的实施深感不安,甚至产生了很大的抵触情绪。

(三)退出方式较为单一,退出机制形同虚设

教师退出通常有两种形式:一是校内转岗,即将不能胜任教学岗位的教师调整到非教学岗位;二是校外调整,即辞退、解聘不合格教师。目前,"铁饭碗""终身制"的束缚并未彻底打破,教师受此影响对解聘退出有很强的抗拒心理,学校领导也是压力巨大。因此,现行的教师退出形式多为校内调整,真正被学校解聘的不合格教师少之又少。有关部门的统计数据显示:

2019—2021年,S市中小学实际发生的教师退出仅有4人,其中因违反师德师风退出教学岗位的3人,其他原因退出教学岗位的1人,严格讲都属于校内调整的退出方式,基本不存在"优胜劣汰"下的教师退出。而校内调整无非是转岗,编制、工资均不变,这有利于安抚教师的情绪,维护社会的稳定,但也增加了学校的负担,学校受制于编制限额,补充新教师面临困难,教师队伍结构难以改善。事实上,学校很少主动地实施教师退出策略,通常是依赖自然减员(或者教师主动调离)空出编制,补充新鲜血液,调整师资结构。从这个意义上讲,退出方式的单一性导致教师退出机制形同虚设。

二、完善中小学教师退出机制的路径选择

(一)明确教师退出的认定标准

解决不合格教师认定困难的问题,构建明确统一的可操作性强的教师退出标准是当务之急。教育部印发的《新时代中小学教师职业行为十项准则》属于师德品行维度的具体标准,操作性比较强,而且师德品行一票否决已经得到相关各方的充分认可,无论是教师群体还是学生家长,都认为教师要有良好的道德品行,师德败坏者应该退出教师岗位。但是,仅有师德品行一个维度是远远不够的,心理健康和教育教学能力也是教师群体和学生家长广泛认同的评价维度,毕竟教师的心理是否健康对学生的身心发展有着直接影响,而教师的教育教学能力同样关系着育人的质量。因此,师德品行、教师心理健康和教育教学能力应是制定教师退出标准的基本维度。目前国家层面的关于教育教学能力以及教师心理健康状况的认定标准还比较笼统,地方层面还需要从各个维度进一步细化相关的认定标准,从而增强教师退出标准的可操作性。同时,退出标准不能"一刀切",教育部印发的《中学教师专业标准(试行)》和《小学教师专业标准(试行)》对中小学教师的要求不尽相同,因此不同层次的教师退出标准也应有所区别,不能简单混用一套标准。

(二)完善教师退出的操作程序

众多教师对现行的教师退出操作存在种种担忧,表明实践教师退出亟需一套科学、规范的操作程序,保障教师退出既能依法、有序地进行,又能合

乎情理,给予教师最大限度的权益保护。为此,国家层面应尽快制定教师退出法规,使教师退出操作有法可依;地方教育主管部门则负责出台详尽的教师退出实施方案,就教师退出的发起主体、认定标准、退出方式、退出程序做出明确规定,同时设置申诉、鉴定、复议机制,避免退出操作简单化,提高退出操作的规范性和严谨性。

(三)梯度设置教师退出的形式

所谓不合格教师退出,无非是不能胜任教师岗位的人员离开教师岗位,或者是离开教学单位。而实际中不能胜任教师岗位的人员情况多样、程度不一,采取"一刀切"解聘的办法,既不合情,也不合理,应当视具体情况采取不同形式的退出管理,既可以方便教师退出操作,又能降低因解聘带来的一系列矛盾与冲突。考虑单一的退出形式可能带来的种种问题,结合细化的不合格教师认定标准,可以依据教师的不胜任程度将退出形式设置为:延长试用期、高职低聘、退出教师岗位、退出教师编制、解聘等梯度退出形式,提高退出管理的可操作性。

(四)建立教师退出保障机制

设置中小学教师退出机制,目的在于提升中小学教师素质,提高基础教育教学质量,在这个过程中,充分保障教师权益是非常重要的。首先,考核要公开透明,考核机构要有公信力,认定不合格教师的证据要充足,并且给予教师充分的知情权;其次,借鉴国外成熟的教师退出制度,重视对教师专业能力的辅导与培训,对于延长试用期、高职低聘的教师可以通过在职培训、脱产学习等方式帮助其成长发展;最后,对于被解聘教师应给予适当的经济补偿,并制定相应的社会保障制度,使退出教师离开学校后的再就业及后续的生活有所保障。广东省《关于解决离开机关事业单位人员养老保险有关问题的通知》(粤人社发〔2011〕91号)和广州市《关于解决离开机关事业单位人员医疗保险有关问题的通知》(穗医保规字〔2020〕4号)为此提供了借鉴。同时,还应设置再就业培训基金,帮助被解聘教师接受再就业培训,提升再就业能力。

第五章 S市W区中小学教师"县管校聘"管理改革实践研究

W 区中小学教师"县管校聘"管理改革是 S 市中小学教师"县管校聘"管理改革的重要组成部分。本章主要对 W 区中小学教师"县管校聘"管理改革的实施及其效果进行分析。

第一节　中小学教师"县管校聘"管理改革的实施

一、中小学教师"县管校聘"管理改革顶层制度设计

为贯彻落实广东省《关于推进中小学教师"县管校聘"管理改革的指导意见》文件精神,W 区积极推进"县管校聘"管理改革,成立了由区长任组长、主管人事的副区长和主管教育的副区长任副组长、其他相关职能部门主要负责人为成员的 W 区基础教育学校公办教师"县管校聘"管理改革工作领导小组,切实加强"县管校聘"管理改革的组织领导,保障改革工作顺利开展。在推进"县管校聘"管理改革中,领导小组在全区范围内广征民意,广泛听取有关各方意见,共同研讨推进基础教育学校公办教师"县管校聘"管理改革的相关事宜。经过多次研讨,反复征求意见并予以修改,该区于 2018 年 6 月出台了《W 区推进全区基础教育学校公办教师中小学教师"县管校聘"管理改革工作的实施方案(试行)》,大力推动中小学教师"县管校聘"管理改革。

自《关于推进中小学教师"县管校聘"管理改革的指导意见》文件发布以来,W 区政府及相关部门为协调推进"县管校聘"管理改革,先后制定了一系列相关文件,具体涉及以下方面:一是改革工作实施方案,如《S 市 W 区人民政府办公室关于印发〈W 区推进全区基础教育学校公办教师中小学教师"县管校聘"管理改革工作的实施方案(试行)〉的通知》;二是编制管理制度,如《关于下放单位人员内部调动审批权限的通知》《S 市 W 区中小学教师"县管校聘"管理改革编制管理实施意见》;三是岗位设置管理制度,如《关于中小学教师"县管校聘"管理改革中岗位设置管理和人员流动的实施意见》;四是岗位聘用管理制度,如《关于印发〈W 区基础教育学校公办教师竞聘上岗工作意见(试行)〉的通知》;五是教师均衡配置机制,如《关于印发〈W 区义务教育学校校长教师交流轮岗工作实施办法〉的通知》;六是教师合法权益保障机制,如《关于印发〈W 区中小学教师职称评审推评方案(试行)〉的通知》。

二、中小学教师"县管校聘"管理改革的实施方案

(一)完善中小学教职员编制管理机制

(1)区委编办核定总编,教育局统筹调编。在"县管校聘"管理改革中,W区区委编办对全区中小学和幼儿园教职员编制分别实行总量管理,区教育局在核定的教职员编制总量内,每年可根据工作需要统筹提出各学校和幼儿园教职员编制调整意见,报区委编办进行相应编制调整,编制调整的同时报区财政、人社部门备案。

(2)根据教育发展实际,每年核定调配一次编制。W区区委编办以中小学和幼儿园现有教职员编制数作为全区实施"县管校聘"管理改革的教职员编制总量。2019年,该区通过统筹方式将12个其他事业单位编制调配到了教育系统,一定程度上缓解了中小学编制紧张的状况。

(3)加强临聘教师管理,推进实现同工同酬。W区现有临聘教师438人,临聘教师数量占在编在岗教职员总数的25.45%。该区对临聘教师实行统一管理,签订劳动合同,购买"五险",统筹调配使用临聘教师。临聘教师所需经费部分由区财政核拨,部分由学校公用经费支付,临聘教师待遇与新入职在编在岗教师接近,基本实现了同工同酬。

(二)完善中小学教职员岗位设置管理机制

实行"岗随人走",教师由"学校人"向"系统人"过渡。区直各学校(幼儿园)按照有关文件要求以及学校教育教学实际,制定岗位设置方案,报区教育局审核,区教育局汇总学校的各类各等级岗位数量,制定总的岗位设置方案,连同相关学校的岗位设置方案一并报区人社局核准,区人社局核准同意后以整体打包的形式书面批复给区教育局,区教育局在核定的岗位总量、结构比例、最高等级限额内集中调控管理。

(三)完善中小学教职员职称评审管理机制

职称推评农村优先,有效促进城乡教育均衡发展。W区制定了《W区中小学教师职称评审推评方案(试行)》,明确规定:在农村学校任教(含城镇学校教师交流、支教)3年以上(不含3年),经考核突出并符合具体评价标准条

件的教师,同等条件下优先推评。同时,在"推荐评审量化评分表"中,对农村从教经历也给予一定加分。

师德为先,多方参与教师考核评价。在教师考核评价机制方面,制定了《W区师德师风建设提升工程三年行动方案(2019—2022学年)》,每年对教师师德师风进行专项考核,将考核结果纳入教师个人档案,考核结果作为教师年度考核、职称评聘、职务晋升、推优评先、表彰奖励、资格注册的重要依据。同时注重多方参与教师考核评价。

加强沟通、机制联动,畅通职称评审送评机制。一是畅通职称评审的送评机制,提高每年的送评比例;二是及时落实提高中小学(幼儿园)高级教师的岗位比例。

(四)完善中小学教师公开招聘制度

(1)教师招聘分工合作、各司其职。在教师招聘工作中,W区教育部门和人社部门全程配合,分工合作,区教育局主要负责制定招聘工作方案,确定具体的招聘岗位,具体组织和实施开展招聘工作;区人社局负责审核招聘工作方案和核定可招聘的岗位数,指导和监督招聘工作的组织和实施。

(2)创新人才引进渠道,招纳各方英才。一是积极开展"丹霞英才"招聘计划,利用在职教师退休后腾挪出的空编进行"丹霞英才"招聘。二是结合"乡村振兴计划",在教师公开招聘中,拿出一定数量的岗位面向本区户籍或生源招聘,岗位放在精准扶贫帮扶地区(LG、CY、JW)。2019年招聘的88名教师中,其中5个岗位共计10人是面向S市户籍(生源)或在W区镇村基层工作满一周年的人员,面向符合条件的镇村基层专业服务人员达到招聘人数的11.36%。三是充分利用退休教师的优势资源,实施"银龄讲学计划",招募有教育情怀、身体健康的退休教师继续任教,发挥优秀退休教师的余热。

(3)加大"三支一扶"帮扶力度。充分考虑教师编制严重紧缺、教师队伍不足的现状,W区在每年的"三支一扶"计划中安排更多的"三支一扶"人员到农村学校进行支教。

(五)完善中小学岗位聘用管理制度

多措并举落实学校用人自主权。一是在联盟体内的教师交流轮岗中,充分尊重各联盟体的意愿,由各联盟体的学校根据各校自身教师的配置和师资等情况,自主确定教师进行交流轮岗。二是在教师招聘过程中,充分尊重各学校的意愿,由学校提出申请所需招聘的教师,教育局在此基础上结合相关政策综合确定招聘的岗位。三是让各学校高度参与临聘教师的招聘。在聘请临聘教师的过程中,各校委托劳务派遣公司承接临聘教师派遣工作,需全程参与临聘教师的聘请过程,根据学校的需要,招聘合适的临聘教师。四是将中层干部提拔任用权下放到学校,由学校根据干部任用条例及相关政策对中层干部进行提拔任用。五是将教师的业绩考核和绩效奖励的自主权充分下放到学校,由学校对教师进行考核和奖励。

(六)完善中小学教师均衡配置机制

(1)建章立制,有序交流,促进城乡师资均衡配置。一是实施"两个调整":对七大"校际联盟体"内的学校由原来每两年调整一次改为每四年调整一次;进行交流轮岗的周期由原来 1 年调整为 2 年。通过这两个调整,保证资源利用效益最大化,为教师交流轮岗提供了高效、快捷和稳定的平台,形成"教师资源共享"与"学校共享发展"的局面。二是在校长提拔任用时,优先任(聘)用具有农村学校或薄弱学校管理岗位任职经历的人员担任校长。三是将到农村学校交流任教经历纳入教师职称评聘的条件,规定申报高级职称评审时必须具有一年及以上的农村学校任教经历。四是在评优评先方面优先考虑具有交流轮岗工作经历的校长、教师,对交流轮岗时间长、做出突出贡献的校长、教师,在各级评优表彰工作中予以倾斜。五是在各类培养培训中,优先向城区学校交流到农村学校、优质学校交流到薄弱学校的教师和校长倾斜。六是落实乡村教师享受乡镇工作补贴政策,根据《S 市 W 区建立健全乡镇机关事业单位工作人员乡镇补贴制度的实施办法》,对在乡镇学校任教的教师分别发放 300～500 元的乡镇工作补贴。

(2)部门联动、政策支撑,加强轮岗校长、教师的管理和服务。在管理方面:区委组织部、区教育局、区委编办、区财政局、区人社局等部门各司其职、各负其责,密切配合,共同做好校长、教师交流轮岗工作的统筹规划、政策指导和督导检查。区教育局负责科学制定校长、教师交流轮岗实施办法,建立交流轮岗工作长效机制;区委组织部按照干部管理权限,会同区教育局安排好四所科级学校的校长、副校长的交流轮岗工作;区委编办按照编制管理有关要求,在校长、教师交流轮岗工作中做好人员编制相关的协调工作;区财政局负责为义务教育校长、教师交流轮岗给予必要的经费支持;区人社局负责对学校教职工人事管理工作进行宏观指导,协助区教育局做好校长(含副校长)、教师交流轮岗周期内的工资、绩效、年度考核等相关工作。在服务方面:一是优先考虑在联盟体内"就近区域"进行交流轮岗,降低交流轮岗对校长、教师家庭、工作、生活等方面的影响;二是要求农村学校要为交流轮岗的校长、教师提供住房保障和解决就餐问题,使交流的校长、教师能安心进行教育教学工作;三是要求原任教学校对交流轮岗到农村学校的教师子女予以人文关怀。

(3)政府重视、确保落实"两个不低于"。W区严格按照国办发〔2018〕89号文执行"县域内中小学教师平均工资水平不低于当地公务员平均工资水平,农村教师平均工资水平不低于城镇教师平均工资水平"的要求。目前全区公办中小学、幼儿园专任教师月人均工资为8282元,当地公务员月人均工资为8096元。农村专任教师月人均工资为8522元,城镇教师月人均工资为8167元,农村教师与城镇教师相比,多了乡镇工作补贴,工资标准高于城镇教师,达到"两个不低于"的要求。

(4)临聘教师统筹管理,部分经费政府核拨。经区政府常务第九届十五次会议研究,由区教育局组织学校委托"S市W区××劳务派遣有限公司"承接相关临聘教师劳务派遣工作。区教育局对各校聘请的临聘教师数进行审核,要求规模较大的学校严格按生师比配备教师,规模较小的学校(含教学点)结合生师比与班师比进行配备教师,不得超编聘请临聘教师。各校可委托劳务派遣公司承接临聘教师派遣工作,所有临聘教师必须持有相应学段的教师资格证,学历必须达标,同时将临聘教师个人信息汇总后报区教育局备案。所需人员经费部分由财政核拨,部分由学校的公用经费支付。

(七)完善中小学教师退出机制

(1)按照省、市有关中小学教师资格定期注册工作的要求,按时开展定期注册工作。通过实施中小学教师资格定期注册工作,完善教师准入后管理制度,逐步打破教师资格终身制,形成五年一个周期的教师资格定期注册制度。

(2)实行师德师风"一票否决"制。每年对教师师德师风进行考核,将考核结果纳入教师个人档案,师德师风的考核结果作为教师年度考核、职称评聘、职务晋升、推优评先、表彰奖励、资格注册的重要依据。对违反职业道德行为的教师,根据情节轻重,给予警告、记过、降低岗位等级或撤职直至开除处分。

（3）对于聘期年度考核评定为不合格的教师,将暂缓教师资格定期注册、不得评优评先,给予低聘或转聘到其他岗位。低聘或转聘岗位的教师,按照"以岗定薪、岗变薪变"的原则,以新聘岗位确定工资待遇。

（八）完善中小学教职员合法权益保障机制

实行"县管权益保障,学校公开竞聘"。学校制定的教职员竞聘方案、考核办法等,应经教职员代表大会（或教职员大会）审议通过后实施。对聘用和考核结果,须在本单位公示 7 个工作日,充分保障教职员的参与权和监督权。

（九）完善政策宣传、检查督导和风险防控机制

在实施"县管校聘"改革工作中,W区按"统筹规划、稳步推进"的总体思路开展工作。一是凝聚共识。在区政府的统筹部署下,多次召开相关部门的联席会议（工作推进会和校长、教师代表座谈会等）,广泛听取各方建议,先后 3 次就"县管校聘"管理改革工作实施方案征求意见,最终成稿,在此基础上,制定了相关实施细则。教育局组织全区教职员学习领会相关文件精神,大力宣传解读政策,形成理解改革、支持改革、配合改革的良好氛围。二是把好关键环节。成立学校聘任领导小组和监督工作小组,监督工作小组进行全程参与,杜绝学校领导"一言堂"。要求聘任严格依据方案,做到公平公正,聘任结果必须向全体教师公示,让广大教职员成为"县管校聘"改革的参与者、监督者和支持者,确保"县管校聘"改革的稳步实施。

第二节　中小学教师"县管校聘"管理改革的实施效果

"县管校聘"管理改革工作促进了校长、教师的合理流动,优化了教师资源配置,在促进教育公平、教育均衡优质发展方面取得了明显成效。

一、实现教师资源的均衡配置

（1）小学学段以及乡镇初中的教师学科背景对口率得到改善（图5-1、图5-2）。2019年，城区小学、乡镇小学和乡镇初中的教师学科背景对口率分别为94.92%、85.19%和86.29%，与2017年相比均有所提升。值得注意的是，截至2019年，乡镇学校的教师学科背景对口率仍明显低于同学段的城区学校，其中乡镇小学比城区小学低9.73个百分点，乡镇初中差距略小，比城区初中低4.88个百分点。

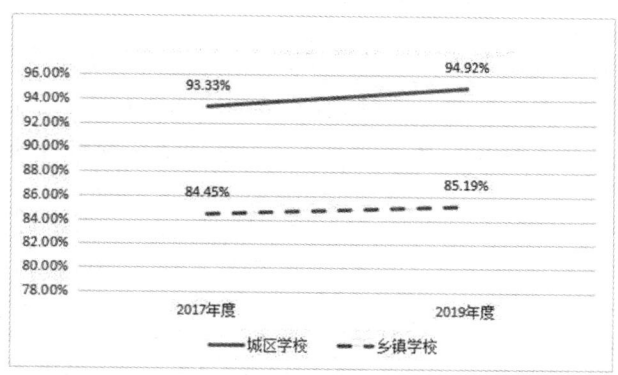

图5-1　2017年与2019年小学学段城乡教师学科背景对口率对比

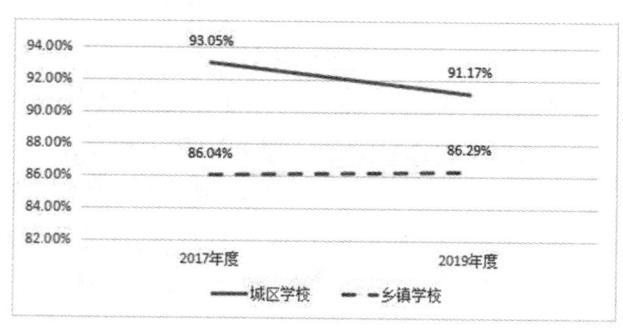

图5-2　2017年与2019年初中学段城乡教师学科背景对口率对比

（2）城乡学校本科及以上学历教师数量明显增长，本科及以上学历教师比例有了较大的提升（图5-3、图5-4）。从整体上看，城区学校本科及以上学历教师比例由2017年的67.45%提高到2019年的83.10%，乡镇学校由2017年的52.00%提高到2019年的73.51%。其中，小学学段城区学校本科及以上学历教师比例由58.14%提高到79.10%,乡镇学校由39.63%提高到64.51%;初中学段乡镇学校由70.27%提高到88.32%,城区学校由95.29%下降至95.05%。整体来说,乡镇学校本科及以上学历教师的比例低于同学段城区学校。

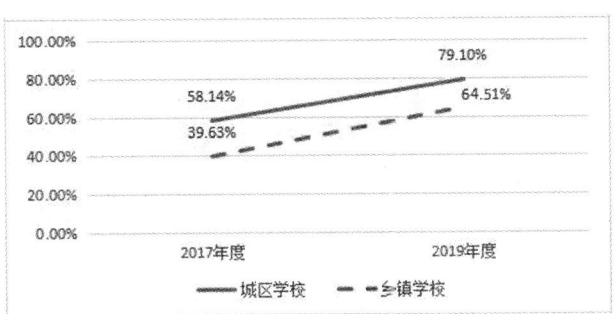

图 5-3　2017 年与 2019 年小学学段城乡本科及以上学历教师占教师总数百分比对比

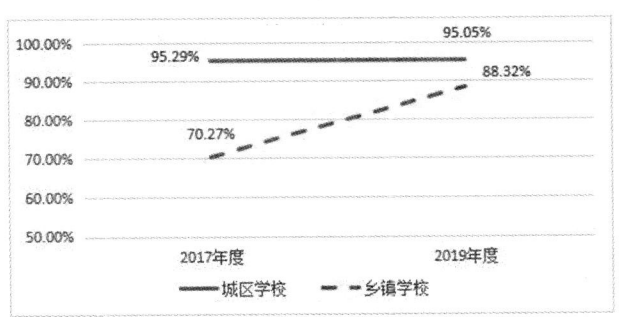

图 5-4　2017 年与 2019 年初中学段城乡本科及以上学历教师占教师总数百分比对比

　　(3)骨干教师及学科带头人队伍稳定,骨干教师及学科带头人的水平层次得到了提升。目前,W区共有县级以上骨干教师305人,其中城区小学145人、乡镇小学21人、城区初中96人、乡镇初中43人;有名校长12人、名教师27人、特级教师3人、市学科带头人21人、区学科带头人133人。当然,随着教师总量的增大,各学段城区学校的骨干教师及学科带头人占比都有所下降(图5-5、图5-6)。骨干教师:城区小学由2017年的19.03%下降到2019年的17.12%,城区初中由2017年的37.65%下降到2019年的33.92%;学科带头人:城区小学由2017年的8.40%下降到2019年的7.56%,城区初中由2017年的12.94%下降到2019年的11.66%。乡镇学校骨干教师及学科带头人占比虽有所提升,但这与乡镇学校教师总量减少有关。显然,骨干教师及学科带头人的培养应是一个值得关注的问题。

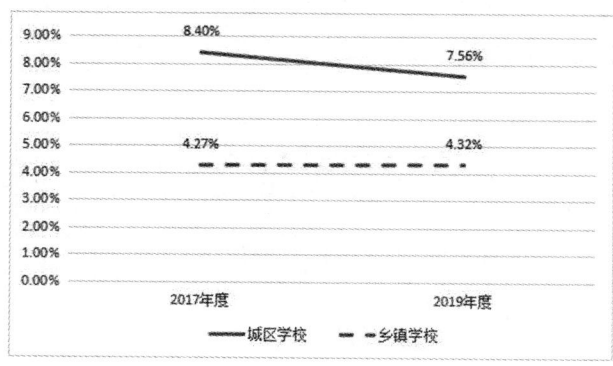

图 5-5　2017 年与 2019 年小学学段城乡学科带头人占教师总数百分比对比

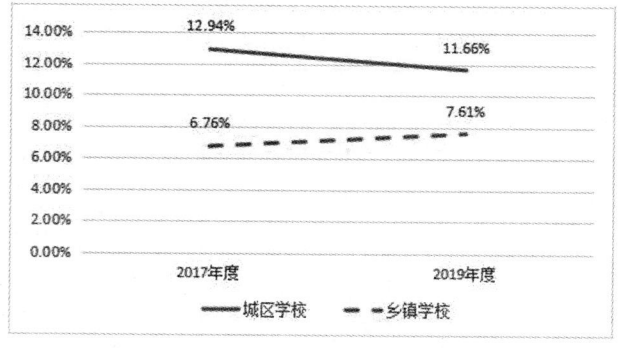

图 5-6　2017 年与 2019 年初中学段城乡学科带头人占教师总数百分比对比

(4)中小学教师工资收入进一步提高(图 5-7、图 5-8)。2019 年,城区小学、乡镇小学、城区初中、乡镇初中的教师平均税前工资收入分别为 9.42 万元、9.89 万元、11.24 万元、10.93 万元,与 2017 年相比,分别增加了 1.41 万元、1.28 万元、1.75 万元、1.93 万元。城乡比较分析,小学学段乡镇学校教师的平均工资水平明显高于城区学校教师的平均工资水平,初中学段城乡学校教师的平均税前工资差距由 4900 元缩小到 3100 元,有效激励了乡镇学校教师的工作积极性。

(5)高级职称评审中农村教师占比明显提高,乡镇学校高级职称教师比例得到提升(图 5-9～图 5-12)。在 2017—2019 年的高级职称评审中,农村

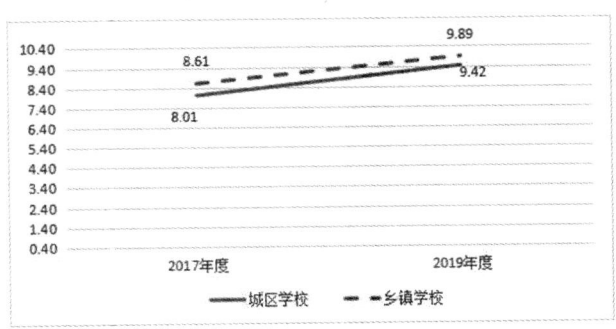

图 5-7　2017 年与 2019 年城乡小学教师平均工资税前收入（万元）对比

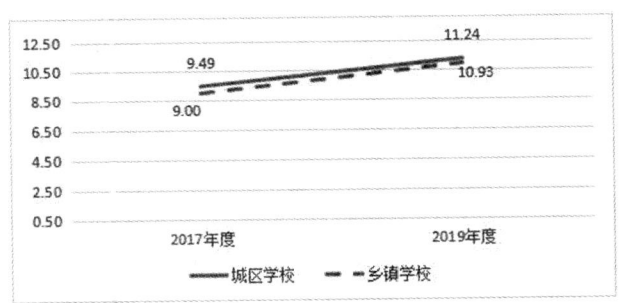

图 5-8　2017 年与 2019 年城乡初中教师平均工资税前收入（万元）对比

教师通过评审人数占全区的 35.4%，其中初中学段农村教师通过高级职称评审的占比高达 77.8%。从高级职称教师占比看，小学学段城区学校、初中学段乡镇学校的提升幅度较为明显；乡镇小学由 0.61% 提升为 0.93%，处于基本稳定状态；城区初中则是降低了 3.26 个百分点。尽管政策倾斜提升了乡镇学校的高级职称教师占比，但乡镇学校与城区学校仍有明显的差距。中级职称教师占比方面，小学学段同样是乡镇学校低于城区学校。

二、体制机制改革创新取得成效

（1）编制管理改革方面的成效。在"县管校聘"改革之前，区教育局对于编制的管理使用没有自主权，造成 300 多名交流调配教师的编制还保留在原学校，没有理顺。"县管校聘"改革后，编制管理实行区级"总量控制，动态管理"机制，区教育局可以统筹使用编制。2019 年 7 月，区教育局通过岗位竞聘的方式对 228 名区公办中小学校交流且累计交流年限满 3 年及以上的教

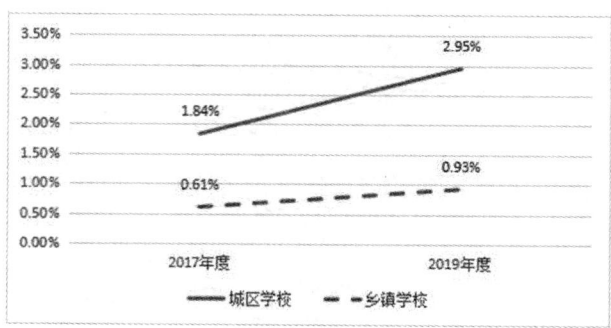

图 5-9　2017 年与 2019 年小学学段城乡高级职称教师占教师总数百分比对比

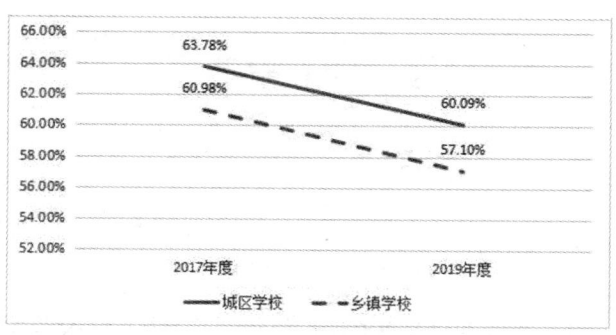

图 5-10　2017 年与 2019 年小学学段城乡中级职称教师占教师总数百分比对比

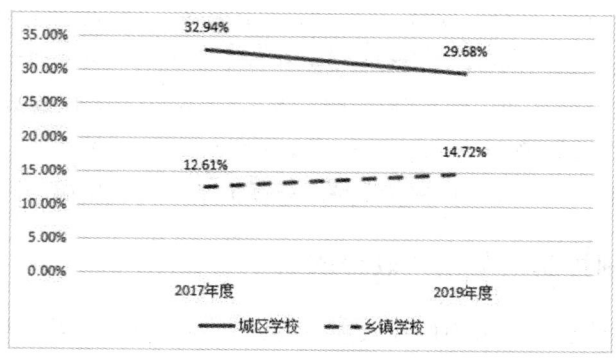

图 5-11　2017 年与 2019 年初中学段城乡高级职称教师占教师总数百分比对比

师进行人事关系理顺计划,2020 年对交流年限在 3 年以下的教师也通过岗位竞聘方式理顺关系,有效推进了"县管校聘"工作的纵深发展。

(2)岗位管理改革方面的成效。W 区教师缺编和缺员的情况比较严重,

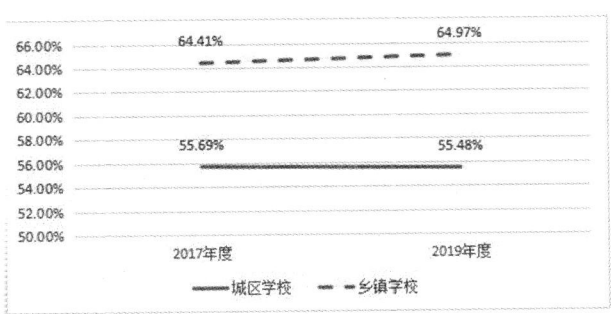

图 5-12　2017 年与 2019 年初中学段城乡中级职称教师占教师总数百分比对比

交流调配的教师多,因此教师的职务聘用、岗位等级聘用、职称评审推评等均是全区进行打包聘用和推评,在进行跨校聘用时实行"岗随人走",不会由于没有高级岗位或中级岗位而出现"降工资"的现象,也不会出现在不同学校获得评审职称的机会不均等的现象,降低了跨校聘用的难度,化解了由于跨校聘用引发的矛盾及潜在的维稳风险。

(3)学校治理结构改革方面的成效。一是强化了基层党组织的政治核心作用。区教育工委通过实施基层党组织建设三年行动计划,加强了党组织建设和思想建设,强化了学校基层党组织的监督和政治保障职能,为学校治理工作提供了坚实的保障。二是构建合理的权力行使架构。充分发挥教职工代表大会、学生会、家长委员会的监督和制约作用,确保权力行使规范化,减少决策的失误。三是积极处理好学校与家庭、学校与社区的关系。要求学校要创造条件为家长委员会参与学校日常事务管理提供专业帮助和制度保障,充分保证家长委员会参与学校治理的知情权和话语权。学校要定期召开相关会议,认真听取和回应家长委员会提出的意见,凝聚家校力量,解决学校和学生发展中的实际问题。

三、激发了教师队伍活力

(1)突出校长、教师的主体地位。在"县管校聘"改革工作中,充分尊重全体教师的知情权、参与权、选择权、监督权和竞聘权。知情权:在改革工作前期准备阶段,重点做好意见征集,凝聚共识。要求学校立足学校实际,充分征求各方的意见,严谨制定实施方案(方案需要由全体教师大会审议通过)。参与权、选择权和竞聘权:在竞聘过程中,引导教师积极参与竞聘,消除个别教师的消极思想,充分尊重教师的选择,鼓励教师根据实际情况参加跨校竞聘,甚至是跨区交流和支教。监督权:学校成立聘任领导小组和监督工作小组,对竞聘过程全程监督,做到公平、公正、公开,区教育局同时也加强监督指导,对违规现象做到必查、必究。

(2)充分调动校长和教师的主观能动性。一是通过竞聘建立起竞争择优、能上能下的用人机制,让优秀的教师有位子,让一般的教师有压力,让平庸的教师有危机,促进每一名教师以全身心的工作状态工作,爱岗敬业,创先争优。二是建立绩效考核机制,严格聘期管理,强化绩效考核的激励导向作用,体现多劳多得,彰显优绩优酬。

第六章 S市Q区中小学教师"县管校聘"管理改革实践研究

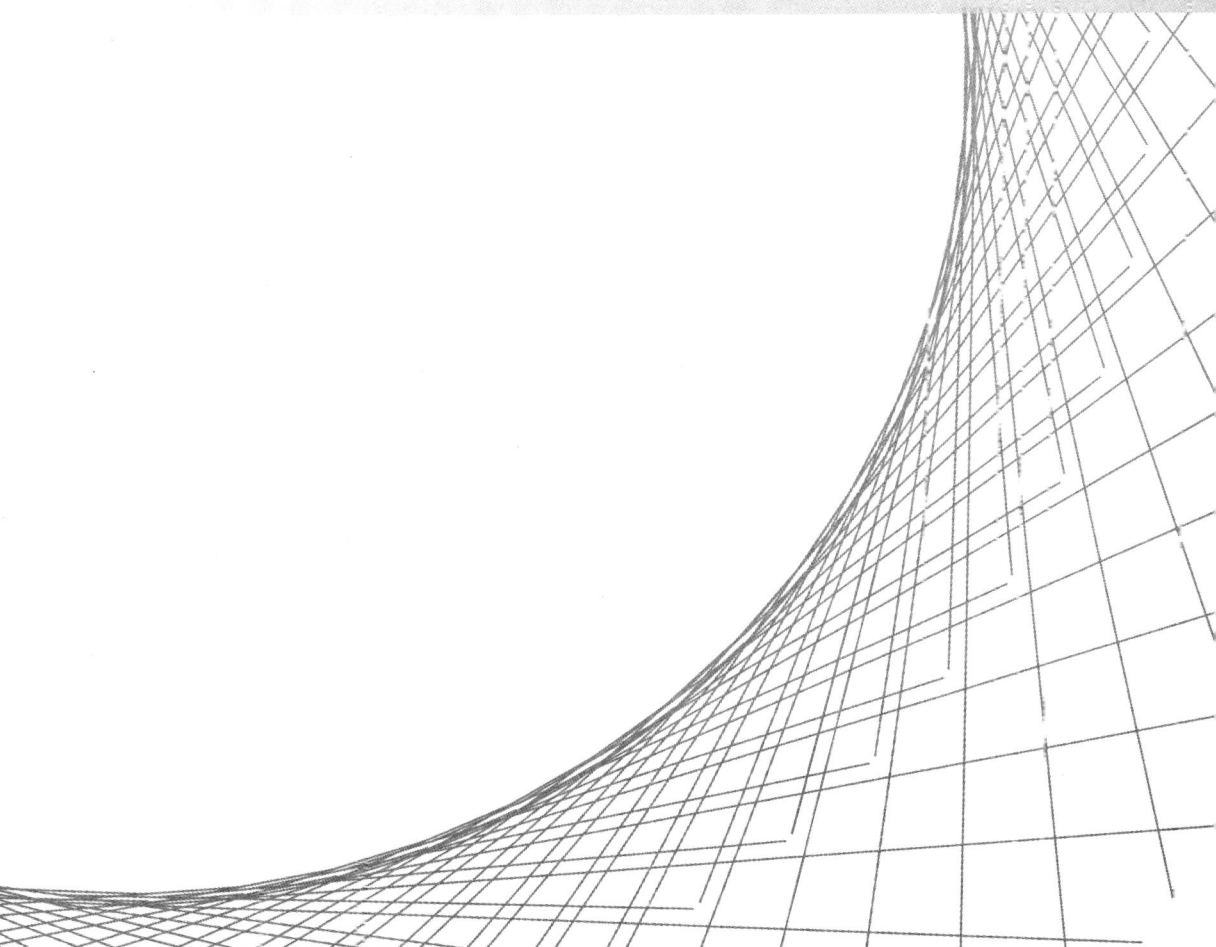

　　Q区中小学教师"县管校聘"管理改革是S市中小学教师"县管校聘"管理改革的重要组成部分。本章主要对Q区中小学教师"县管校聘"管理改革的实施及其效果、问题及对策进行分析。

第一节　中小学教师"县管校聘"管理改革的实施

一、中小学教师"县管校聘"管理改革顶层制度设计

　　为进一步深化教育体制机制改革,促进城乡教师资源均衡配置,根据省、市实施中小学教师"县管校聘"管理改革工作的有关要求和《S市Q区全面深化改革2018年工作要点》,在区委、区政府的坚定领导下,在市教育局全程指导及相关单位的配合下,Q区周密、规范、稳步推进中小学教师"县管校聘"管理改革工作。经过"三批"聘用:校内竞聘,跨校竞聘,统一调配,初步实现了Q区教师的专业归口及区域内师资力量的均衡,有序推进着中小学教师"县管校聘"管理改革工作。其中,截至2018年9月20日,共有2892名教职员被聘用;2019年3月,Q区中小学教师"县管校聘"管理改革工作受到市教育局的通报表扬并奖励70万元。

　　自《关于推进中小学教师"县管校聘"管理改革的指导意见》发布以来,Q区根据S市推进中小学教师"县管校聘"管理改革工作的相关会议精神,发布了系列配套文件。如改革工作实施方案:S市Q区人民政府办公室制定了《关于印发S市Q区推进中小学教师"县管校聘"管理改革实施方案的通知》;改革工作指导意见:Q区教育局制定了《Q区教育局推进中小学教师"县管校聘"实施办法》;编制管理:Q区机构编制委员会和教育局联合制定了《关于S市Q区基础教育学校公办教师中小学教师"县管校聘"管理改革编制管理的实施意见》;岗位设置管理:Q区人力资源和社会保障局发布了《关于核实S市Q区教育局下属事业单位岗位设置情况的通知》;公开招聘制度和岗位聘用管理制度:Q区人力资源和社会保障局、Q区教育局联合制定了《关于中小学教师"县管校聘"管理改革中岗位设置管理和人员流动的实施意见》;教师均衡配置机制、教师退出机制和教师合法权益保障机制:Q区教育局印发了《S市Q区中小学临时聘请教师办法(试行)》,Q区教育局

联合财政局、人力资源和社会保障局联合制定了《关于印发〈S市Q区公办中小学、幼儿园班主任工作绩效考核实施方案(试行)〉的通知》《关于印发S市Q区公办学校教师奖励性绩效工资考核分配实施细则》《Q区义务教育学校校长教师交流轮岗工作实施方案(修订)》;Q区教育委员会制定了《中共S市Q区教育局委员会S市Q区教育局关于建立健全教师师德建设长效机制的实施方案(暂行)》等。

二、中小学教师"县管校聘"管理改革的实施方案

(一)完善中小学教职员编制管理机制

Q区教育局会同区编办,依据各校当年学生数及预计下年秋季增班情况,按广东省机构编制委员会办公室《关于印发〈广东省中小学教职员编制标准实施办法〉的通知》,初步核定各校教职员编制,印发了《关于S市Q区基础教育学校公办教师中小学教师"县管校聘"管理改革编制管理的实施意见》,对规模较小、学生较少的农村小学和教学点,适当给予倾斜,按教职员与班级比为2.0:1的方式核定教职员编制,学校无超编现象。

Q区教育局印发了《S市Q区中小学临时聘请教师办法(试行)》,对确需临时聘请教师的,由学校向教育局提出聘任计划和招聘方案,经审核同意后,由学校组织实施。采用与第三方签订购买社会服务的形式临时聘请教师,聘期不超过一学年,如工作需要,需按程序重新聘用。对教师队伍中长期存在的因疾病、生育等无法正常承担教学任务的难题,学校可按照《S市Q区中小学临时聘请教师办法(试行)》要求,在不超过教育行政部门核定的教师编制数的前提下,通过临时聘请教师予以解决。

(二)完善中小学教职员岗位设置管理

根据Q区人社局、教育局《关于中小学教师"县管校聘"管理改革中岗位设置管理和人员流动的实施意见》,全区实行岗位总量控制,按学前教育、小学、初中、高中、中职五类专业技术高、中、初级岗位总量,实行总量控制,统筹使用。

完善乡村教师职称(职务)评聘条件和程序办法,在岗位结构比例设置上向乡村学校倾斜。乡村教师评聘职称(职务)时,坚持育人为本、德育为

先,注重师德素养、教育教学工作业绩、教育教学方法和教育教学一线实践经历,课题、发表论文、外语成绩、计算机成绩、专业对口等不做刚性要求;在乡村学校任教 3 年以上(含城镇学校教师交流、支教)、经考核表现突出并符合具体评价标准条件的教师,同等条件下优先评聘。在乡村学校任教累计满 25 年且仍在乡村学校任教的教师,聘任专业技术岗位时不受岗位职数的限制。城区中小学教师晋升高级教师职称(职务),应有在乡村学校或薄弱学校任教一年以上的经历。

(三)完善中小学教师公开招聘制度

在教师招聘工作中,Q 区人社部门负责对招聘公告的审核把关,全程参与招聘过程并监督,Q 区教育局负责招聘考试的具体事务。目前招聘工作最大的问题就是成本过高,主要原因是招聘工作由县(区)一级主导,虽然这给了县(区)一级较大的选择人才自主权,但对于处于经济欠发达地区的县(区)来说,这样的自主权有些鸡肋。由于目前尚未形成以省或市一级为主导的招聘教师机制,各地考试时间不统一,经济欠发达地区的县(区)往往成为考生的练手场,考生更多是以骑驴找马的心态来考试,考生弃考、弃录成本极低,但又对此行为难以有效约束。只要考生考到经济更发达地区的岗位,他们马上会放弃经济欠发达地区的岗位。这给经济欠发达地区招聘工作造成极大的考试成本。

从 2020 年开始,Q 区教育局采取了"丹霞英才"招聘的方式(网上面试、直接面试)面向社会引进人才。"丹霞英才"招聘对象主要是国内重点高校应届毕业的全日制本科生(学士学位)及以上学历(学位)应届毕业生和普通高校研究生。符合条件的人才,享受生活、租房、购房补贴以及便捷政务服务等相关待遇。根据不同人才层次、类别,博士研究生可享受市财政 10 万元生活补贴、20 万元住房补贴,年龄 40 岁以下的博士研究生可同时享受省财政给予的 20 万元生活补贴;硕士研究生可享受 8 万元购房补贴、2.4 万元生活补贴;本科生可享受 3 万元购房补贴、1.2 万元生活补贴。需要帮助解决住宿问题的,由用人单位协助解决,并可申请租房补贴。

(四)完善中小学岗位聘用管理制度

Q 区教育局要求各学校先从本校在编在岗教职员中聘用(不少于岗位

数的 90％）。如学校缺编，经区教育局同意，可从超编学校聘用待聘人员。如出现学校超编，无岗可聘，教师本人申请，经学校和区教育局同意，可到有空岗的学校竞岗聘用。在本校和跨校都不能成功竞聘上岗的，由区教育局安排到有空岗的学校竞岗聘用，如本人不同意跨校竞聘上岗的，留在本校做"待岗培训"。

Q区教育局要求各学校根据师德建设长效机制的实施方案，每学年对教师进行师德考核。要坚持公平、公正、公开原则，适当加大社会参与的力度，采取教师个人自评、家长和学生参与测评、考核工作小组综合评定等多种方式进行。考核结果分为优秀、合格、基本合格、不合格四个等级。考核结果经公示后，教师个人的原始表格由学校封存，以备抽查，同时需上报一份汇总表到教育局人事股备案。

（五）完善中小学教师均衡配置机制

为了更好地落实《S市县域内义务教育学校校长教师交流轮岗工作的实施方案》《Q区义务教育学校校长教师交流轮岗工作实施方案》，推动校长、教师交流轮岗深入开展，重点引导优秀校长和骨干教师向乡村学校流动。重点推动城区学校教师到乡镇学校交流轮岗，Q区范围内重点推动中心学校教师到村小学、教学点交流轮岗。区教育行政部门在核定的岗位总量内，根据城镇教师到乡村学校任教的实际需要，及时调整乡村学校岗位设置方案，预留部分中、高级岗位专项用于聘任到农村学校、薄弱学校交流轮岗的教师，交流轮岗年限由区教育行政部门研究确定。在特级教师、区级及以上名教师、名校长、学科带头人、骨干教师、优秀教师等的评选工作中，要将在农村学校和薄弱学校工作经历作为重要的评选标准之一。

Q区教育局要求各学校在不影响正常轮岗的前提下，尽可能以人为本，安排到离家较近且有空岗的学校，以减轻他们的生活负担。同时，做好交流轮岗人员后续跟踪工作，及时了解他们在新工作单位的情况，力所能及解决他们遇到的问题和困难。

Q区坚定不移地贯彻落实"县域内中小学教师平均工资水平不低于当地公务员平均工资水平，农村教师平均工资水平不低于城镇教师平均工资水平"这一要求。2019 年，Q区农村中小学专任教师年平均工资收入115164 元，城区内中小学专任教师年平均收入 103248 元；Q区中小学教师年平均工资收入 109172 元,公务员年人均工资总收入 100145 元。农村中小学教师平均工资收入水平高于当地城镇教师平均收入水平;中小学教师平均工资收入水平高于当地公务员平均收入水平,基本达到了"两个不低于或高于"的要求。

为加强 Q 区临聘教师的管理,Q 区教育部门出台了《S 市 Q 区中小学临时聘请教师管理办法(试行)》,规范了聘用临聘教师的程序和条件。2019 年,Q 区中小学共有临聘教师 111 人,中小学校临聘教师占比为 3.9%。中小学校临聘教师每人每月平均工资(含五险)为 3210 元,所需人员经费由学校公用经费中列支。

(六)完善中小学教师退出机制

Q 区教育局要求各学校推进开展 5 年一周期的中小学教师资格定期注册,对注册不合格或逾期不注册的人员,依照规定调整出教师岗位,不得从事教学工作。在教师资格注册、岗位聘用、职务晋升、职称评审、评先评优等要求任教学校出具师德表现证明,并对师德考核实行一票否决,师德考核不合格者年度考核评定为不合格。

(七)完善中小学教职员合法权益保障机制

为了保证中小学教师"县管校聘"管理改革工作稳步推进,在 Q 区区委、区政府的统筹协调下,教育局成立了以局长为组长,局班子成员为副组长,相关部门人员为成员的 Q 区教育局中小学教师"县管校聘"管理改革工作领导小组及 Q 区教育局中小学教师"县管校聘"争议仲裁工作小组,工作领导小组办公室设在教育局人事股,争议仲裁工作小组办公室设在教育局纪检监察室。小组定期召开工作会议,专门讨论研究、出台文件、解释政策、制定措施、协调解决中小学教师"县管校聘"管理改革过程中遇到的各种问题,有力保障了 Q 区中小学教师"县管校聘"管理改革工作的顺利开展。

(八)强化政策宣传、检查督导和风险防控措施

为了保证中小学教师"县管校聘"管理改革工作稳步推进,Q 区教育局和各学校坚持正确的舆论导向,加大宣传力度,通过各种会议积极做好政策

措施的解读工作,让全体教职员清楚明白中小学教师"县管校聘"管理改革的目的、意义,工作程序及要求,争取教职员支持配合,使他们积极投身到中小学教师"县管校聘"管理改革工作中。中小学教师"县管校聘"管理改革推进过程中,区编办、人社、财政及区教育局有关领导经常深入到学校和教职员中,广泛听取一线教职员的意见建议,教育局领导和相关职能部门与学校多次召开研讨会、协调会、座谈会,反复研究出现的问题和可能出现的风险,制定出台切实可行的实施办法和操作指导意见,使学校有序开展工作,维护教师、学校、社会和谐与稳定。

第二节 中小学教师"县管校聘"管理改革的实施效果

自开展中小学教师"县管校聘"管理改革工作以来,在促进校长、教师合理流动,优化教师资源配置,促进教育公平,促进教育均衡优质发展等方面取得了以下实际效果。

一、实现教师资源均衡配置

根据 2017 年和 2019 年的数据,分析教师学科背景对口率、生师比、县级以上骨干教师占比、学科带头人占比、专任教师本科及以上学历比例、中高级教师职称比例等 8 项目标的总体变化情况,城区学校和乡镇学校对比变化情况,分析中小学教师"县管校聘"管理改革对这些变化的积极影响和存在的问题,并对下一步推进实施提出意见和建议。

(1)中小学教师"县管校聘"管理改革前后学科背景对口率城乡学校对比变化情况(图 6-1、图 6-2):2017 年中小学教师"县管校聘"管理改革前各学段学科背景对口率:城区小学 50.00%、初中 60.00%;乡镇小学 45.00%、初中 55.00%。2019 年中小学教师"县管校聘"管理改革后各学段学科背景对口率:城区小学 65.00%、初中 70.00%;乡镇小学 60.00%、初中 65.00%。中小学教师"县管校聘"管理改革后,教师学科背景对口率较改革前均有所提高,且学段越高,对口率越高。城乡比较,乡镇学校略低于城区学校。

图 6-1　2017 年与 2019 年小学学段城乡教师学科背景对口率对比

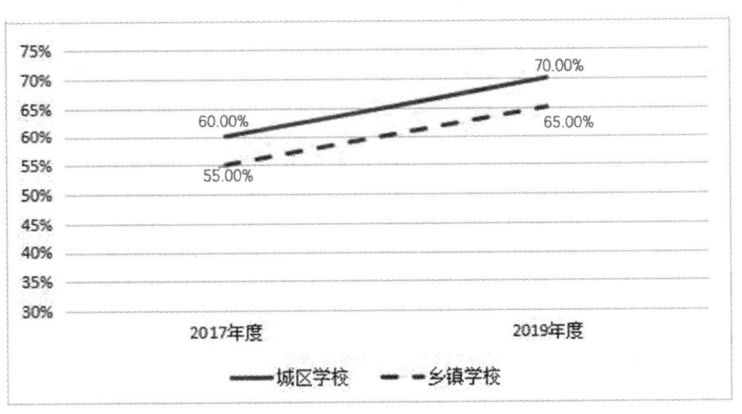

图 6-2　2017 年与 2019 年初中学段城乡教师学科背景对口率对比

（2）中小学教师"县管校聘"管理改革前后生师比城乡学校对比变化情况（图 6-3、图 6-4）：2017 年中小学教师"县管校聘"管理改革前各学段生师比：城区小学 18.6、初中 12.7；乡镇小学 14、初中 8.6。2019 年中小学教师"县管校聘"管理改革后各学段生师比：城区小学 19.8、初中 13.2；乡镇小学 16.5、初中 9.5。中小学教师"县管校聘"管理改革后，所有区域和学段的生师比都比改革前有所提高。主要原因如下：一是近年学生人数总体有所回升；二是近年退休教师较多；三是富余教师主要流向了乡镇小学。

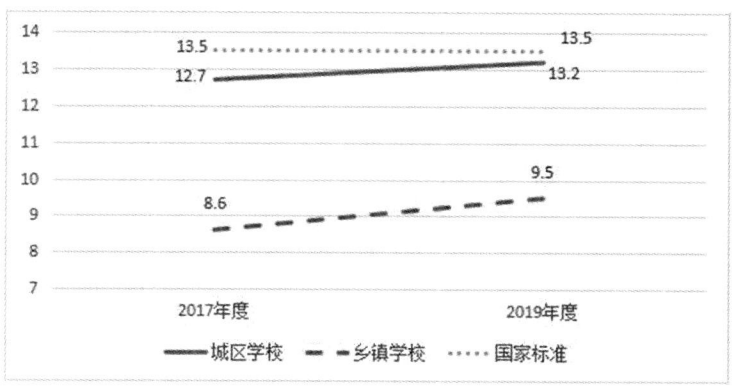

图 6-3   2017 年与 2019 年初中学段城乡生师比对比

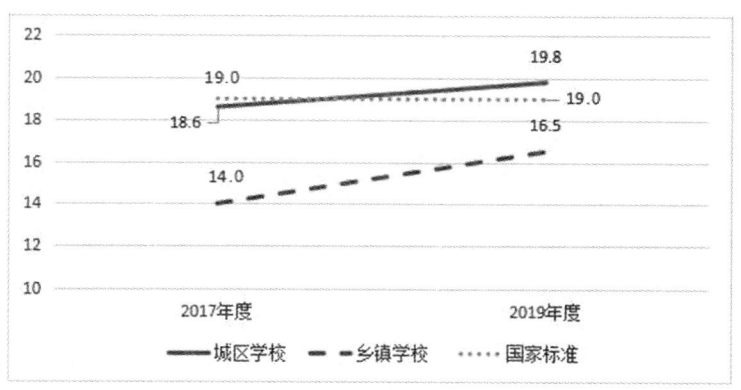

图 6-4   2017 年与 2019 年小学学段城乡生师比对比

（3）中小学教师"县管校聘"管理改革前后县级以上骨干教师占比域乡学校对比变化情况（图 6-5、图 6-6）：2017 年中小学教师"县管校聘"管理改革前县级以上骨干教师占比：城区小学 80.67％、初中 64.47％；乡镇小学 83.96％、初中 52.65％。2019 年中小学教师"县管校聘"管理改革后县级以上骨干教师占比：城区小学 71.55％、初中 63.41％；乡镇小学 80.00％、初中 65.96％。中小学教师"县管校聘"管理改革后，除乡镇初中的骨干教师占比有所提高外，其他区域和学段均有所下降。主要原因是近几年骨干教师退休较多，补充的新教师还没有成长为骨干教师。

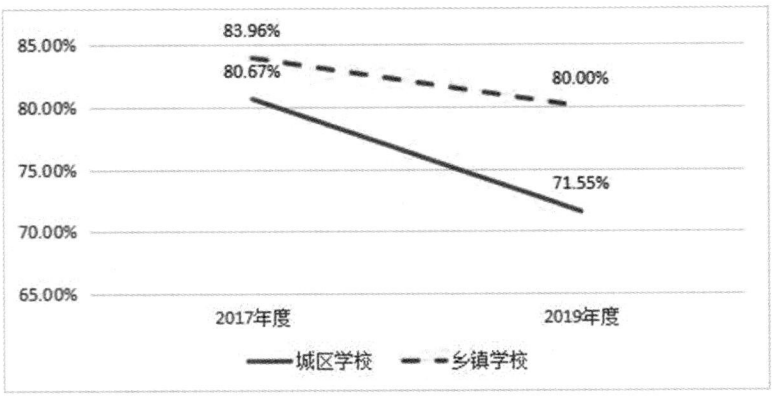

图 6-5　2017 年与 2019 年小学学段城乡县级以上骨干教师占教师总数比例对比

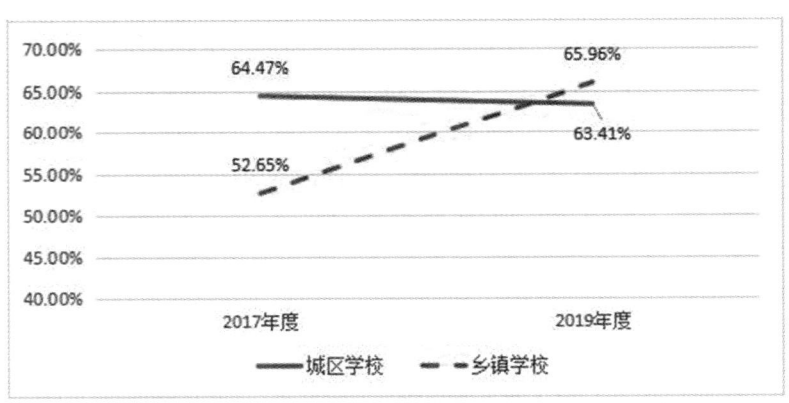

图 6-6　2017 年与 2019 年初中学段城乡县级以上骨干教师占教师总数比例对比

　　(4)中小学教师"县管校聘"管理改革前后学科带头人占比城乡学校对比变化情况(图 6-7、图 6-8):2017 年中小学教师"县管校聘"管理改革前学科带头人占比:城区小学 1.16％、初中 11.46％;乡镇小学 1.32％、初中 6.44％。2019 年中小学教师"县管校聘"管理改革后学科带头人占比:城区小学 4.08％、初中 12.38％;乡镇小学 1.92％、初中 10.82％。中小学教师"县管校聘"管理改革后,各区域和学段的学科带头人占比均有所提高,主要是骨干教师经过若干年的学习提升,逐步成长为对应学科的带头人。

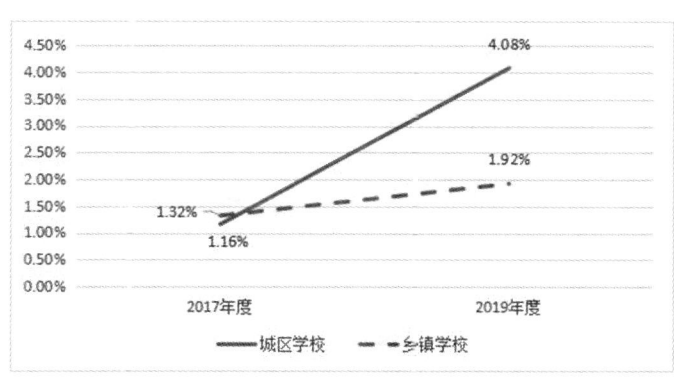

图 6-7　2017 年与 2019 年小学学段城乡学科带头人占教师总数百分比对比

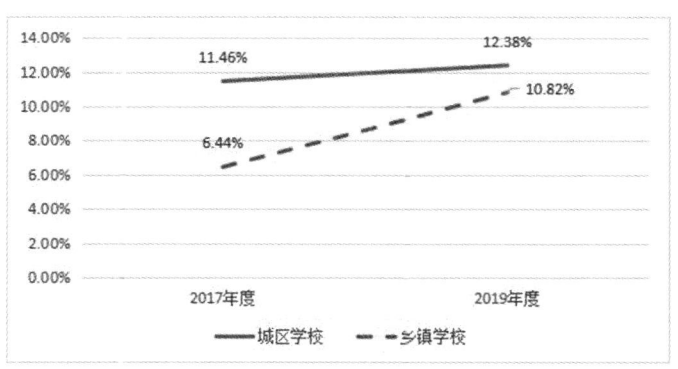

图 6-8　2017 年与 2019 年初中学段城乡学科带头人占教师总数百分比对比

（5）中小学教师"县管校聘"管理改革前后专任教师本科及以上学历比例城乡学校对比变化情况（图 6-9、图 6-10）：2017 年中小学教师"县管校聘"管理改革前本科及以上学历教师占比：城区小学 41.62%、初中 61.94%；乡镇小学 20.38%、初中 44.70%。2019 年中小学教师"县管校聘"管理改革后本科及以上学历教师占比：城区小学 45.62%、初中 71.48%；乡镇小学 41.73%、初中 73.88%。中小学教师"县管校聘"管理改革后，各区域和学段的专任教师本科及以上学历人数占比均有所增加。主要原因如下：一是近几年骨干教师退休较多，补充的新教师均为本科及以上学历的人员；二是在职教师参加了本科及以上学历提升，并顺利毕业。

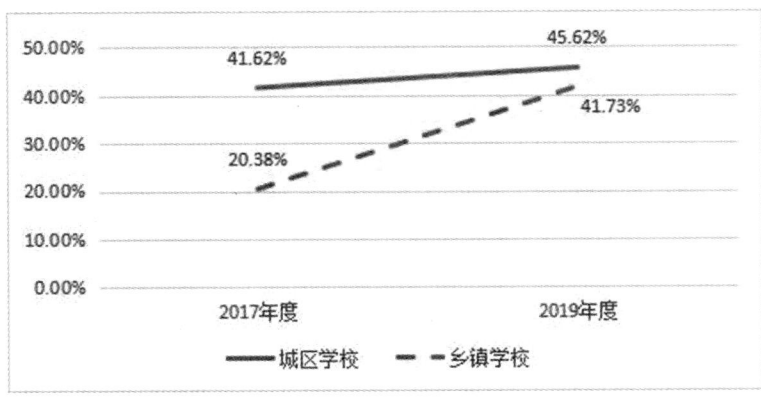

图 6-9　2017 年与 2019 年小学学段城乡专任教师本科及以上学历占教师总数比例对比

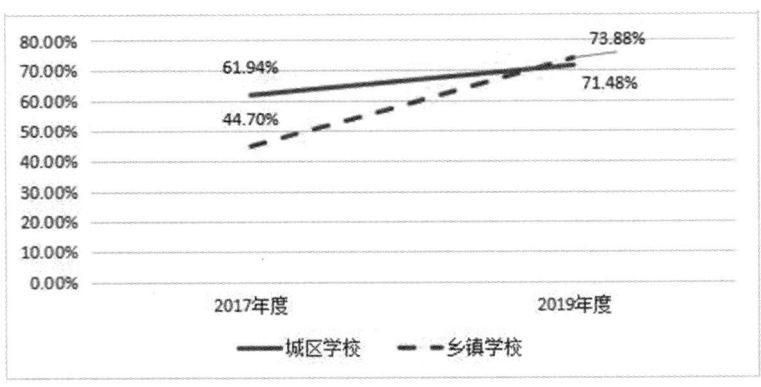

图 6-10　2017 年与 2019 年初中学段城乡专任教师本科及以上学历占教师总数比例对比

　　(6)中小学教师"县管校聘"管理改革前后中高级教师职称比例城乡学校对比变化情况:由图 6-11～图 6-14 可知,2019 年与 2017 年相比,各区域和学段高级职称教师占比均有所提高,其中乡镇初中提高最多,由 6.44% 提高至 10.82%。同期,乡镇初中的中级职称教师占比由 52.65% 提高至 65.96%,而城乡小学、城区初中均出现不同程度的下降,其中城区小学由 80.67% 下降到 71.55%,下降最为明显。主要原因如下:一是近几年教师退休较多,且均为中高级职称教师;二是中高级职称名额有限,能评聘上的教师数量同样有限。

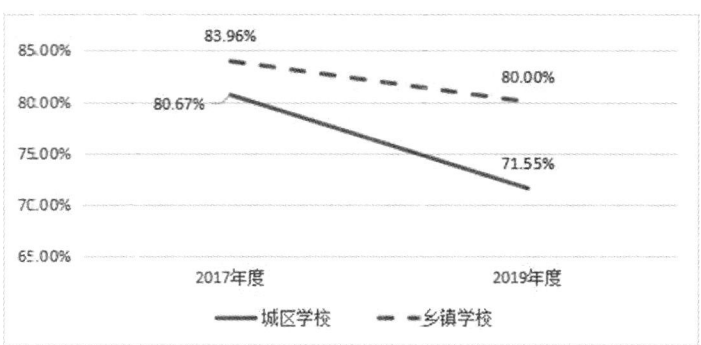

图 6-11　2017 年与 2019 年小学学段城乡中级职称教师占教师总数比例对比

图 6-12　2017 年与 2019 年初中学段城乡中级职称教师占教师总数比例对比

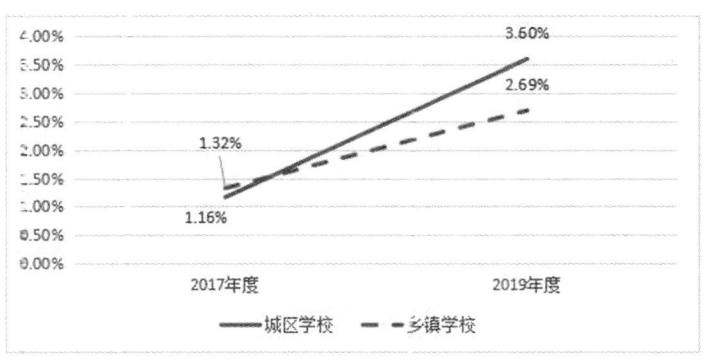

图 6-13　2017 年与 2019 年小学学段城乡高级职称教师占教师总数比例对比

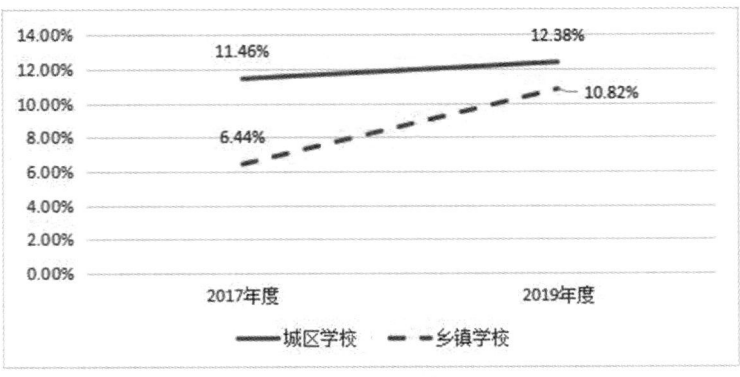

图 6-14　2017 年与 2019 年初中学段城乡高级职称教师占教师总数比例对比

(7)中小学教师"县管校聘"管理改革前后城乡教师平均工资收入对比变化、与公务员平均工资收入对比变化情况(图 6-15、图 6-16):2017 年中小学教师"县管校聘"管理改革前教师平均工资为城区小学 8.49 万元、初中 8.82 万元;乡镇小学 9.62 万元、初中 9.34 万元。2019 年中小学教师"县管校聘"管理改革后教师平均工资:城区小学 10.00 万元、初中 10.60 万元;乡镇小学 11.60 万元、初中 11.40 万元。中小学教师"县管校聘"管理改革前后,乡镇教师工资均略高于城区教师工资。

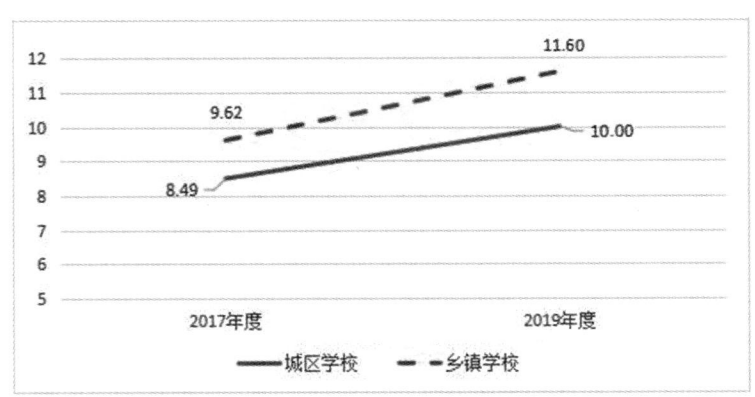

图 6-15　2017 年与 2019 年城乡小学教师平均工资税前收入(万元)对比

(8)中小学教师"县管校聘"管理改革前后教师流动率城乡学校对比情况:截至 2019 年,教师流动共 109 人。

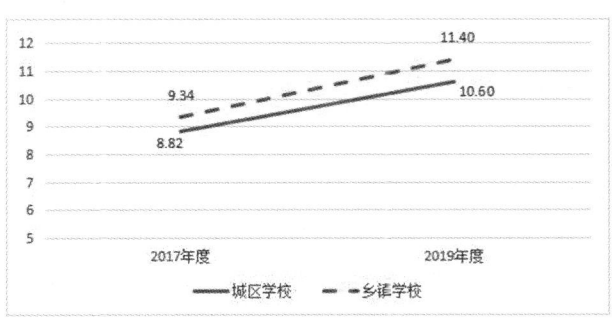

图 6-16　2017 年与 2019 年城乡初中教师平均工资税前收入（万元）对比

二、体制机制改革创新成效

1.编制管理改革方面成效

本次中小学教师"县管校聘"管理改革,从中学阶段教师编制调整增加了小学阶段教师编制 106 个,使学校教师编制与学校实际进一步匹配,有力促进了教育公平。

2.岗位管理改革方面成效

进一步健全了中小学岗位设置动态调整机制,中小学教师"县管校聘"管理改革过程中,Q 区教育局与区人社局一并核定区域内中小学专业技术高、中、初级岗位总量,实行总量控制。教育局在核定的岗位总量内,按照学校规模、班额、师资结构、承担教育教学改革和任务需要等情况,将岗位具体分配到各学校,结合校长教师交流轮岗情况及时动态调整。

3.学校治理结构改革方面成效

中小学教师"县管校聘"管理改革工作推进中,各学校依法依规科学制定岗位设置、竞聘方案、考核办法,公平、公正、公开对每一位教职员的考核评分进行审核和公示,严格按学科从高分到低分依次聘用。全区教职员依法依规表达自己的意愿和诉求,维护自己的合法权益,全区教育系统各级领导和广大教职员的法律意识得到显著增强,各学校依法治教、依法治校水平得到显著提升。如在讨论和审议学校的中小学教师"县管校聘"管理改革实施办法时,教育局发现个别学校操作不够规范,只是召开教代会对方案进行表决(按规定,80 名以下教职员的学校,须召开全校教职员大会对方案进行表决)。接到教育局的反馈意见后,学校马上暂停方案的实施,召开全校教职员大会对方案进行审议和表决,经全校教职员大会表决通过后才实施。

三、激发教师队伍活力

1.突出校长、教师的主体地位

实行校长负责制,落实学校用人自主权,学校按照有关规定做好教师考核评价、职称评聘、薪酬分配等管理工作。全面落实中小学教师聘用合同管理,学校依法依规与聘用人员签订聘用合同。教师聘用过程中突出考核师德表现、工作绩效和能力水平与岗位要求的匹配度,并将考核结果作为薪酬分配、评先评优、职称评聘、资格注册、调整岗位以及续订聘用合同等工作的重要依据,充分凸显教师平日工作的重要性。

2.充分调动校长和教师的主观能动性

中小学教师"县管校聘"管理改革过程中,校长是由教育局直接聘任三年,在这三年中需要制定本校的三年办学计划,聘期结束后教育局会逐一核实是否落实了当初制定的办学计划,如果没有完成,可能就会交流到别的学校任职或不再聘任为校长,在此种情况下,校长会充分发挥主观能动性,尽力完成办学计划。教育局要求教师通过打分来衡量自己的工作状况,从而决定是否外出交流,此时教师的积极主动性就激发出来了,以往安排教师担任班主任、晚自习值班、临时代课等老大难的工作,现在安排起来就容易多了,部分学校出现争做班主任,嫌周课时少争课上的情况。

第三节 中小学教师"县管校聘"管理改革的问题及对策

一、中小学教师"县管校聘"管理改革的问题

(一)跨系列、学段交流的教师职称聘、评衔接不够顺畅

中小学教师"县管校聘"管理改革要求统筹富余教师、优秀教师交流到别的学校任教,这就会产生跨系列、跨学段的教师之间的交流,如高中、中职、初中、小学教师交叉任教,他们之前的工作业绩难与新聘任的岗位衔接,

而中职则是中专系列,是不能聘用到普教系列的。为保障中小学教师"县管校聘"管理改革工作顺利推进,本次改革提出保证原待遇不变的维稳措施,即本次改革对教师均暂时以原职称聘用,保障其原待遇不变,但受目前职称政策的限制,如想继续晋升高一级职称,政策支撑不够。

（二）教师退出机制难以操作

现行的教师退出机制执行起来困难重重,一些身患重大疾病（精神病）的教师,没达到相应的退休年龄,又部分丧失劳动能力,无法胜任基本工作,但无法退出工作岗位,同时又占用编制。

（三）部分教师对中小学教师"县管校聘"管理改革工作不支持

考虑到家庭、生活等多方面因素,部分教师对交流到别的学校工作的意愿不强,甚至有抵触情绪。由于中小学教师"县管校聘"管理改革是新鲜事物,部分教师刚开始时对改革工作理解不到位,担心自己受到不公平对待、无岗可聘、下岗等,产生焦虑,导致他们不支持、不配合,甚至抵制此项工作。中小学教师"县管校聘"管理改革后,虽然教师进行了交流,但是部分教师是迫于政策的压力勉强接受交流,内心仍有抵触,工作不努力,马虎应付。对于这部分教师如何在日后的工作中调动他们工作的积极性、主动性,仍需探索。

（四）交流教师对新聘任单位缺少归属感

中小学教师"县管校聘"管理改革前,Q区的教师队伍情况是中学超编,小学缺编。由于本次中小学教师"县管校聘"管理改革方案要保稳定,除校级领导由区教育局聘用外,对特殊群体,如年龄偏大（男55岁以上、女50岁以上）、3年以下教龄的新教师及处于孕期或哺乳期的女教师,或患有严重疾病的教师,学校制定特殊政策,同等条件下,优先聘用。此方案体现了以人为本、人文关怀,但导致被交流出来的教师以中学学段的中年教师为主,该群体由于较长时间在同一所学校,已适应了原学校的工作方式,进而产生文化认同,尤其是高（职）中教师,多年担任高（职）中教学,面子放不下,担心个人职称评聘有改变等,面对新单位,难以对新学校产生归属感,以致心理上难以真正融入新的学校。

（五）教师学科结构仍不平衡

通过推进中小学教师"县管校聘"管理改革，虽然实现了教师交流，但由于历史原因，仍难以满足教师所学专业与学校对学科需求完全统一，仍有部分教师所学专业与任教科目不一致，教师专业归位还没有完全实现。同时在聘用教师时，难于做到教师学科专业与职称同时符合要求。

二、中小学教师"县管校聘"管理改革的建议

中小学教师"县管校聘"管理改革的建议如下。

（1）制定一个全省中小学统一的教师考核指标体系及考核标准，指导基层做好教师的考核工作，以考核促进后续工作。

（2）在岗位设置降低初级所占的比例，提高中、高级占比。

（3）上级部门对跨系列、学段交流的教师职称聘、评衔接下文明确。

（4）对无法胜任基本工作的教职工如何安置，需上级制定具体方案。

第七章 s市x县中小学教师"县管校聘"管理改革实践研究

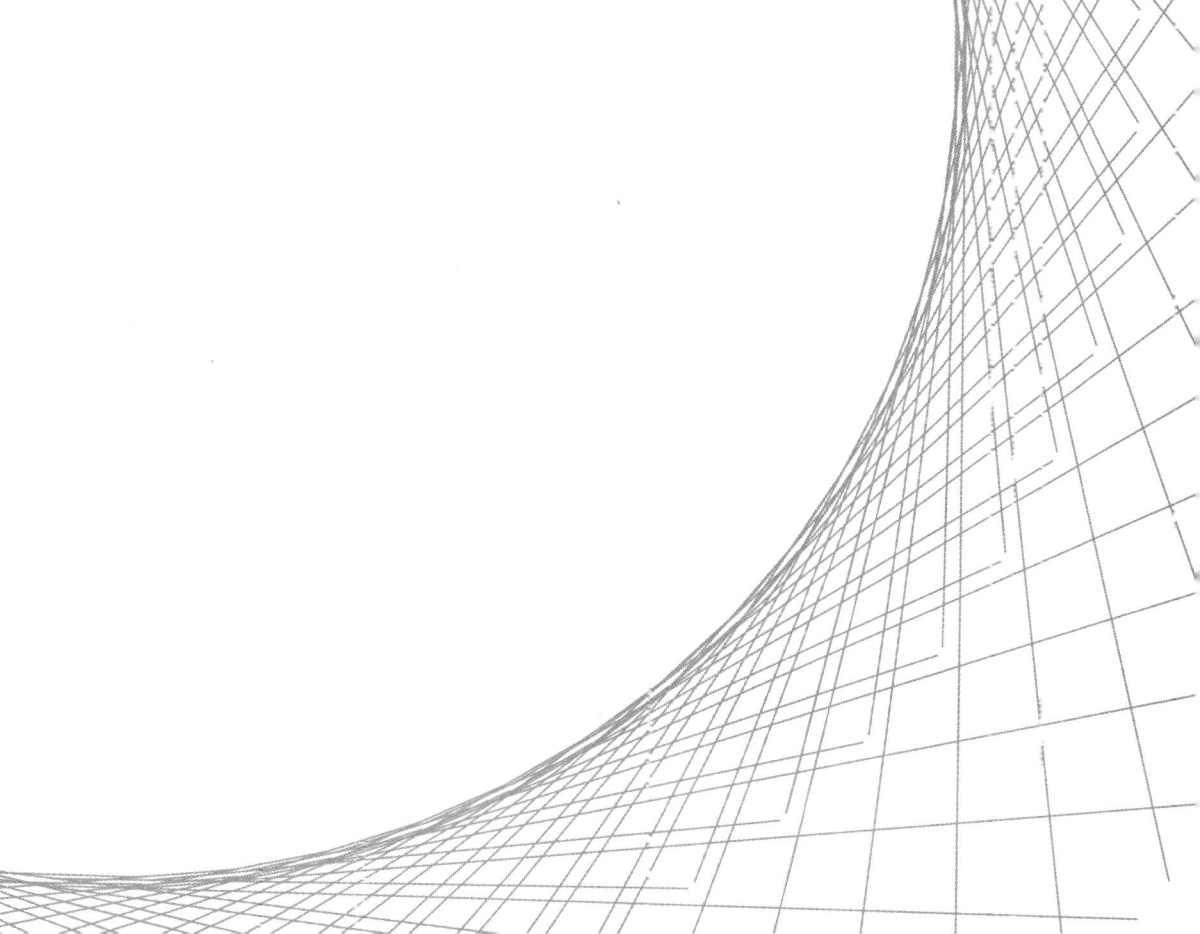

X县中小学教师"县管校聘"管理改革是S市中小学教师"县管校聘"管理改革的重要组成部分。本章主要对X县中小学教师"县管校聘"管理改革的实施及其效果进行分析。

第一节　中小学教师"县管校聘"管理改革的实施

一、中小学教师"县管校聘"管理改革顶层制度设计

为深化X县中小学教师管理体制机制改革,创新用人管人机制,激发教师队伍活力,促进全县教育资源均衡发展,根据《关于推进中小学教师"县管校聘"管理改革的指导意见》《关于推进全市基础教育学校公办教师中小学教师"县管校聘"管理改革工作的意见(试行)》等文件精神,X县县委、县政府高度重视,于2018年、2019年连续两年将中小学教师"县管校聘"管理改革工作写入政府工作报告,列为政府重点改革项目之一。将开展中小学教师"县管校聘"管理改革作为全面加强新时期教师队伍建设的重要抓手,推进教育高质量发展,召开政府常务会议专门研究讨论改革方案,并及时印发了《X县推进中小学教师"县管校聘"管理改革实施方案》,确定"优化结构、合理流动、均衡配置"工作目标;制定"试点先行、稳步推进"工作思路;明确教师"从学校人"变成"系统人"工作细则;理清政府办、编制、人社、财政、教育部门管理权限;成立以分管副县长为组长,政府办、县编办、教育、人社、财政等部门主要负责人为副组长的工作领导小组,为改革顺利推进提供了组织保障。全县采取"2018年试点改革、2019年全面实施"的步骤,确保中小学教师"县管校聘"管理改革工作顺利稳步推进。

为协调推进中小学教师"县管校聘"管理改革工作,X县县委、县政府及相关部门陆续制定相关文件,为改革工作提供制度保障。县政府制定并颁布《X县人民政府办公室关于印发〈X县关于推进中小学教师"县管校聘"管理改革的实施方案〉的通知》;县人力资源和社会保障局、县教育局联合下发《关于X县中小学公办教师中小学教师"县管校聘"管理改革中岗位设置管理和人员流动的实施意见》;县编办下发《关于印发〈X县基础教育学校公办教师中小学教师"县管校聘"管理改革编制管理工作方案〉的通知》;县教育

局下发《关于转发〈S市中小学教师退出教学岗位的实施办法（试行）〉的通知》《关于印发〈X县县城小学教师"县管校聘"实施方案（试行）〉的通知》《X县中小学教师师德师风建设三年行动计划》等。

二、中小学教师"县管校聘"管理改革的实施方案

（一）完善中小学教职员编制管理机制

X县编办加强对中小学教职员编制的总量管理，按照中小学教职员编制标准，会同县教育局根据学校布局结构调整、班额、生源（含外来务工人员子女）等情况变化进行动态调整，对学生规模较小的村小学、教学点，按照教职员与学生比例和教职员与班级比例相结合的方式核定。县教育局在核定的编制总量内，按照教育教学规模和教师队伍结构要求统筹提出各学校教职员编制的分配方案以及动态调整意见，报县编办和县财政局备案。县编办会同县教育局及时确定中小学教职员编制使用年度计划，保证县域内专任教师满足中小学开齐开足国家规定的课程。

X县教育局根据学校空编和次年退休等减员情况，每年11月底前向县编办提交次年新进教职员年度编制使用申请。县域内中小学教职员编制总额每年至少核编一次，由县教育局会同县编办共同研究决定核编时间，如因特殊情况需要临时增加调整次数，亦需要县教育局会同县编办共同研究决定。

鉴于教师病假、产假等原因，全县中小学校采取核批的办法，允许部分公办中小学校聘请少部分具备教师资格的顶岗教师，由学校与临聘教师签订劳动合同。由于X县是重点扶贫开发县，经济相对落后，对于此类短期（均不超过一年）任教人员，用人单位确保其待遇不低于最低工资保障。

对教师队伍中长期存在的因疾病等无法正常承担教学任务的教师，按实际情况采取待岗培训、调整岗位等不同措施。对于一部分不能再胜任教学岗位的教师，将由学校或教育局安排校内或校际竞聘调剂到非教学工作岗位。

（二）完善中小学教职员岗位设置管理

1.建立教职员岗位"总量控制、动态调整"机制

根据国家、省制定的中小学专业技术岗位结构比例控制标准和X县中

小学校编制总量,由县人社局会同县教育局,核定全县中小学专业技术高、中、初级岗位总量,实行总量控制。县教育局在核定的岗位总量内,按照学校规模、班额、师资结构、承担教育教学改革和任务需要等情况,将岗位具体分配到各学校,结合校长、教师交流轮岗情况及时动态调整,并报县人社局备案。在调整分配学校专业技术岗位时,向农村、偏远地区学校和薄弱学校倾斜,适当增加了高、中级专业技术岗位数量。

2.实行全县专业技术岗位统筹

在教师专业技术评定时向农村、偏远地区学校和薄弱学校倾斜。在进一步协同做好岗位设置工作方面,提高了中小学教师高级岗位结构比例,幼儿园达到 8%、小学达到 15%、初中达到 30%、高中达到 40%。

(三)完善中小学教师公开招聘制度

在教师招聘工作中,由教育局按照公开招聘的相关政策规定,制定符合教育教学规律、教师职业特点和岗位适应性的招聘方案并组织实施,重点考查职业道德、专业素养、从教潜能等方面的内容。完善教师补充计划和方案的审核备案工作,县教育局按照各中小学教师编制、岗位及师资结构等情况,在县域内进行合理调配,调配后再由教育局根据教师编制数和总体岗位空缺情况向人社部门申请公开招聘计划,制定招聘方案报县人民政府审批。招聘方案经县政府、县委编委批准后由县人社局、教育局组织实施。

创新招聘方式,采用笔试+面试、直接面试、面试+试教、考察聘用等方法,遴选出热爱教育事业、真正适合当教师的人才进入教师队伍。建立完善招聘优秀人才到学校任教的"绿色通道",畅通高校毕业生、城镇教师到乡村学校任教的通道,建立完善"越往基层、越是艰苦,地位待遇越高"的激励机制,通过落实乡村教师支持计划,形成可持续发展的长效机制。

为协同做好教师招聘工作,考试科目和内容突出岗位特点和职业适应性,探索面试和技能测试问题,增强招聘的针对性。实施高层次人才引进工程,对具有硕士研究生学历、高级专业技术职务人员、特级教师等高层次专业人才,在核准的编制使用计划内,采取直接考核的方式招聘。

(四)完善中小学岗位聘用管理制度

中小学教师"县管校聘"管理改革实施后,落实了 X 县中小学的用人自主权,学校按照有关规定做好教师考核评价、职称评聘、奖励性绩效工资等管理工作,全面落实中小学教师聘用合同管理。如X县实验学校教职员竞聘上岗工作小组根据教职员师德师风、业务能力、敬业表现、工作业绩、情绪智力确定拟聘人员,在学校干部聘任和年级主任聘任环节,明确主动申请班主任的优先聘任,对提高教师工作积极性具有导向作用。X县实验小学修订完善《教职工业绩考评工作方案》和《岗位竞聘工作方案》,涉及的指标包括师德师风、学历、专业技术职称、教学成绩、科研课题、获奖情况、部门工作、满勤奖励等项目,竞聘工作考核小组严格按照《工作方案》进行考核选聘合适人员,并从教师填写的意向岗位中优先选聘胜任班主任、年级组长、科组长工作的人员。

加强对教师的工作考核,坚持公开、公平、公正的原则,以岗位职责为依据,以师德、能力、业绩、贡献为核心,制定不同工作岗位的考核指标和考核办法,建立完善学校、教师、学生、家长和社会多方参与的教师考核评价机制。学校不断完善师德考核参与机制,充分发挥家长委员会和社会各界的作用,引导家长委员会、社区服务机构等参与学校管理,从教师新学期签订责任承诺书,到自我评价、教研组评价、家长评价、家长委员会评价、社会各界评价(一般通过校长信箱等方式进行),构建多元的评价方式,形成立体的评价网络。

开展岗位竞聘,全面推行竞聘上岗制度,建立竞聘上岗和组织统筹调剂相结合的教师聘用机制。突出考核教师师德表现、工作绩效和能力水平与岗位要求的匹配度,并将考核结果作为评先评优、职称评聘、资格注册、奖励性绩效工资等工作的重要依据,逐步建立完善能上能下、能进能出的竞争性用人机制。2019年,X县共2305名教师参与改革,其中2101人校内竞岗,159人跨校竞聘,45人组织调剂,实施工作公平有序,参与教师积极稳定,达到教师交流"零"投诉效果,较好实现了"消超编、调结构、激活力"的年度工作目标。

(五)完善中小学教师均衡配置机制

根据"稳步推进"的改革原则,X县在改革过程中设定不同阶段的工作目标,2019年首次实施时,暂不把职称配置比例、教师聘任比例纳入改革初始阶段的工作目标,重点解决教师人数、学科方面的均衡,待完成首次聘任后,通过职称评聘、工资级别晋升等手段逐步优化职称配置比例,以最小的阻力取得改革最大化的成功。同时新招聘中小学教师87人,优先满足农村、偏远地区学校和薄弱学校,进一步优化了乡镇教师资源配置,促进教育均衡优质发展。

X县教育局根据本县实际制定校长、教师交流轮岗实施方案并组织实施,通过多种交流轮岗形式,逐步实现学校之间专任教师本科及以上学历比例、中高级教师职称比例和骨干教师比例大体相当,实现区域内教师资源的均衡配置。采取提供教师周转房、享受山区教师生活津贴等措施,加强对交流轮岗校长、教师的管理和服务,为交流校长、教师的生活和工作提供便利,积极引导优秀校长、教师向农村学校、薄弱学校有序流动,缩小城乡、校际教师队伍水平差距。

X县教育局与县财政局做好对接工作,依法依规落实中小学教师工资福利待遇保障政策,落实本县教职工工资待遇和山区边远地区教师生活补助,确保县域内中小学教师平均工资水平不低于当地公务员平均工资水平,农村教师平均工资水平不低于城镇教师平均工资水平。2019年,全县联动实施义务教育教师核增绩效的方案,年人均4500元。据统计,义务教育教师年平均工资为102378元,公务员年平均工资为102262元,义务教育教师年平均工资高出公务员年平均工资。切实增加了教师队伍的收入,最大限度地保证教师权益,使广大教师更安心地立足岗位,做好教育教学工作。

鉴于教师病假、产假等原因,全县部分公办中小学校聘请少部分顶岗教师,由于X县是重点扶贫开发县,经济相对落后,对于此类短期任教人员,用人单位确保其待遇不低于最低工资保障

(六)完善中小学教师退出机制

推进开展5年一周期的中小学教师资格定期注册,对注册不合格或逾期不注册的人员,依照规定调整出教师岗位,不得从事教学工作。

严格师德考核,实行师德考核"一票否决制"。制定《X县中小学教师师德师风建设三年行动计划》,对全体教师每年进行一次师德考核。师德违规情节严重者依照《中小学教师违反职业道德行为处理办法》及有关规定予以处理。

对教师年度考核不合格的,要求学校按照规定调整其岗位,或者安排其

离岗接受必要的培训后调整岗位,教师无正当理由不同意变更工作岗位的,或者虽同意调整到新工作岗位,但到新岗位后考核仍不合格的,学校可按有关规定解除聘用合同。聘期考核不合格的,学校可以不与其续订聘用合同,或按聘用合同约定处理。

(七)完善中小学教职员合法权益保障机制

X县各学校结合自身实际制定了中小学教师"县管校聘"的竞聘方案和实施方案,其中包括配套的人事争议仲裁制度。教育局健全教职员维权服务机制,学校建立教职员申诉机制,建立健全争议预防和协调解决机制,按照规定设立人事争议调解组织,让教职员有充分、畅通的诉求渠道。

学校制定教职员岗位竞聘方案、考核办法等管理制度,必须充分征求学校教职员的意见,并经教职员大会或代表大会审议通过后实施。涉及年度考核、评先评优、职称晋升、岗位竞聘等重要信息应予以公开,实行回避制度,对聘任和考核结果须公示7个工作日以上,充分保障教职员的知情权、参与权和监督权。

(八)建立政策宣传、检查督导和风险防控机制

教师和学校既是中小学教师"县管校聘"管理改革政策的执行者,更是政策实施的受益者。因此,推进中小学教师"县管校聘"工作首先要解决的是共识问题,让广大教师和学校形成政策认同。为此,X县教育局先后召开研究会、座谈会等各类会议十余次,邀请县相关单位、校长、教师参加,积极宣传中小学教师"县管校聘"工作的必然性和重要性,同时对政策进行充分宣传和引导,认真听取县相关单位、校长、教师的意见和建议,增强了教师对中小学教师"县管校聘"工作的理解,有效防止教师因对政策的误解误读而影响中小学教师"县管校聘"工作的开展。其次,各学校加强政策的答疑解惑工作,针对教职员关注的问题和疑惑,主动联系沟通,及时引导,使教职员充分理解中小学教师"县管校聘"管理改革的深刻内涵。保证教师知晓率达100%。再次,中小学教师"县管校聘"工作完成后,举办全县中小学变动人员心理激励培训讲座,进一步做好教师思想稳定工作。

经过努力,全县中小学教师达成了共识:中小学教师"县管校聘"管理改革有助于统筹县域内义务教育教师资源和促进县域内义务教育优质均衡发

展,是提升教育质量的根本路径,更是教师专业成长,提升教师教书育人幸福感和获得感的根本路径所在,这场改革不是"末位淘汰",不是让教师下岗,而是惠及教育、惠及学生、惠及人民、更惠及教师,从而为中小学教师"县管校聘"管理改革工作营造了良好的氛围。

第二节 中小学教师"县管校聘"管理改革的实施效果

X县自开展中小学教师"县管校聘"管理改革工作以来,在促进校长、教师合理流动,优化教师资源配置,促进教育公平,促进教育均衡优质发展等方面取得了较好效果,社会满意度高,师生家长获得感总体良好。

一、实现教师资源的均衡配置

(1)中小学教师"县管校聘"管理改革前后学科背景对口率城乡学校对比变化情况(图7-1、图7-2):全县城区初中教师专业对口率从2017年的92.50%提高至2019年的100%,提升了7.5个百分点;乡镇初中教师专业对口率从2017年的88.50%提高至2019年的95.50%,提升了7个百分点。

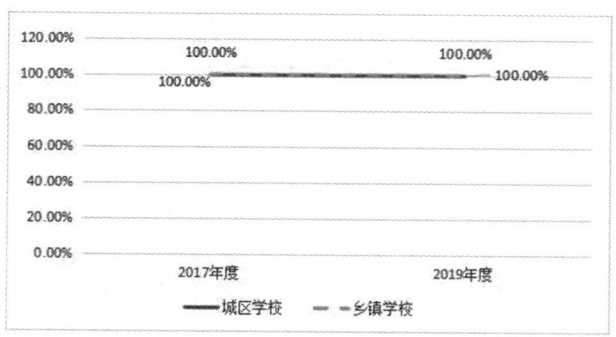

图7-1 2017年与2019年小学学段城乡教师学科背景对口率对比

(2)中小学教师"县管校聘"管理改革前后生师比城乡学校对比变化情况(图7-3、图7-4):中小学教师"县管校聘"管理改革后,城区小学、城区初中的生师比分别达到21.4和14.0,高于国家标准,相比之下,乡镇学校的生师比均处在国家标准范围内,教师配备乡镇学校相对充足。

(3)中小学教师"县管校聘"管理改革前后县级以上骨干教师占比城乡

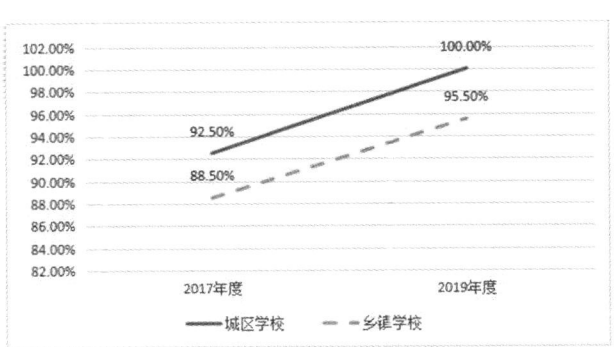

图 7-2　2017 年与 2019 年初中学段城乡教师学科背景对口率对比

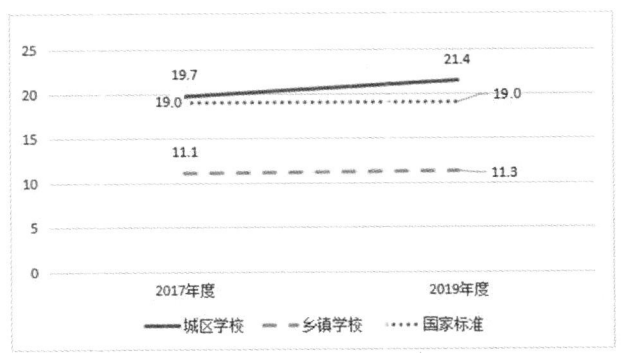

图 7-3　2017 年与 2019 年小学学段城乡生师比对比

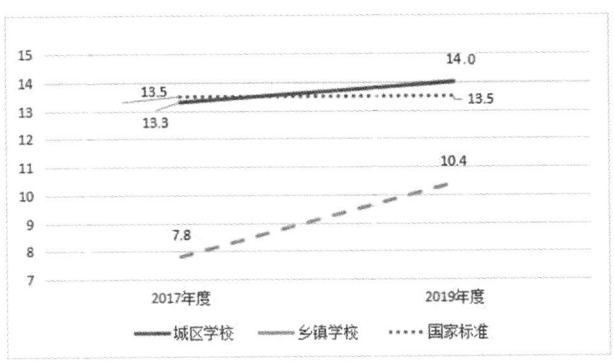

图 7-4　2017 年与 2019 年初中学段城乡生师比对比

学校对比变化情况(图 7-5、图 7-6):中小学教师"县管校聘"管理改革后,尽管骨干教师依然主要集中在县城学校,但乡镇初中、小学骨干教师数量均有明显增长,其中乡镇小学骨干教师从 2017 年的 32 人增加至 2019 年的 58 人,占比由 5.67% 提高至 9.76%,乡镇初中骨干教师占比由 14.29% 提高至 21.62%。

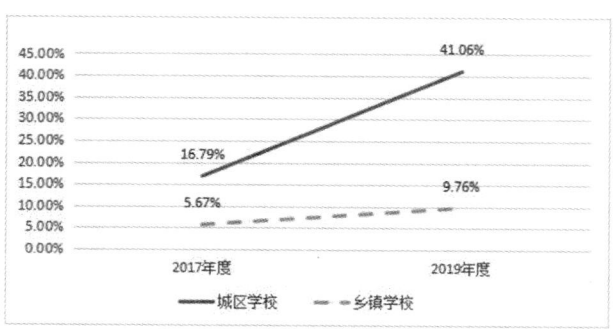

图 7-5　2017 年与 2019 年小学学段城乡县级以上骨干教师占教师总数比例对比

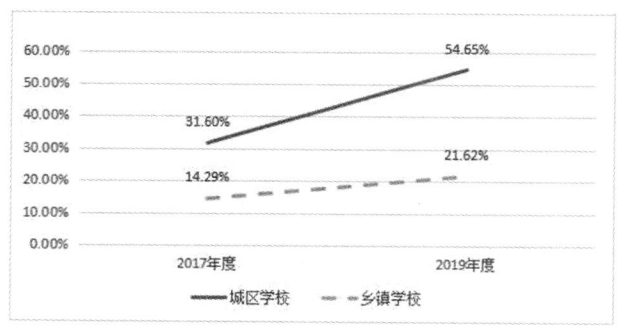

图 7-6　2017 年与 2019 年初中学段城乡县级以上骨干教师占教师总数比例对比

(4)中小学教师"县管校聘"管理改革前后学科带头人占比城乡学校对比变化情况(图 7-7、图 7-8):中小学教师"县管校聘"管理改革后,城区学校的学科带头人占比微增,乡镇学校的增幅相对明显,其中乡镇初中增加了 1.81 个百分点,增幅最大。2019 年与 2017 年相比,乡镇学校学科带头人占全县学科带头人的比例明显提升,2017 年城区学校与乡镇学校学科带头人的比例为 65：35,2019 年为 55：45。

(5)中小学教师"县管校聘"管理改革前后专任教师本科及以上学历比例城乡学校对比变化情况(图 7-9、图 7-10):中小学教师"县管校聘"管理改革后,初中、小学教师本科及以上学历比例翻了一番,其中城区学校初中、小学教师本科及以上学历人数占比由 60.74%、21.93% 上升为 80.23%、46.67%,乡镇

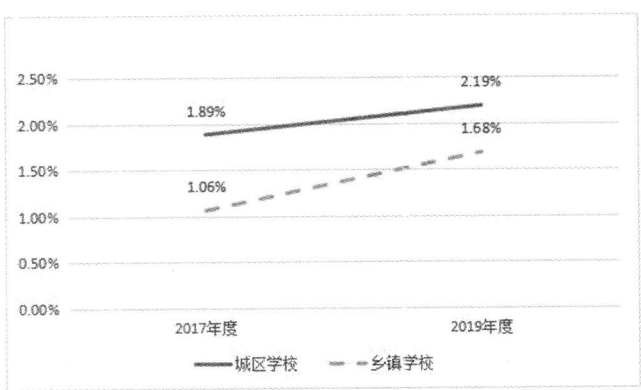

图 7-7　2017 年与 2019 年小学学段城乡学科带头人占教师总数百分比对比

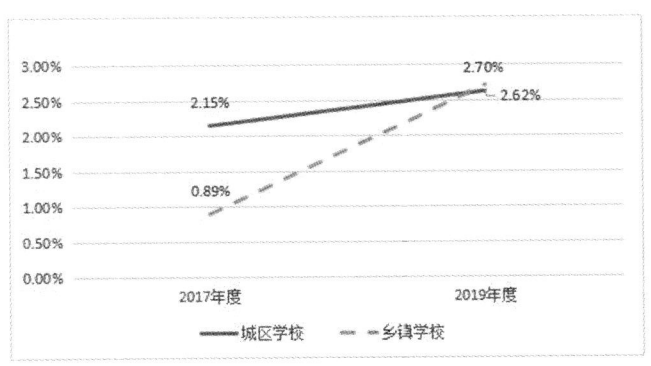

图 7-8　2017 年与 2019 年初中学段城乡学科带头人占教师总数百分比对比

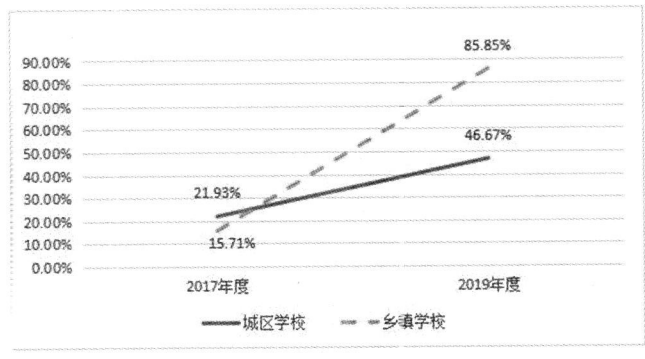

图 7-9　2017 年与 2019 年小学学段城乡专任教师本科及以上学历占教师总数比例对比

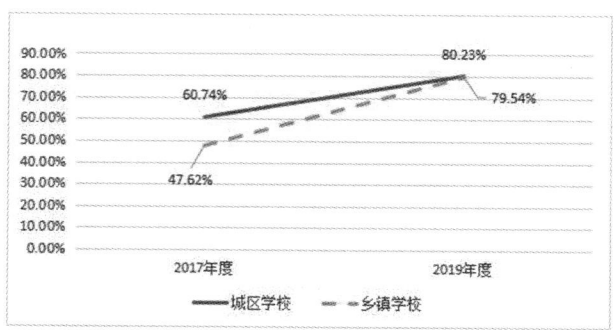

图 7-10　2017 年与 2019 年初中学段城乡专任教师本科及以上学历占教师总数比例对比

初中、小学教师本科及以上学历人数占比由 47.62％、15.71％上升为 79.54％、85.85％。

　　(6)中小学教师"县管校聘"管理改革前后中高级教师职称比例城乡学校对比变化情况(图 7-11～图 7-14):中小学教师"县管校聘"管理改革后,在中级职称教师方面,高中学校教师人数明显增加,占比也明显提高,而初中、小学教师人数变化不明显,占比呈现分化现象,城乡小学、城区初中均有所下降,乡镇初中则是明显提高,占比由 60.71％提高至 82.24％;在高级职称教师方面,各区域、各学段均出现占比上升的态势。

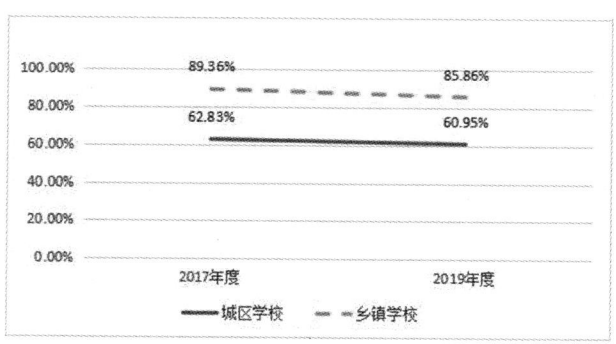

图 7-11　2017 年与 2019 年小学学段城乡中级职称教师占教师总数比例对比

　　(7)中小学教师"县管校聘"管理改革前后城乡教师平均工资收入对比变化情况(图 7-15、图 7-16):2017 年至 2019 年中小学教师"县管校聘"管理改革期间,县城小学教师平均工资从 7.15 万元增加至 8.98 万元,初中教师平均工资从 7.32 万元增加至 9.75 万元;乡镇小学教师平均工资从 8.16 万

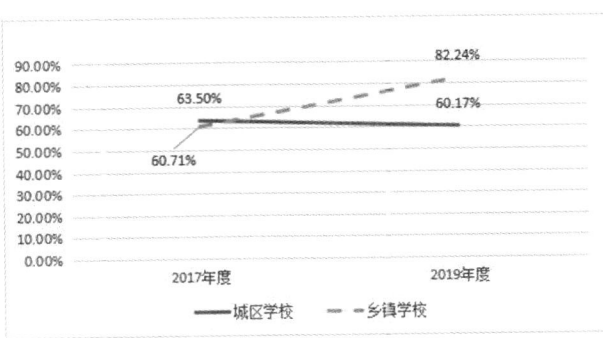

图 7-12 2017 年与 2019 年初中学段城乡中级职称教师占教师总数比例对比

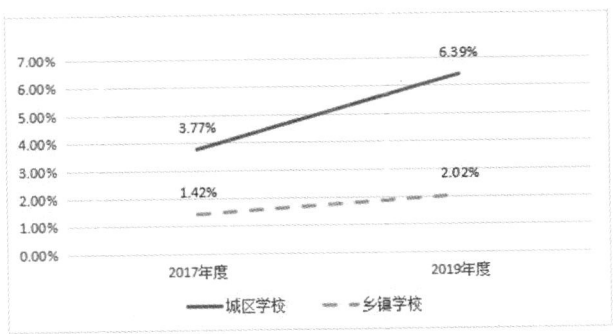

图 7-13 2017 年与 2019 年小学学段城乡高级职称教师占教师总数比例对比

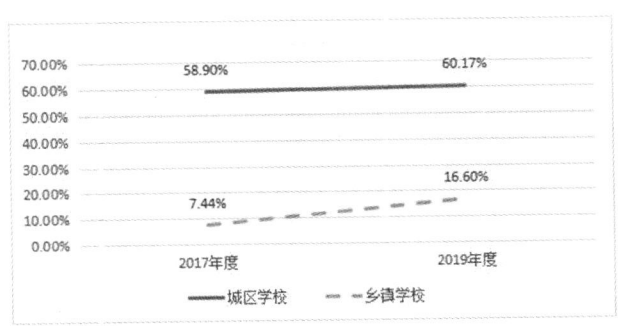

图 7-14 2017 年与 2019 年初中学段城乡高级职称教师占教师总数比例对比

元增加至 10.37 万元,初中教师平均工资从 8.42 万元增加至 10.23 万元。全县中小学教师工资待遇有了较大提高。

(8)中小学教师"县管校聘"管理改革前后教师流动率城乡学校对比情

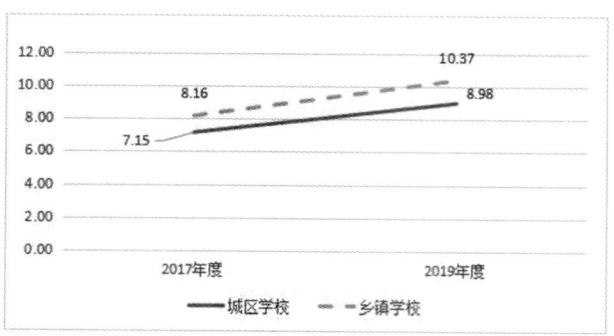

图 7-15　2017 年与 2019 年城乡小学教师平均工资税前收入（万元）对比

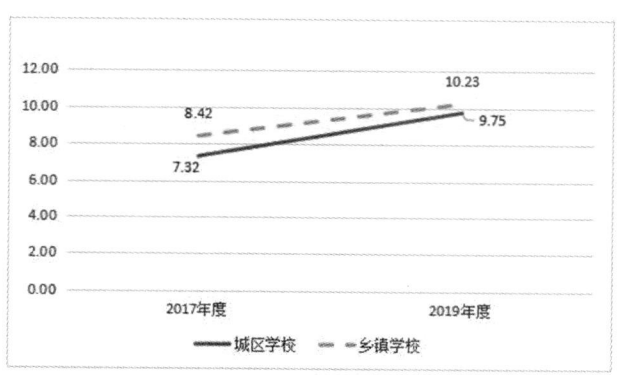

图 7-16　2017 年与 2019 年城乡初中教师平均工资税前收入（万元）对比

况：中小学教师"县管校聘"管理改革期间，全县轮岗教师总数 268 人，其中从乡镇到县城的比例为 43％。由于城镇化进程原因，全县县城中小学校学生数增加比例较大，造成教师需要量同时增加。

二、体制机制改革创新取得了显著成效

（1）在编制管理改革方面，提高了中小学教师资源的使用效益。通过实施中小学教师"县管校聘"管理改革工作，使中小学教师从"学校人"变成"系统人"，打破了推进校长、教师交流的管理体制障碍，提高了教师资源使用效益，促进了城乡教师资源均衡配置，推进了教育公平。

（2）在岗位管理改革方面，补充了缺编教师和紧缺学科教师岗位。X 县三年共招聘新教师 242 名，其中义务教育学校 129 名（含紧缺教师 46 名）；高中阶段学校教师 69 名；全县教师素质、特别是高中阶段学校教师素质进一步

提高。

（3）在学校治理结构改革方面，学校通过实施中小学教师"县管校聘"管理改革进一步完善了教师管理制度、评价制度，建立教职员申诉办法，明确了教师工作量化标准，切实提升了办学水平和治理能力。

三、激发了广大教师队伍活力

通过实施中小学教师"县管校聘"管理改革工作，一方面倒逼整个教师队伍增强了忧患意识和紧迫感，充分调动了广大教师的积极性和主动性；另一方面唤醒了教师的内生动力，由"要我干"逐渐变成"我要干"，教师的敬业精神和综合素质显著提高。

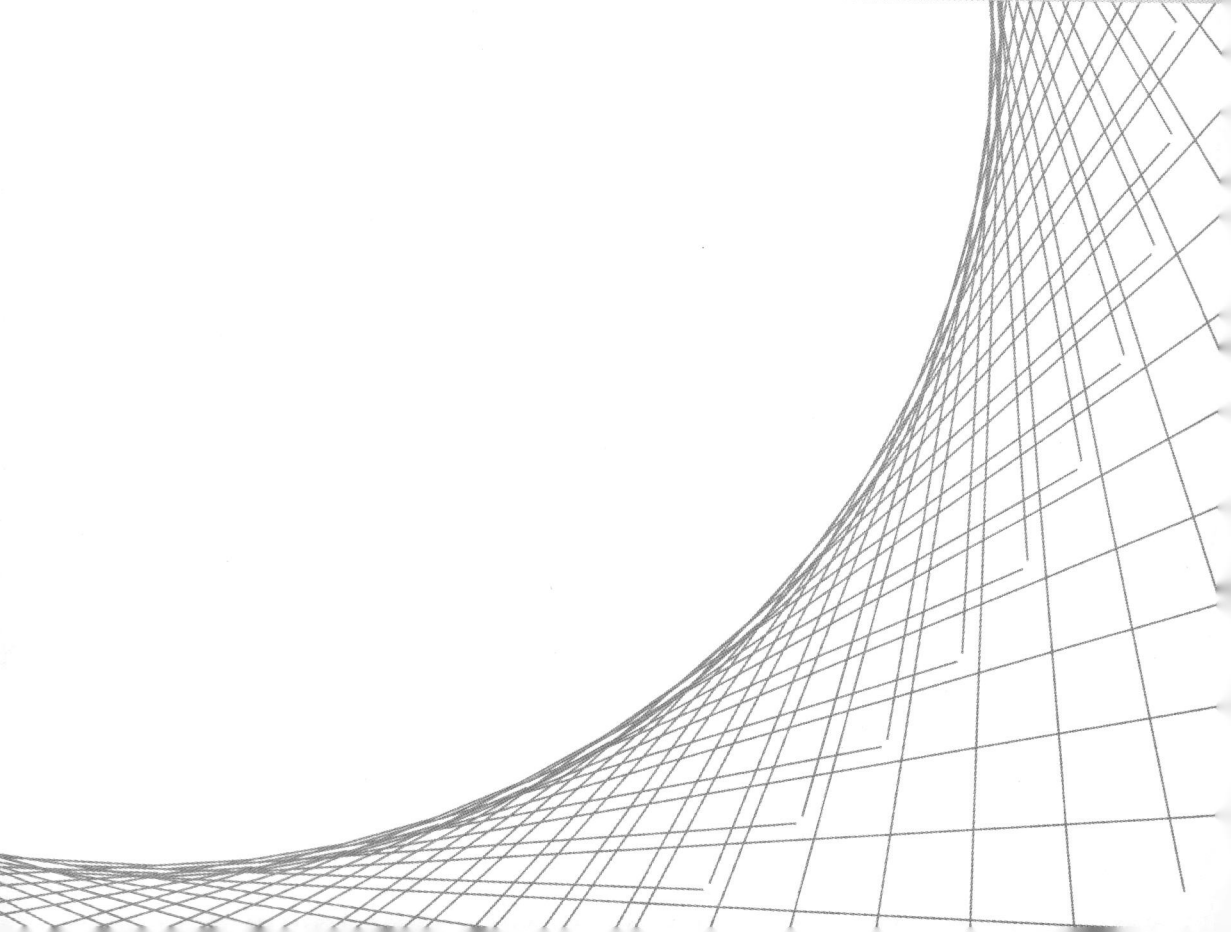

第八章 S市F县中小学教师"县管校聘"管理改革实践研究

　　F县中小学教师"县管校聘"管理改革是S市中小学教师"县管校聘"管理改革的重要组成部分。本章主要对F县中小学教师"县管校聘"管理改革的实施及其效果进行分析。

第一节　中小学教师"县管校聘"管理改革的实施

一、中小学教师"县管校聘"管理改革顶层制度设计

　　2017年,省教育厅、省编办、省财政厅、省人力资源社会保障厅联合印发了《关于推进中小学教师"县管校聘"管理改革的指导意见》,拉开了中小学教师"县管校聘"管理改革的大幕。自该文件发布以来,F县县委、县政府高度重视,成立了中小学教师"县管校聘"管理改革工作领导小组,并将中小学教师"县管校聘"管理改革纳入该县深化改革工作事项,在全县开展相关调研工作,积极奠定中小学教师"县管校聘"管理改革的工作基础。经过调研、广泛听取各方相关的意见之后,F县于2018年6月15日印发了《F县瑶族自治县推进教师中小学教师"县管校聘"管理改革工作实施方案》(乳庑办〔2018〕103),明确了县委编办、县人社局、县教育局、县财政局、学校的工作职责,稳步推进了中小学教师"县管校聘"管理改革的征程。

　　为确保中小学教师"县管校聘"管理改革顺利推进,F县根据广东省《关于推进中小学教师"县管校聘"管理改革的指导意见》的文件精神,结合本县实际,先后制定了一系列相关文件,具体涉及以下几个方面的内容:一是中小学教师"县管校聘"管理改革工作实施方案,如《F县瑶族自治县推进教师中小学教师"县管校聘"管理改革工作实施方案》《F县瑶族自治县基础教育学校公办教师中小学教师"县管校聘"工作实施方案》;二是中小学教师"县管校聘"管理改革工作指导意见,如《F县瑶族自治县中小学校长职级制实施方案》;三是岗位聘用管理制度,如《F县瑶族自治县中小学校中层干部竞聘方案》;四是教师均衡配置机制,如《F县瑶族自治县教师竞聘考核办法》《F县瑶族自治县义务教育学校校长教师交流轮岗管理实施办法》;五是考核管理制度,如《F县瑶族自治县基础教育学校教师周课时量标准》;六是教师合法权益保障机制,如《F县瑶族自治县中小学教师岗位内部晋升实施方案》。

二、中小学教师"县管校聘"管理改革的实施方案

(一)完善中小学教职员编制管理机制

(1)完善管理机制。F县县委编办会同财政局、人社局、教育局,依据中央、省的相关规定和标准,结合本地教育发展水平以及教师数、学生数和结构变化情况,对区域内教职员编制总量进行核定和管理。2019年,全县高级中学配备编制240名,初级中学配备编制640名,小学配备编制968名。县教育局根据学校规模,将编制分配到各中小学,并在县委编办备案。

(2)实施动态调整。建立编制动态管理制度,县教育局在核定的教职员编制总量内,于每年9月底前,根据工作需要统筹提出下一学年各学校教职员编制调整意见,报县委编办进行相应编制调整,并同时报县财政、人社部门备案。

(3)加强临聘教师管理。F县现有临聘教师62名,通过政府购买服务,由财政承担临聘教师工资,每人每年36000元,并委托第三方劳务公司进行招聘管理。

(4)多途径解决教师阶段性缺位问题。对教师队伍中长期存在的因疾病、生育等无法正常承担教学任务的问题,F县采用临聘教师,申请"三支一扶"志愿者,广东省大学生乡村希望教师,"三区"支教教师顶岗。

(二)完善中小学教职员岗位设置管理机制

(1)实行岗位设置备案制度。F县中小学专业技术岗位设置参照《广东省高等学校岗位设置管理指导意见》执行,各单位根据文件规定的相关结构比例制定本单位的岗位设置方案,填写《广东省事业单位岗位设置审核表》,然后由教育行政部门审核汇总后报同级人社部门,再由同级人社部门报送市级人社部门审批。

(2)落实向农村、偏远地区和薄弱学校倾斜的政策导向。在专业技术岗位调整分配上,F县以"调整分配学校专业技术岗位时向农村、偏远地区学校和薄弱学校倾斜"为导向,根据《广东省乡村教师支持计划实施办法(2015—2020年)》中关于"在乡村学校任教累计满25年且仍在乡村学校任教的教师,聘任专业技术岗位时不受岗位职数的限制"和"在乡村学校任教累计满

25年且仍在乡村学校任教的教师,已取得中级、高级专业技术职务任职资格,可直接聘任,不占核准岗位数"的规定,尽可能为农村教师的职务和岗位晋升提供支持,保障教育均衡发展。

(三)完善中小学教师公开招聘制度

(1)在教师招聘工作中,F县采用由县教育局负责具体招聘事项,按照公开招聘的相关政策制定符合本地教育实际的招聘方案,报县人社局审核和备案后组织实施。公开招聘过程中的笔试和面试工作由县教育局和人社局共同参加,招聘工作所需经费由县财政列入部门预算。

(2)创新多渠道教师招聘方式,建立完善优秀人才到校任教"绿色通道",招聘教师采取笔试和面试相结合的方式进行,全日制研究生、国内重点高校全日制本科生,直接进入面试,不列入面试比例。

(四)完善中小学岗位聘用管理制度

(1)落实中小学教师聘用合同管理。中小学教师"县管校聘"管理改革实施后,F县县教育局给学校核编,由学校设定上岗条件、岗位职责、工作量、工作目标和考核细则,实行竞聘上岗,学校与教职员签订聘用合同,按照有关规定负责教职员的日常管理、任用和业务考核,发放奖励性绩效工资等工作。

(2)加强对教师考核评价机制的建设。围绕教师考核评价工作,F县各学校以教师的德、能、勤、绩为核心制定考核办法,建立完善多方参与的教师考核评价机制。在考核评价中,大部分学校采用"学生心目中的好教师"评选活动,以学评教,以评促教,建设家长委员会、家长学校,引导学生家长参与评价教师,向社会公开师德监督电话和邮箱,接受社会的监督。

(3)建立以竞聘上岗为核心的教师退出机制。对能力水平与所聘岗位任职条件不匹配,不能胜任岗位职责的教师,予以低聘或转岗。对竞聘未上岗且不服从组织统筹调剂的教职人员安排待岗培训,待岗培训期不超过12个月。待岗培训期内,按基本工资和50%的基础性绩效工资发放生活费,不享受奖励性绩效工资,考核合格的,照常发放年终一次性奖金。对于不同意调整其工作岗位、调整到新工作岗位后考核仍不合格、待岗培训时间满12个月仍未聘的人员,予以辞聘或解聘。对有严重失德行为、社会影响恶劣或违法乱纪的按有关规定予以严肃处理直至解聘。

（五）完善中小学教师均衡配置机制

（1）在引导优秀校长、教师向农村学校、薄弱学校有序流动方面，F县根据学校的艰苦程度，将全县中小学分为十类地区发放教师生活补贴，最低标准是555元，最高标准是1960元。提高农村学校教师收入水平。用好职称评审和岗位聘任政策，在职称评审，岗位聘任方面向农村学校倾斜。在实施中小学教师"县管校聘"管理改革中，严格控制学校编制数，按编制聘任教师。

（2）完善义务教育学校校长、教师交流轮岗制度，对参加轮岗的校长和教师在评优评先、职称评审、外出培训等方面给予优先照顾，鼓励校长、教师参加轮岗。

（3）落实"县域内中小学教师平均工资水平不低于当地公务员平均工资水平，农村教师平均工资水平不低于城镇教师平均工资水平"的要求。2018年，F县在调整和规范公务员津贴补贴时也同步调整了中小学教师的绩效工资。2019年1月，启动教师专业技术岗位小级别晋升调整，稳步提升教师工资收入水平。2019年10月，县教育局、财政局、人社局联合出台《F县瑶族自治县公办中小学（幼儿园）班主任工作绩效考核实施方案（试行）》，从2019年秋季学期起，根据考核结果，按每月不低于500元/人的标准发放中小学、幼儿园班主任岗位绩效。经过多次调整，2019年全县农村教师生活补助达到人均每月1000元。2020年1月，县委第十二届第八十六次常委会会议同意由县财政统筹解决全县2019年以来中小学教师核增绩效工资经费，中小学教师核增绩效工资标准为高中15000元/人，其他9600元/人。

（4）落实"统筹调配临聘教师，所需人员经费由本级财政核拨"政策。目前F县通过政府购买服务的临聘教师有62人，临聘教师工资每人每年36000元，采用第三方劳务公司统一招聘管理、学校用人的模式，所招聘的人员专业素质比较高。

（六）完善中小学教师退出机制

（1）推行教师资格定期注册制度。2017年，F县开展了首次教师资格注册工作，公办学校1775名教师完成了教师资格注册。依照相关规定，教师资格注册必须与任教学段相符合,否则不予注册。

(2)实行师德考核"一票否决制"。根据《S市中小学校教师退出教师岗位的实施办法(试行)》要求,F县在评优评先、职称评审、职务晋升、干部选拔等方面实行师德考核"一票否决制"。全县畅通和公开举报渠道,各校在校园门口醒目位置公示市、县、校三级举报电话和邮箱,自觉接受社会监督,坚决查处顶风违纪的行为,对典型案件及时通报曝光。

(3)对年度考核不合格的教师停发绩效工资、农村教师生活补贴,当年不能晋升薪级工资,3年内不能参加职称评审,不能评优评先。受到师德处分的教师一律评为年度考核不合格。

(七)完善教职员合法权益保障机制

(1)建立健全人事争议仲裁机制,对未能竞聘上岗的、考核不合格的或因其他原因不能胜任教学岗位工作的教师,按照《S市中小学校教师退出教学岗位的实施办法》处理。学校制定的聘任方案、考核办法、聘任工作领导小组、仲裁小组等,须经教职员代表大会(或教职员大会)审议,且须获得三分之二的代表(或教职员)同意方能通过。竞聘结果和考核结果,须公示5个工作日以上。成立聘任工作仲裁小组,保障教职员有充分、畅通的反映诉求途径,协调解决争议问题,维护教职员合法权益,确保教职员队伍稳定,保证改革顺利进行。

(2)建立健全人事争议预防和协调解决机制。F县县教育局成立了以局长为组长,局班子、各职能股室负责人为组员的领导小组。各学校成立了聘任工作领导小组和聘任工作仲裁小组。聘任工作领导小组由校长任组长,负责组织实施本校教师聘任工作,成员由党支部、行政班子、教师代表等组成;聘任工作仲裁小组由工会主席任组长,负责本校教职员意见的收集和反映,对聘任工作中出现的矛盾和纠纷进行调解,成员与领导小组成员不重叠。学校聘任过程中如有争议,先由学校调解,调解不了的上报县教育局,由教育局中小学教师"县管校聘"管理改革领导小组裁决,教育局裁决不了的提交人社部门劳动仲裁。

(八)完善政策宣传、检查督导和风险防控机制

在推进中小学教师"县管校聘"管理改革中,F县及时转发上级有关"县管校聘"的相关文件,并要求各校召开全体教师大会专题学习,领会文件精神。2018年12月,F县出台了《F县瑶族自治县推进教师中小学教师"县管校聘"管理改革工作实施方案》(乳府办〔2018〕103),县教育局及时将文件下发到各个学校,组织广大教师学习。2019年7月,县教育局制定了《F县基础教育学校公办教师中小学教师"县管校聘"工作实施方案》。在该方案制定过程中,F县多次召开校长座谈会、教师代表座谈会,反复征求修改意见。随后,召开了中小学教师"县管校聘"管理改革工作部署校长动员会,各学校也召开教师学习大会,及时将改革精神传达给全县中小学教师。在中小学教师"县管校聘"管理改革实施过程中,县教育局派出督导组进行指导和监督。对于特殊人群给予特殊政策,如三年内退休人员、孕期哺乳期人员、重病人员、支教(交流)人员及经县教育局批准的对象,一般在原聘用学校续聘。通过仲裁机制,及时做好裁决解释工作,及时裁决教师争议,防控实施风险。

第二节 中小学教师"县管校聘"管理改革的实施效果

自中小学教师"县管校聘"管理改革工作开展以来,教师交流的瓶颈被打破,教师工作积极性得到提高,在优化教师资源配置、促进教育均衡优质发展上均取得了一定成效。

一、促进了教师资源的均衡配置

(1)城乡学校的教师学科背景对口率进一步提高(图8-1、图8-2)。中小学教师"县管校聘"管理改革工作推进以来,伴随着老教师的退休、新教师的加入,F县城乡学校教师学科背景对口率有所提高,2017年城区学校小学学段和初中学段的学科背景对口率为96.80%和97.80%,2019年分别提高到98.90%和99.40%;2017年乡镇学校小学学段和初中学段的学科背景对口率分别为97.50%和96.70%,2019年均提高到98.90%。乡镇初中的学科背景对口率略低于城区初中,差距很小。

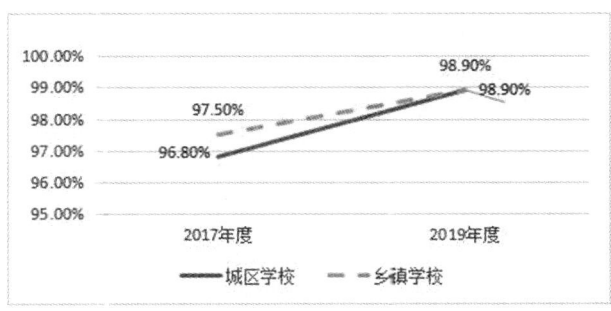

图 8-1　2017 年与 2019 年小学学段城乡教师学科背景对口率对比

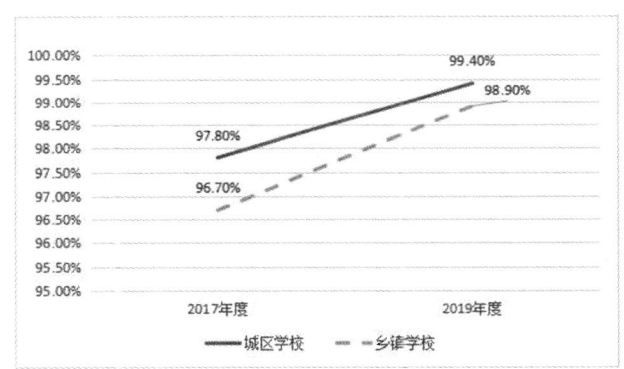

图 8-2　2017 年与 2019 年初中学段城乡教师学科背景对口率对比

（2）部分学校的生师比得到改善（图 8-3、图 8-4）。2017 年城区小学的生师比为 25.7，城区初中的生师比为 14.0；2019 年城区小学的生师比为 22.8，城区初中的生师比为 13.5，城区学校生师比不合理状况得到改善。相比较而言，乡镇学校生师比均在国家标准范围内，师资配置相对充足。

（3）城乡学校本科及以上学历教师占比明显提升（图 8-5、图 8-6）。近年来，市县两级共同实施了《基础教育学校教师学历提升助学办法》，对教师学历提升实行补助，激励了大批青年教师提升学历。2016 年以来 F 县先后有 466 名教师取得本科学历证书，再加上 2018 年、2019 年招聘的 188 名新教师，全县教师本科及以上学历比例大幅提升。2017 年，城区学校、乡镇学校本科及以上学历教师的比例分别为 42.10%、25.29%，2019 年这一比例提高到 64.82%、63.00%。其中，乡镇学校的提升幅度更加明显，乡镇小学本科及以上学历教师占比由 10.98% 提高到 54.86%，增加了 43.88 个百分点；乡

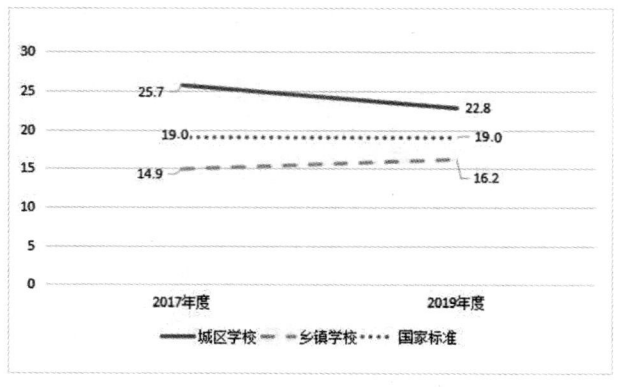

图 8-3　2017 年与 2019 年小学学段城乡生师比对比

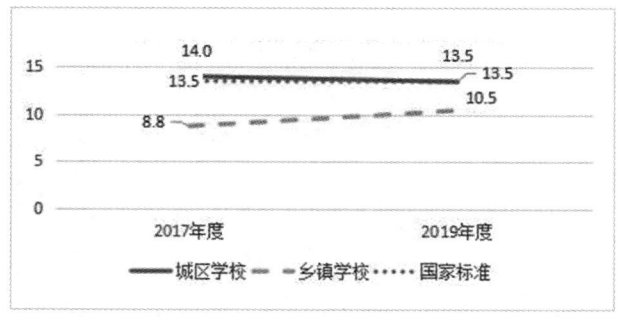

图 8-4　2017 年与 2019 年初中学段城乡生师比对比

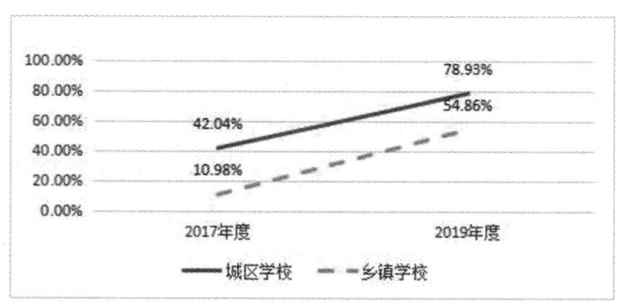

图 8-5　2017 年与 2019 年小学学段城乡教师本科及以上学历占教师总数比例对比

镇初中本科及以上学历教师占比由 52.66％提高到 81.52％,增加了 28.86 个百分点,均高于城区学校的提升幅度。

(4)乡镇学校高级职称教师比例有所提高(图 8-7～图 8-10),职称评审

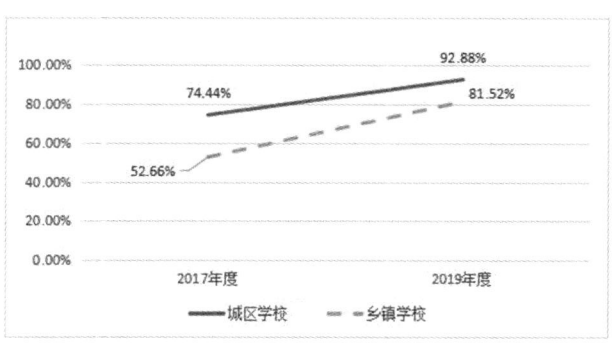

图 8-6　2017 年与 2019 年初中学段城乡教师本科及以上学历占教师总数比例对比

向边远地区实施政策倾斜取得成效。2017 年,城区小学高级职称教师占比为 2.04%,乡镇小学高级职称教师占比为 0.88%,2019 年,这一比例分别上升至 4.35% 和 2.61%。同期,城区初中学校高级职称教师占比由 15.19% 提高到 15.79%,乡镇初中由 4.20% 提高到 9.24%。乡镇学校高级职称教师比例变化比较明显。这与在职称评审中实施向边远地区倾斜的政策有关。中级职称方面,2019 年与 2017 年相比,各区域、各学段中级职称教师占比均有明显下降,主要原因如下:一是较多的有中高级职称的老教师退出了工作岗位,大量新教师加入教师队伍,而新加入的年轻教师晋升中级职称需要时间;二是中高级职称评审名额十分有限,在评审指标限制之下,符合评审条件的教师晋升职称也很困难。鉴于职称晋升关系教师队伍建设,关系教育质量的提升,城乡学校中级职称教师占比明显下降的现象应当引起高度重视。

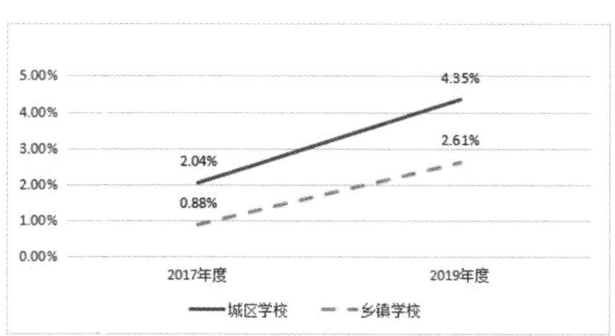

图 8-7　2017 年与 2019 年小学学段城乡高级职称教师占教师总数比例对比

125

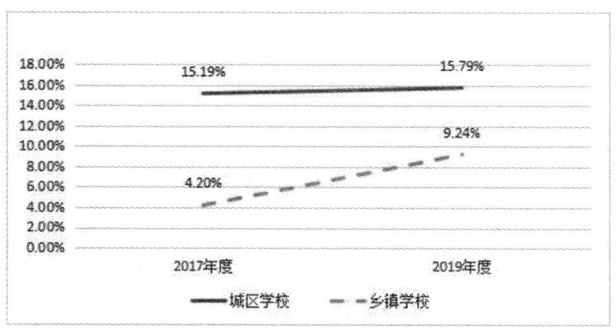

图 8-8　2017 年与 2019 年初中学段城乡高级职称教师占教师总数比例对比

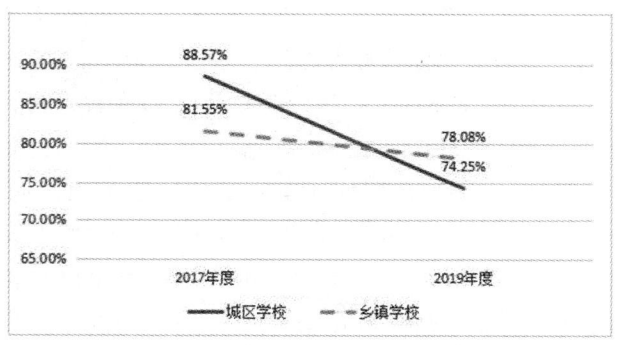

图 8-9　2017 年与 2019 年小学学段城乡中级职称教师占教师总数比例对比

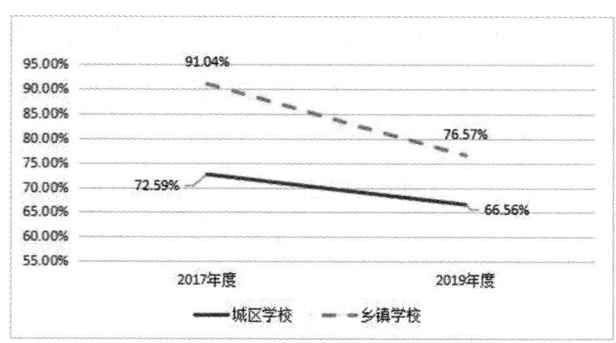

图 8-10　2017 年与 2019 年初中学段城乡中级职称教师占教师总数比例对比

(5)教师工资水平明显增长(图 8-11、图 8-12)。中小学教师"县管校聘"管理改革后,城乡学校教师的平均工资收入显著提高。2019 年,城乡小学教师平均工资税前收入为 10.45 万元和 11.62 万元,分别比 2017 年增加了 2.35 万元和 2.52 万元;同期城乡初中教师平均工资税前收入为 11.01 万元和 11.59 万元,分别增加了 2.61 万元和 2.59 万元。城乡比较,各学段乡镇学校教师的平均工资收入高于城区学校教师的平均工资收入。

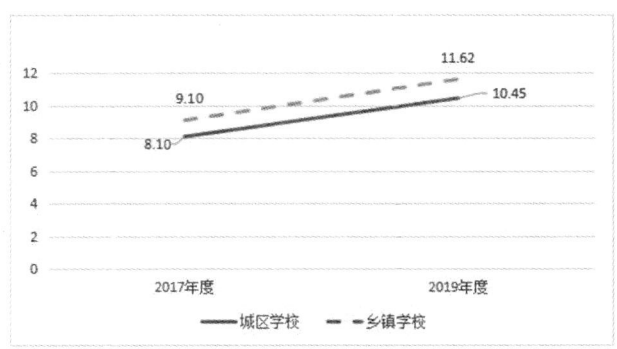

图 8-11　2017 年与 2019 年城乡小学教师平均工资税前收入(万元)对比

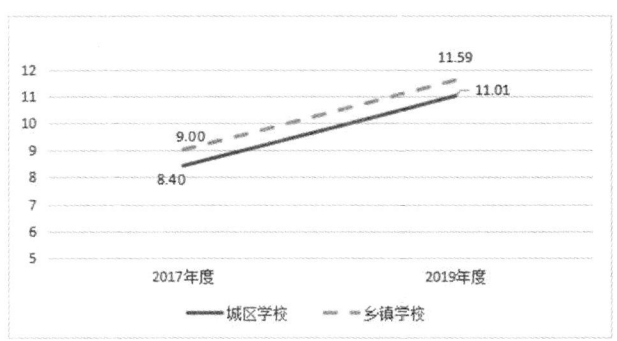

图 8-12　2017 年与 2019 年城乡初中教师平均工资税前收入(万元)对比

（6）打破了教师交流的瓶颈。2018 年 F 县启动中小学教师"县管校聘"管理改革工作,共有 243 名教师申请轮岗,占教师总数的 13%。2019 年 F 县完成了首次中小学教师"县管校聘"管理改革工作,有 89 名教师跨校竞聘、15 名教师组织调剂。在中小学教师"县管校聘"管理改革实施过程中,既有乡镇学校教师竞聘到城区学校,也有城区教师竞聘到乡镇学校,打破了教师交流的瓶颈。例如,中小学教师"县管校聘"管理改革之前,侯公渡初级中学超编严重,教师交流困难很大,实施中小学教师"县管校聘"管理改革后,顺利交流到外校 16 人,解决了学校超编问题。

二、激发了教师队伍活力

(1)突出校长、教师的主体地位。在中小学教师"县管校聘"管理改革过程中,校长要结合校情,面向学校教师制订竞聘方案,竞聘方案要通过学校教代表表决,体现民主决策、主动决策,突出了校长、教师的主体地位。

(2)充分调动校长和教师的主观能动性。在中小学教师"县管校聘"管理改革中,为保障教师权益,保障学校发展权益,校长既要考虑学校的发展方向,又要考虑学校教师的权益,改革事关学校和教师的切身利益,校长和教师更加主动地参与到中小学教师"县管校聘"管理改革中。

第九章 s市w县中小学教师"县管校聘"管理改革实践研究

W县中小学教师"县管校聘"管理改革是S市中小学教师"县管校聘"管理改革的重要组成部分。本章主要对W县中小学教师"县管校聘"管理改革的实施及其效果、问题及对策进行分析。

第一节 中小学教师"县管校聘"管理改革的实施

一、中小学教师"县管校聘"管理改革顶层制度设计

W县为全面落实《关于推进中小学教师"县管校聘"管理改革的指导意见》《S市人民政府办公室关于推进全市基础教育学校公办教师中小学教师"县管校聘"管理改革工作的意见(试行)》精神,县委政府高度重视,发挥主体作用,把推进中小学教师"县管校聘"管理改革工作列入重要议事日程,2018年6月经县政府第十五届第三十一次常务会议同意,印发了《W县中小学教师"县管校聘"实施意见(试行)》,建立健全中小学教师"县管校聘"管理改革工作协调机制,明确了各有关职能部门的工作职责。2018年在五间试点学校实施中小学教师"县管校聘"管理改革的基础上,2019年全面推进中小学教师"县管校聘"管理改革,出台了全面实施中小学教师"县管校聘"管理改革意见和工作方案,顺利完成了全县中小学校的中小学教师"县管校聘"工作。

根据《关于推进中小学教师"县管校聘"管理改革的指导意见》《S市人民政府办公室关于推进全市基础教育学校公办教师中小学教师"县管校聘"管理改革工作的意见(试行)》精神,W县制定印发了《W县中小学教师"县管校聘"实施意见(试行)》《W县中小学教师"县管校聘"实施方案(试行)》《关于做好中小学教师"县管校聘"工作的通知》《关于中小学教师"县管校聘"管理改革中岗位设置管理和人员流动的实施意见》《W县中小学教师退出教学岗位的实施办法(试行)》等相关配套文件(表9-1)。

表9-1 中小学教师"县管校聘"管理改革相关制度表

改革工作实施方案	1.关于印发《W县中小学教师"县管校聘"实施方案(试行)》的通知	W县教育局,W县编办,W县财政局,W县人社局	1.2018年7月31日
	2.关于做好中小学教师"县管校聘"工作的通知	W县教育局	2.2019年7月5日

续表

改革工作指导意见	W县人民政府办公室关于印发《W县中小学教师"县管校聘"实施意见（试行）》的通知	W县人民政府办公室	2018年6月28日
编制管理	1.W县机构编制委员会办公室关于下达2018—2019学年中小学（园）教职员编制的通知 2.W县机构编制委员会办公室关于下达2019—2020学年中小学（园）教职员编制的通知	W县编办	1.2018年10月12日 2.2019年10月22日
岗位设置管理	关于中小学教师"县管校聘"管理改革中岗位设置管理和人员流动的实施意见	W县人社局，W县教育局	2018年3月13日
岗位聘用管理制度	关于中小学教师"县管校聘"管理改革中岗位设置管理和人员流动的实施意见	W县人社局，W县教育局	2018年8月13日
教师均衡配置机制	关于中小学教师"县管校聘"管理改革中岗位设置管理和人员流动的实施意见	W县人社局，W县教育局	2018年8月13日
教师退出机制	关于印发《W县中小学教师退出教学岗位的实施办法（试行）》的通知	W县教育局，W县编办，W县财政局，W县人社局	2018年7月31日
教师合法权益保障机制	W县人民政府办公室关于印发《W县中小学教师"县管校聘"实施意见（试行）》的通知	W县人民政府办公室	2018年6月28日

续表

已有的工作检查汇报材料或专项工作总结	1. W县中小学教师"县管校聘"工作总结 2. W县全面实施中小学教师"县管校聘"管理改革工作总结	W县教育局	1. 2018 年 12 月 12 日 2. 2019 年 9 月 27 日

二、中小学教师"县管校聘"管理改革的实施方案

(一)完善中小学教职员编制管理机制

W县编办会同县教育局和县财政局,在机构编制总量调控的前提下,合理核定全县学校教职员编制。县编办 2018 年、2019 年分别下达了《W县机构编制委员会办公室关于下达 2018—2019 学年中小学(园)教职员编制的通知》《W县机构编制委员会办公室关于下达 2019—2020 学年中小学(园)教职员编制的通知》,县域内中小学教职员编制总额每年核定一次。县人社局依据县编办核定的全县学校教职员编制,会同县教育局根据学校实际对全县学校各类岗位进行核定。县教育局在编办、人社局核定的编制和岗位总量内,充分考虑各类学校对岗位层次的不同需求,统筹配置全县学校教师资源。

对于退休年限少于三年的教师(副高以上职称女教师退休年龄按组通字〔2015〕14 号文件规定执行),经组织选派参加支教的教师,有服务期且未满服务期的教师,处于孕期和哺乳期(一般指从婴儿出生之日起计满 12 个月)的教师,患重大疾病的教师(指患有现医疗条件下短时间内难以治愈的,按规定程序须连续请假 6 个月及以上且仍在治疗期的人员),原则上在原学校聘用或续聘。

2020 年 W县中小学校在编在岗教职员 3088 人,专任教师 3058 人,临聘教师 139 人,临聘教师占在岗教职员总数的 4.3％。临聘教师是由于学校在编教师请产假、病假等原因由各学校根据实际向人力资源公司临时短期聘用顶替请假人员教学岗位的教师,临聘教师基本达到国家和省有关规定的身体条件、学历条件和教师资格,且要求学校要为临聘教师缴纳社会养老

保险。

(二)完善中小学教职员岗位设置管理

W县人社局、教育局联合出台《关于中小学教师"县管校聘"管理改革中岗位设置管理和人员流动的实施意见》,完善中小学教职员岗位设置管理,建立中小学教职员岗位"总量控制、动态调整"机制。县人社局根据全县教育系统事业发展需要、人员编制计划和人员现状等情况核定教育系统岗位总量,进行宏观管理。即各学校按照有关文件要求以及学校教育教学实际,制定岗位设置方案,报县教育局审核后,由县教育局汇总学校的各类各等级岗位数量制定本系统总的岗位设置方案连同相关学校的岗位设置方案一并报县人社局核准,县人社局核准同意后以整体打包的形式书面批复给县教育局,县教育局在核定的岗位总量、结构比例、最高等级限额内集中调控、集中管理,充分考虑校长、教师流动的需要,统筹分配相关学校各等级岗位数量,根据人员编制、班额等情况实行动态调整,调整分配学校专业技术岗位时向农村、偏远地区学校和薄弱学校倾斜,并报县人社局备案。为顺利推进中小学教师"县管校聘"管理改革工作,首次竞聘实行岗随人走。县教育局在每学年结束后根据编制数和领导职数变化情况及时向县事业单位人事综合管理部门申请核准各学校及本系统总的岗位设置方案,作为岗位分配的基准配置。

(三)完善中小学教师公开招聘制度

在W县委县政府的大力支持下,教师招聘工作取得了较大的成绩,优化了教师队伍结构,有力地推动了教育事业的发展。县委、县政府对教师招聘工作非常重视,批准下达招聘教师编制数逐年增加,2017年以来共批准下达编制数766名(其中2017年100名,2018年166名,2019年200名,2020年300名)。根据县委、县政府下达招聘教师编制数,依据《广东省事业单位公开招聘人员办法》等相关规定,县教育局会同县人社局每年制定了《W县公开教师招聘方案》,按照公开教师招聘方案公开、公平、公正地做好招聘教师的资格审核、笔试、面试、体检、政审、录用等工作。2017年至今已招聘教师共565人(其中2017年共招聘教师85人,2018年共招聘教师162人,2019年共招聘教师192人,2020年共招聘教师199人,2021年共招聘教师160人)。

W县努力创新多渠道教师招聘方式和建立优秀人才到校任教"绿色通

133

道"。一是每年在县编办核定的编制范围内,按每年编办核准数,通过选聘方式对有意到 W 县任教的本科以上学历、40 周岁以下、在外地任教的在职在编教师,尤其是夫妻一方在 W 县工作另一方在外地任教的在职在编教师,在通过专业技能考试的基础上,对其进行德、能、勤、绩、廉等综合素质测评和考察之后进行选聘调入。二是由 W 县中学、LX 中学、中职学校根据学校实际自主招聘紧缺岗位、高学历教师。三是根据市"丹霞英才"招聘计划,通过校园招聘、现场面试、视频面试等方式,招聘优秀人才任教。四是实施高层次人才引进工程,对具有硕士研究生学历、高级专业技术职务人员、特级教师、省市级以上名师、名校长、名班主任等高层次专业人才,在核准的编制使用计划内,可由编办、人社、教育部门联合采取直接考核的方式招聘。

(四)完善中小学岗位聘用管理制度

通过改革,完善了编制岗位管理,健全了中小学岗位设置动态调整机制。W 县教育局会同县编办、县人社局核定了编制总量,实行总量控制。校外聘用教师实行岗随人走,保证教师竞聘后调离或调入能聘任原职称。解决了部分学校"进易出难"严重超编的老大难问题,目前全县中小学(园)已基本不存在教师超编的问题。

各学校依法依规、科学合理设置岗位,制定中小学教师"县管校聘"竞聘实施方案、岗位说明书、竞聘考核方案等。学校按本校实际分类公布竞聘岗位名称、岗位数、岗位条件及岗位职责等,岗位说明书细化明确该类岗位所应承担的工作项目(含教学,班主任,公开课,示范课,教育教学论文,教研教改实验课题等)、工作量、质量目标等。学校竞聘方案经教职员大会或教代会的讨论通过后报县教育局备案。全县教师岗位竞聘工作按照"三年一期,每年微调"的原则实施,即每个聘用期为 3 年。竞聘工作以学校为单位,采取校内竞聘、校外竞聘和组织调剂等方式逐级竞聘、分步推进,充分落实学校用人自主权。

W 县中小学校全部完成竞聘工作,落聘教师已合理调配去其他学校,没有出现不服从组织统筹调剂安排工作的情况。全县中小学校实有在职在编教师 3325 人,"县管校聘"聘用 3325 人(其中本校聘用 2930 人,占 88.12%;外校流动聘用 395 人,占 11.88%)。全县在职在编教师聘用率 100%,各学校均与聘用教师签订合同,保持了教师队伍的稳定。

按照"三年一聘,每年一考核"的要求,各学校制定好教师综合考核方案,认真做好教师学年度综合考核工作,为下一次的聘任做好参考依据准备。考核以岗位职责为依据,以德、能、勤、绩、廉为核心,制定或完善不同工作岗位的分类考核指标和考核办法,建立和完善学校、教师、学生、家长和社会多方参与的教师考核评价机制。突出考核教师师德表现、工作绩效和能力水平与岗位要求的匹配度。做到"一次综合考核,结果多处运用",即将考核结果作为教师评先评优、职称评审、年度考核、薪酬分配、资格注册以及续订聘用合同等工作的重要依据。

(五)完善中小学教师均衡配置机制

强化交流轮岗力度,实行"县管全局统筹,学校择优选派"。按照《S市县域内义务教育学校校长教师交流轮岗工作的实施方案》等相关文件,W县教育局负责全局统筹、制定具体方案,采取多种交流轮岗形式,逐步达到学校之间专任教师本科及以上学历比例、中高级职称教师比例及骨干教师比例大致相当,实现教师资源的均衡配置。学校严格执行县教育局在校长教师交流轮岗工作上的整体安排,按照相关要求择优选派。交流任教经历纳入教师职称评聘、推荐评先评优的考核范畴。2018年,从县城选派了两名优秀校长到基层学校担任校长。2019年,对县域内部分学校校长进行了交流轮岗,从县城中小学选了28名优秀教师到乡镇薄弱中小学进行支援帮教。通过校长、教师交流轮岗和支教,促进了城乡教育资源的交流,对乡镇薄弱中小学的教育教学工作起到了较大的促进,取得了良好的效果。

W县县委、县政府对保障中小学教师待遇高度重视,根据中央、省市相关文件精神,尽力完善了中小学教师待遇保障机制,在县财政困难的情况下,经费投入优先支持教师队伍建设,重点用于按规定提高教师待遇,保障教师的工资收入水平高于公务员的工资收入水平。大力筹措资金提高乡村教师待遇,全面落实山区和农村边远地区教师生活补助政策,使全县农村学校教师生活补助金达到省定人月均不低于1000元的标准。严格贯彻落实中小学教师工资标准"两个不低于或高于"政策。2018年W县义务教育教师人均工资收入为82756.87元,公务员人均工资收入为82181.04元;2019年W县义务教育教师人均工资收入为87103.21元,公务员人均工资收入为84250.68元。目前W县中小学教师工资收入水平高于当地公务员工资收入水平,农村中小学教师工资收入水平高于城镇中小学教师工资收入水平。临聘教师的月平均工资为2522元,在编教师月平均工资为7366.14元。由于财政困难,临聘教师工资由学校公用经费发放,与在编教师的工资水平差距较大。

（六）完善中小学教师退出机制

根据《S市中小学校教师退出教学岗位的实施办法（试行）》精神，按照《W县人民政府办公室关于印发〈W县中小学教师"县管校聘"实施意见（试行）〉的通知》要求，结合W县实际，县教育局、县编办、县财政局、县人社局制定了《W县中小学教师退出教学岗位的实施办法（试行）》。建立教师退出机制，实行"县管体系标准，学校考评执行"。建立以能力和业绩为导向，以社会和业内认可为核心的中小学教师评价机制。县教育局制定基本评价标准，学校结合实际细化标准，确定具体考评实施办法。通过严格考核、科学评价，逐步建立教师退出机制。对不适应教学岗位需要的教师离岗培训，培训后仍然不能适应教师岗位要求的，进行转岗。转岗后还不能胜任岗位的，其人事关系转到县人才服务市场，另行就业或退岗；不符合教师资格标准要求的人员依法调整出教师队伍。实行师德考核"一票否决制"，对有严重失德行为、影响恶劣者按照有关规定予以严肃处理直至撤销教师资格。

W县从2017年秋季开始，根据省市关于教师资格注册的相关通知精神，已对全县在岗中小学校（园）符合首次注册条件的教师进行资格注册，全县累计已注册教师资格合格3454人次。

（七）完善中小学教职员合法权益保障机制

完善教职员合法权益保障机制，实行"县管权益保障，学校公开竞聘"。学校制定的教职员竞聘方案、考核办法等，应经教职员代表大会（或教职员大会）审议通过后实施。对聘任和考核结果，须在本单位公示10个工作日，充分保障教职员的参与权和监督权。人社局完善人事争议仲裁制度和教职员维权服务机制，让教职员有充分、畅通的诉求渠道。对学校违背政策和程序的聘任行为，坚决予以纠正和查处。不断提高教师的社会地位，落实工资、保险等福利待遇，确保教师平均工资水平不低于或高于当地公务员平均工资水平，依法维护教师休假、定期进行身体健康检查等权利，营造尊师重教的良好氛围。

（八）加强政策宣传、检查督导和风险防控机制

W县2018年在五间试点学校实施了中小学教师"县管校聘"管理改革，并对五间试点学校实施中小学教师"县管校聘"管理改革的经验进行了总

结,分析了试点学校的成功做法和存在的问题。2019 年,W 县教育局领导班子多次深入中小学校调研,广泛征求了学校校长、教师代表对中小学教师"县管校聘"工作推进的意见。在总结试点学校的经验和深入调研的基础上,出台了切实可行的实施办法和操作指导意见,制定和下发了《W 县中小学教师"县管校聘"实施意见(试行)》《W 县中小学教师课时标准实施意见(试行)》和《关于做好中小学教师"县管校聘"工作的通知》。

2019 年 6 月,W 县教育局召开全县中小学校(园)长参加的中小学教师"县管校聘"工作会议。会议上对中小学教师"县管校聘"相关文件、中小学教师"县管校聘"工作的程序、注意事项等进行了解读学习。通过学习使与会者进一步理解了中小学教师"县管校聘"管理改革的目的、意义,重要性与必要性,充分把握开展中小学教师"县管校聘"工作的程序、步骤。会上还印发了"'县管校聘'重点问题""W 县中小(园)'县管校聘'工作时间表""义务教育学校学科专任教师配备标准"等资料。通过周密部署和规范学校中小学教师"县管校聘"的工作环节和步骤,确保了中小学教师"县管校聘"工作的顺利开展。

第二节 中小学教师"县管校聘"管理改革的实施效果

一、教师资源均衡配置成效明显

(1)中小学教师"县管校聘"管理改革前,2017 年城区小学教师学科背景对口率为 75.30%,乡镇小学教师学科背景对口率为 70.30%;城区初中教师学科背景对口率为 80.20%,乡镇初中教师学科背景对口率为 78.20%。中小学教师"县管校聘"管理改革后,2019 年城区小学教师学科背景对口率为 88.60%,乡镇小学教师学科背景对口率为 85.60%;城区初中教师学科背景对口率为 90.50%,乡镇初中教师学科背景对口率为 92.50%。中小学教师"县管校聘"管理改革后的乡镇学校教师学科背景对口率显著提高(图 9-1、图 9-2),教师专业得到归位。

(2)中小学教师"县管校聘"管理改革前,2017 年城区小学生师比为 22.0,乡镇小学生师比为 16.3;城区初中生师比为 18.2,乡镇初中生师比为 12.5。中小学教师"县管校聘"管理改革后,2019 年城区小学生师比

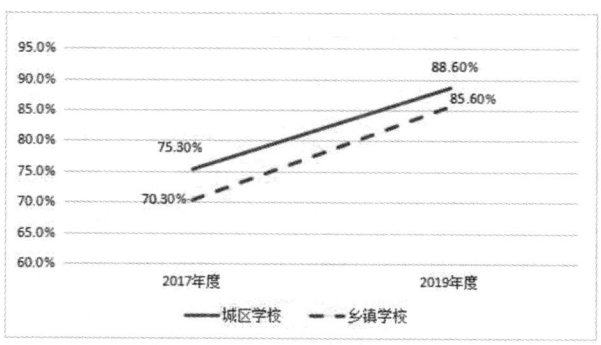

图 9-1　2017 年与 2019 年小学学段城乡教师学科背景对口率对比

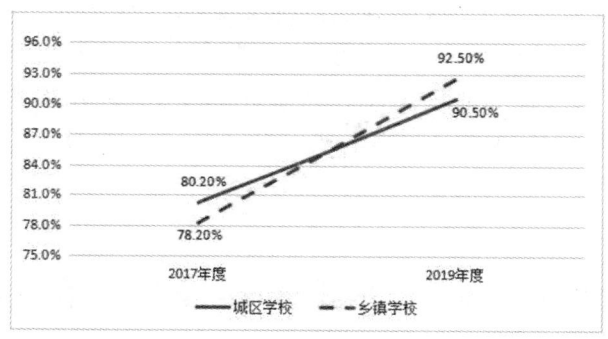

图 9-2　2017 年与 2019 年初中学段城乡教师学科背景对口率对比

为 22.7,乡镇小学生师比为 17.6;城区初中生师比为 15.7,乡镇初中生师比为 12.9。中小学教师"县管校聘"管理改革后,师生比不合理的状况得到改善(图 9-3、图 9-4)。

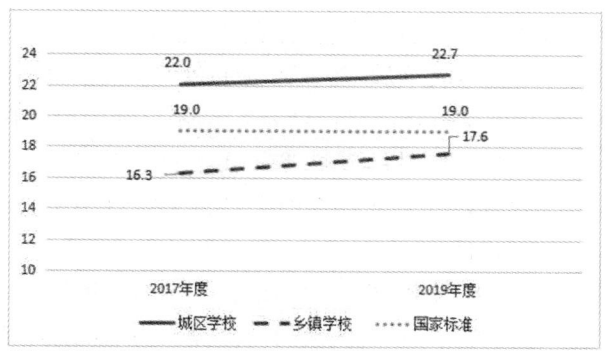

图 9-3　2017 年与 2019 年小学学段城乡生师比对比

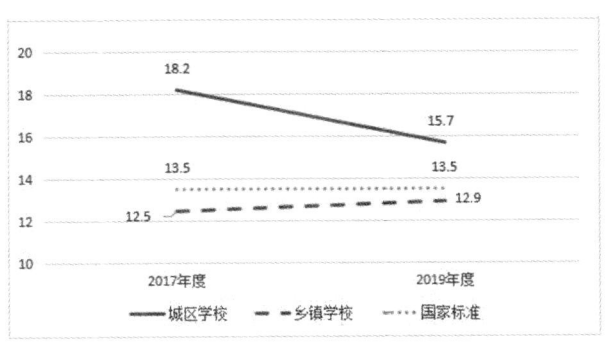

图 9-4　2017 年与 2019 年初中学段城乡生师比对比

（3）中小学教师"县管校聘"管理改革前，2017 年城区小学县级以上骨干教师为 50 人、学科带头人 19 人，乡镇小学县级以上骨干教师为 40 人、学科带头人 2 人；城区初中县级以上骨干教师为 42 人、学科带头人 10 人，乡镇初中县级以上骨干教师为 78 人、学科带头人 6 人。中小学教师"县管校聘"管理改革后，2019 年城区小学县级以上骨干教师为 70 人、学科带头人 32 人，乡镇小学县级以上骨干教师为 60 人、学科带头人 6 人；城区初中县级以上骨干教师为 60 人、学科带头人 19 人，乡镇初中县级以上骨干教师为 89 人、学科带头人 13 人。中小学教师"县管校聘"管理改革后，乡镇学校县级以上骨干教师和学科带头人数量增加，占比提高（图 9-5～图 9-8）。

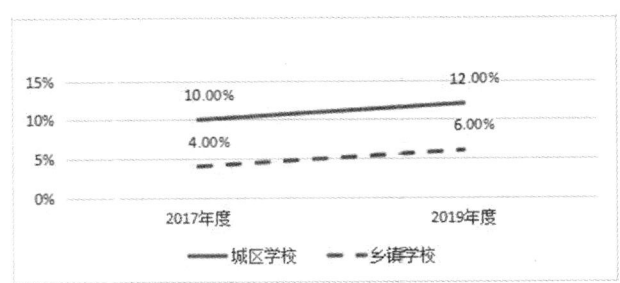

图 9-5　2017 年与 2019 年小学学段城乡县级以上骨干教师占教师总数比例对比

（4）中小学教师"县管校聘"管理改革前，2017 年城区小学教师本科以上学历教师数为 389 人，乡镇小学教师本科以上学历教师数为 386 人；城区初中教师本科以上学历教师数为 389 人，乡镇初中教师本科以上学历教师数为 210 人。中小学教师"县管校聘"管理改革后，2019 年城区小学教师本科以上学历教师数为 493 人，乡镇教师本科以上学历教师数为 680 人；城区初中

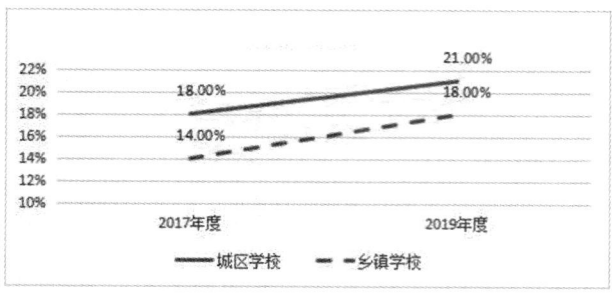

图 9-6   2017 年与 2019 年初中学段城乡县级以上骨干教师占教师总数比例对比

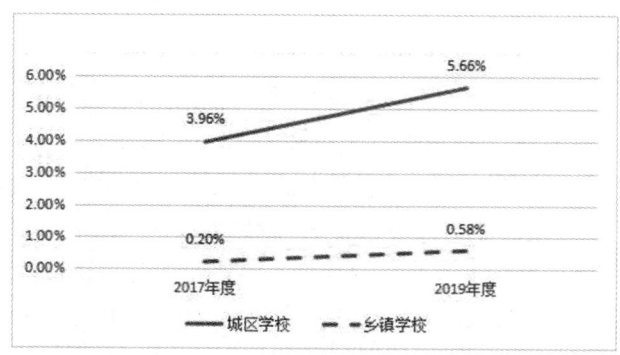

图 9-7   2017 年与 2019 年小学学段城乡学科带头人占教师总数百分比对比

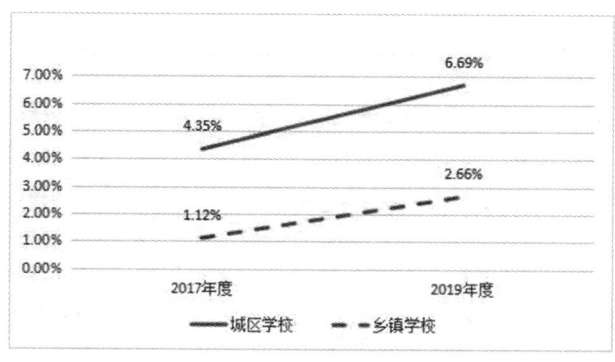

图 9-8   2017 年与 2019 年初中学段城乡学科带头人占教师总数百分比对比

教师本科以上学历教师数为 267 人,乡镇初中教师本科以上学历教师数为 449 人。中小学教师"县管校聘"管理改革后,乡镇小学本科及以上学历教师占比由 37.73％提高到 65.26％,乡镇初中由 81.78％提高到 91.82％,乡镇学校教师本科及以上学历比例显著提高(图 9-9、图 9-10)。

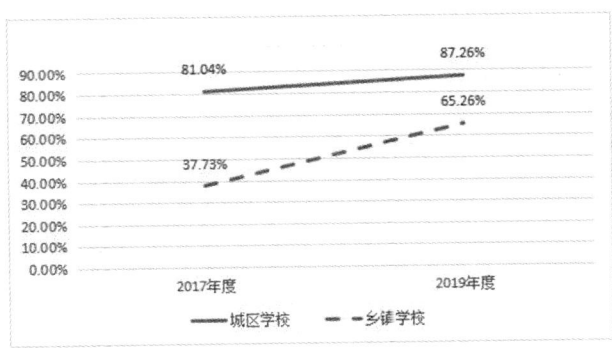

图 9-9　2017 年与 2019 年小学学段城乡教师本科及以上学历占教师总数比例对比

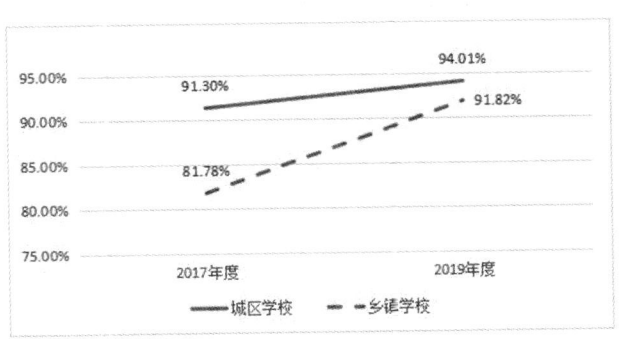

图 9-10　2017 年与 2019 年初中学段城乡教师本科及以上学历占教师总数比例对比

(5)中小学教师"县管校聘"管理改革前,2017 年城区小学中级职称教师数为 395 人、高级职称教师数为 4 人,乡镇小学中级职称教师数为 427 人、高级职称教师数为 4 人;城区初中中级职称教师数为 179 人、高级职称教师数为 23 人,乡镇初中中级职称教师数为 427 人、高级职称教师数为 33 人;城区高中中级职称教师数为 215 人、高级职称教师数为 128 人。中小学教师"县管校聘"管理改革后,2019 年城区小学中级职称教师数为 407 人、高级职称教师数为 18 人,乡镇小学中级职称教师数为 809 人、高级职称教师数为 13 人;城区初中中级职称教师数为 225 人、高级职称教师数为 28 人,乡镇初中中级职称教师数为 383 人、高级职称教师数为 34 人;城区高中中级职称教师数为 182 人、高级职称教师数为 126 人。中小学教师"县管校聘"管理改革后,乡镇小学、乡镇初中教师高级职称的比例分别由 0.39%、6.13%提高到

1.25％、6.95％，乡镇学校教师高级职称的比例显著提高（图 9-11～图 9-14）。

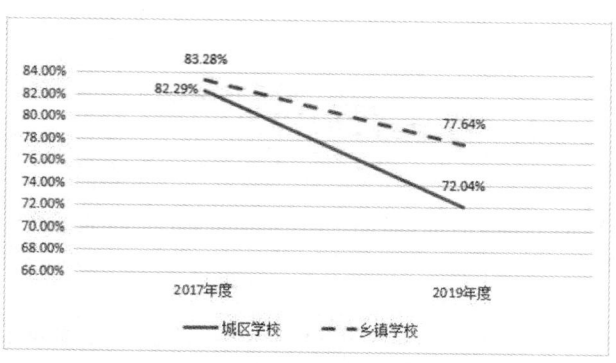

图 9-11　2017 年与 2019 年小学学段城乡中级职称教师占教师总数比例对比

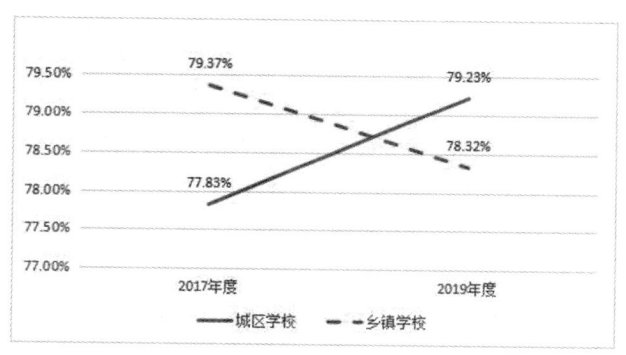

图 9-12　2017 年与 2019 年初中学段城乡中级职称教师占教师总数比例对比

（6）中小学教师"县管校聘"管理改革后，共有 395 人县域内流动，占比达 11.88％。2019 年从县城选派了 28 名优秀教师到乡镇薄弱学校支教帮扶。

二、全面实现聘用管理，完善了编制岗位管理

W 县中小学校全部完成竞聘工作，落聘教师已合理调配去其他学校，没有出现不服从组织统筹调剂安排工作的情况。全县中小学校实有在职在编教师 3325 人，"县管校聘"聘用 3325 人（其中本校聘用 2930 人，占 88.12％；外校流动聘用 395 人，占 11.88％）。全县在职在编教师聘用率 100％，各学校均与聘用教师签订合同。

通过改革，完善了编制岗位管理，健全了中小学岗位设置动态调整机

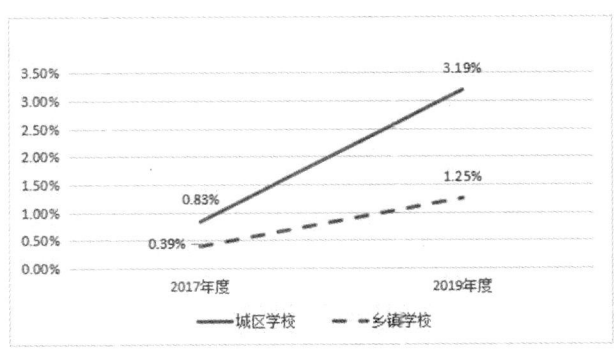

图 9-13　2017 年与 2019 年小学学段城乡高级职称教师占教师总数比例对比

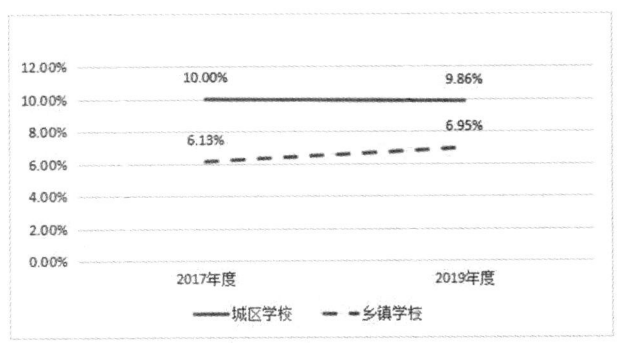

图 9-14　2017 年与 2019 年初中学段城乡高级职称教师占教师总数比例对比

制。W县教育局会同县编办、县人社局核定了编制总量,实行总量控制。校外聘用教师实行岗随人走,保证教师竞聘后调离或调入能聘任原职称。解决了部分学校"进易出难"严重超编的老大难问题,目前全县中小学(园)已基本不存在教师超编的问题。

三、加强了学校管理团队建设,全面提升了管理团队的战斗力

从 2019 年 3 月份开始,W县教育局对全县各中小学校中层以上干部配备情况进行了调研,在全县各中小学校后备干部中进行了干部选拔民主推荐、民主评议和组织考察。根据校长、副校长任职的成绩、年限等情况和学校的实际,对部分学校校长、副校长进行了轮岗调整或任免。根据学校管理工作的需要和学校干部的编制,对全县学校的中层干部进行了考核、调整和补充。加强了全县中小学校校长以及中层干部的培训,进一步提升了他们

的学校管理理论水平和业务能力。通过在"县管校聘"改革之前的充分准备,加强了学校干部管理团队的建设,全面提升了学校干部管理团队的战斗力,为"县管校聘"改革的全面顺利实施和教育教学质量的全面提升夯实了基础。

四、实现了教师专业归位,优化了教师结构

通过中小学教师"县管校聘"管理改革,优化了教师学科专业结构,教师资源充分有效利用。教师学科专业与任教不对口的问题得到进一步改善,初步实现了调整优化教师学科专业与学校学科需求、中小学岗位结构比例符合规定的目标,实现了教师学科专业与任教实际的归位。全县有200名超编教师被重新聘用到新的岗位,有410名教师参加了跨校竞聘,有35名教师落聘需要进行组织调剂。中小学教师"县管校聘"管理改革既较好解决了超编问题,缓解了中学超编、小学缺编和学科结构性缺编矛盾,又优化了教师结构,使教师资源得以充分利用。

五、强化了教师的责任和危机意识,激发了教师的积极性

一段时间以来,部分教师存有教师是"铁饭碗""干好干坏一个样、干多干少工资照领"的思想。不少教师在同一所学校工作时间长了,工作热情慢慢消退,出现倦怠、懒散、工作讲价钱谈条件的情况,教学水平难有大的提升、停滞不前甚至跟不上时代的步伐。改革前部分学校超编教师每年交流到教师缺编的学校,较多交流教师认为只是在交流学校工作一年,责任感不强,积极性不高。中小学教师"县管校聘"管理改革的实施,警醒了这部分教师,使他们有了危机意识,绷紧了原来倦怠、松弛的神经,也让他们懂得了"爱岗、惜岗",竞岗后主动积极工作,大力激发了他们的积极性,也为厚植教育情怀夯实了基础。BZ中学通过改革后,教师积极性显著提高,班主任岗位争抢竞聘。BZ镇中心小学通过改革后,原来由外校交流来的15名教师被本校聘用,这些教师被聘用后工作热情得到提高,呈现出积极向上的精神风貌。部分中心小学往年存在师资紧缺现象,紧缺的师资是由超编学校每年派出教师交流补充,这部分交流教师出现有情绪、工作倦怠、积极性不高的现象。通过"县管校聘"改革后,这些学校从超编学校的富余师资聘用了自己所需的师资,所聘教师重新对自己的岗位角色进行了定位,工作情绪稳定

了,有了明确的职责和目标,工作态度得到了端正,消除了倦怠、慵懒散的思想,现在能够安教乐教,工作积极性有了明显的提高。部分中学通过"县管校聘"改革后,教师从被动接受工作到主动申请工作有了质的飞跃,更多的教师主动申请担任班主任,主动申报教育教研课题,在教育教学工作上展现出充满热情、相互协作、毫不推诿、竞争激烈的新气象,特别是高三级教师在备考工作中面对任务重、责任大的困难,未见有教师表现出畏难情绪,勇于担当,表现出废寝忘食、忘我工作的厚实的教育情怀。

第三节　中小学教师"县管校聘"管理改革的问题及建议

一、中小学教师"县管校聘"管理改革的问题

（1）W县乡镇教学点多、规模小、地偏远,造成理论上教师满编现实上缺编的矛盾,虽然中小学教师"县管校聘"管理改革的推进,使这一矛盾得以缓解,但仍未能得以彻底解决。

（2）通过中小学教师"县管校聘"管理改革的全面实施,教师学科结构性缺编的情况虽然得到缓解,但仍然还不能全面满足学校的学科结构需求,特别是美术、音乐、计算机等学科教师不能满足小学教学点的需求,初中实验教学、高中通识教育、小学科学也无法满足学科教学的需求。

（3）在中小学教师"县管校聘"管理改革实施过程中,教师职称聘任问题,特别是高职低聘、中职学校教师非中职系列职称聘任、小级别岗位竞聘等问题仍未得到解决。

（4）由于中小学教师"县管校聘"管理改革实行的是学校、教师双向选择,因而出现条件相对好的学校"掠夺"条件相对差的学校的优质师资现象,加重区域内教育的不均衡。

（5）老、病特别是重病教师是中小学教师"县管校聘"管理改革的保护对象,但这部分人既占用编制,又无法担任正常的教学工作,或者能力有限无法胜任教学工作任务,造成学校教学师资的紧缺,影响教学质量的进一步提高。

二、推进中小学教师"县管校聘"管理改革的建议

（1）完善中小学教师"县管校聘"管理改革制度，为促进校长、教师合理流动提供制度保障。加快推进 W 县教师无校籍管理，真正实现教师由"学校人"向"系统人"转变。

（2）加大招聘教师的力度，特别是美术、音乐、计算机、初中实验教学、高中通识教育、小学科学等学科教师，进一步优化现有教师队伍结构。

（3）着力解决小级别岗位竞聘的问题，全面提升教师力争上游的积极性。积极探索校长职级制改革，大力加强校长的培养和激励机制。

第十章　s市s县中小学教师 "县管校聘" 管理改革 实践研究

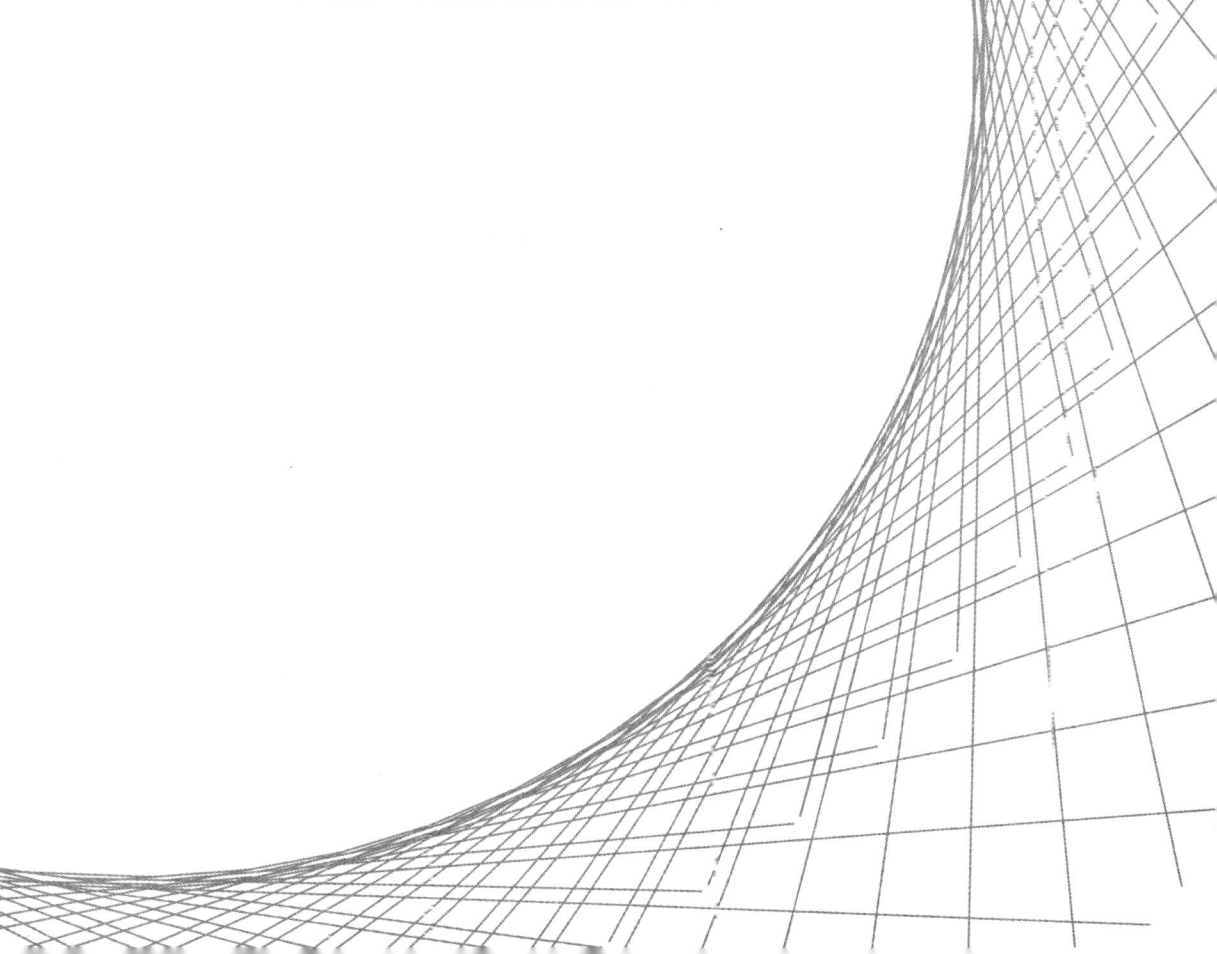

S县中小学教师"县管校聘"管理改革是S市中小学教师"县管校聘"管理改革的重要组成部分。本章主要对S县中小学教师"县管校聘"管理改革的实施及其效果进行分析。

第一节 中小学教师"县管校聘"管理改革的实施

一、中小学教师"县管校聘"管理改革概况

自2018年以来,S县全面深入推进中小学教师"县管校聘"管理改革,实现了该县师资队伍的均衡配置,促进了师资资源的优化整合,改善了教师职业倦怠现象,激发了师资队伍的内在活力。2018年该县开展第一轮中小学教师"县管校聘"管理改革,全县中小学共2083名教师参与竞聘,有242名教师进行跨校竞聘,未出现教师投诉上访及中小学教师不稳定情况,在全市率先如期顺利地完成了此项改革工作。2021年该县开展第二轮中小学教师"县管校聘"管理改革,全县各中小学校共计2076名教师参加了聘任,通过跨校竞聘方式调动了168名教师的岗位,安排了98名教师进行交流轮岗。通过第二轮改革,将高中纳入"县管校聘"范围,进一步促进了师资资源的优化整合。

二、中小学教师"县管校聘"管理改革的实施方案

（一）公平定编定岗,均衡科学配置

（1）调整学段的编制总量。2018年,S县充分结合各学段师资情况及实际需求,普高学段减少编制15名,初中学段减少编制32名,小学学段增加编制47名。为力求编制总额更加契合各学段的实际需求,2020年6月,初中学段减少编制21名,小学学段增加编制21名。根据《关于S县基础教育学校公办教师中小学教师"县管校聘"管理改革编制管理的实施意见》关于教职员编制在区域内现有事业编制总量内实行"总量控制、动态调整"的精神,2020年5月,教育局根据该县中小学学生实际情况,重新核定了该县各中小学教师编制。编制核定后,该县普通高中部编制数400名,初中部624名,小

学部 1105 名。

（2）精心设置岗位。2019 年，教育局根据《关于中小学教师"县管校聘"管理改革中岗位设置管理和人员流动的实施意见》规定，教职工实施"总量控制、动态调整"机制，在岗位总量不变的情况下，统筹调剂全县教师资源，在全县范围内调剂了 4 个高级岗位、8 个中级岗位到相关县直及乡镇学校，加大了对乡村教师职称评聘方面的倾斜力度，提高了该县教师队伍的稳定性。

（二）公正规范实施，民主高效推进

2018 年，S 县出台了《关于推进 S 县中小学教师"县管校聘"管理改革工作的指导意见》，细化、明晰了改革的原则、程序以及时间节点，严格程序，统一实施。同时，坚持公平、公正、公开原则，及时发布、公开相关信息，坚决排除外界各种因素干扰，领导率先垂范，"不讲人情"，严格按制度执行，改革中遇到问题，县教育局班子成员共同商定，由人事部门统一对外回复，避免出现杂音，确保平稳推进。

各校在充分体现民主、广泛征求意见的基础上，制定出符合改革精神而又体现人文关怀、切合实际且易于操作的竞聘方案，并经县教育局审议通过后正式实施。学校根据实际和核定的岗位总量，对学校教师近三年的工作业绩进行量化考核，科学考评，公平公正，并按不超过 90% 的比例进行双向自主聘用。2018 年，S 县共聘任专业对口教师 1841 名，占教师总数的 88.4%；2021 年，S 县共聘任专业对口教师 1908 名，占教师总数的 91.9%。

S 县教育局及时统计公布各校缺岗情况，由参加跨校竞聘的教师自主选择参加竞聘，各缺岗学校优先聘任专业缺口教师，力保专业归位。2018 年，S 县共有 242 名教师参加了跨校竞聘，占教师总数的 11%；完成跨校竞聘的教师共 204 名，占跨校竞聘教师总数的 84.3%。2021 年，通过跨校竞聘方式调动了 168 名教师的岗位，安排了 98 名教师进行交流轮岗。

经过校内及跨校竞聘，暂时落聘的教师，由县教育局、学校共同引导到缺编学校参加自主应聘，双向选择，县教育局不统一进行调配，不主动应聘的，按相关规定处理直至解聘。

（三）彰显人文关怀，稳定和谐向上

为确保改革平稳推进，S县本着"以人为本、人文关怀"原则，在全员竞聘中，落实"优先原则"，对年满55周岁以上的男教师、50周岁以上的女教师、孕期及哺乳期的女教师，学校优先聘任；对因健康原因暂时无法上岗的教师，由县教育局根据其特殊情况另行处置。同时，各校积极做好宣传、沟通、耐心解答，消除疑虑，尤其是细心引导校内竞聘落聘教师积极参加跨校竞聘。

第二节　中小学教师"县管校聘"管理改革的实施效果

一、师资队伍配置更加均衡

中小学教师"县管校聘"管理改革的顺利推进，使S县城乡间、校际、专业间的师资配置更加均衡，盘活了现有师资资源，实现了教师的有序流动、精准配置。另外，S县部分学校因教师实际使用不足而只能采取聘用临聘教师的现象得到改善，临聘教师队伍整体素质得到了提升，待遇也有了一定增长。

（1）城乡学校教师学科背景对口率明显改善（图10-1、图10-2）。中小学

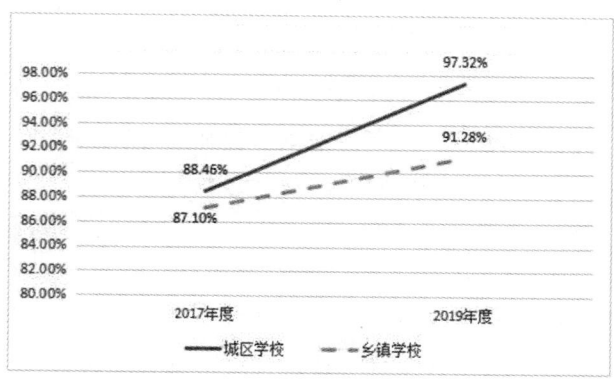

图 10-1　2017 年与 2019 年小学学段城乡教师学科背景对口率对比

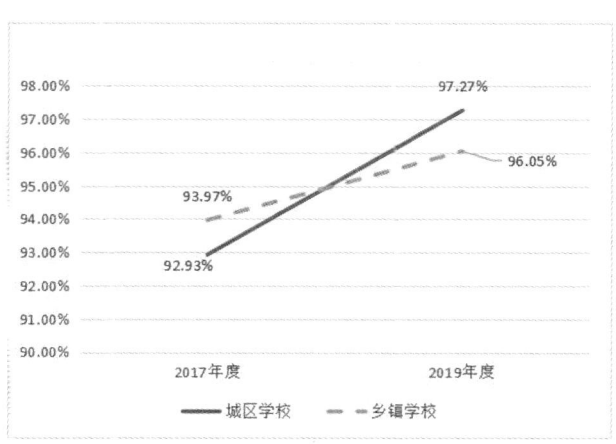

图 10-2 2017 年与 2019 年初中学段城乡教师学科背景对口率对比

教师"县管校聘"管理改革后,城乡中小学校学科背景对口率均有所增加,其中城区小学从 88.46% 上升到 97.32%,乡镇小学从 87.10% 上升到 91.28%;城区初中教师学科背景对口率从 92.93% 上升到 97.27%,乡镇初中教师学科背景对口率从 93.97% 上升到 96.05%。乡镇学校教师学科背景对口率低于城区学校。

(2)部分学校生师比得到改善(图 10-3、图 10-4)。中小学教师"县管校聘"管理改革后,城区小学生师比由 21.0 降为 18.0,其他区域和学段的生师比略有上升,但仍处于国家标准范围内。

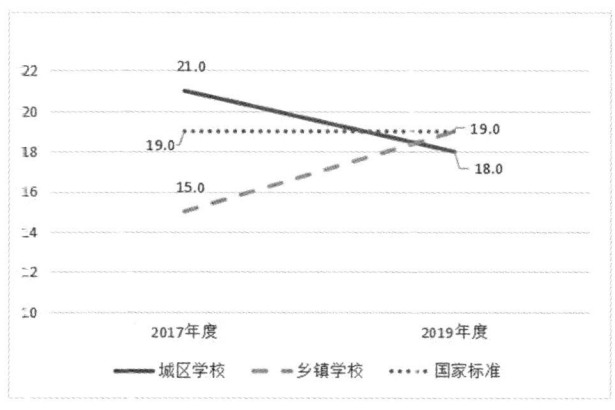

图 10-3 2017 年与 2019 年小学学段城乡生师比对比

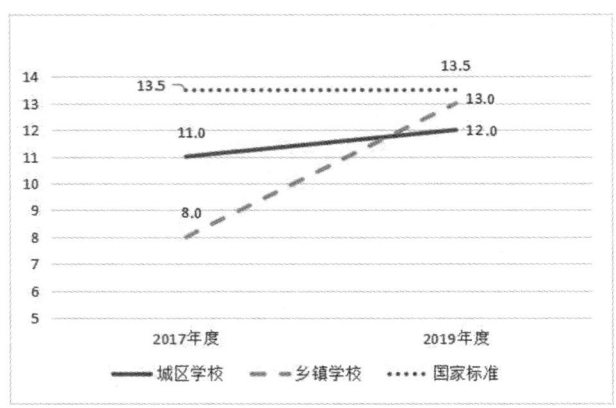

图 10-4　2017 年与 2019 年初中学段城乡生师比对比

(3)专任教师学历提升取得一定成效(图 10-5、图 10-6)。中小学教师"县管校聘"管理改革后,城乡小学、乡镇初中本科及以上学历教师占比明显提高,其中乡镇初中由 2017 年的 58.29% 提高至 2019 年的 79.03%,增幅最为明显。值得注意的是,城区初中本科及以上学历教师人数虽有增加,但本科及以上学历教师占比不升反降,由 2017 年的 87.11% 降为 84.51%,说明城区初中教师学历仍有待提高。

图 10-5　2017 年与 2019 年小学学段城乡教师本科及以上学历占教师总数比例对比

(4)乡镇学校高级职称教师占比提高(图 10-7～图 10-10)。中小学教师"县管校聘"管理改革后,乡镇学校高级职称教师占比有所提高,其中乡镇初中由 2017 年的 7.79% 提高至 2019 年的 11.55%,升幅较为明显。中级职称

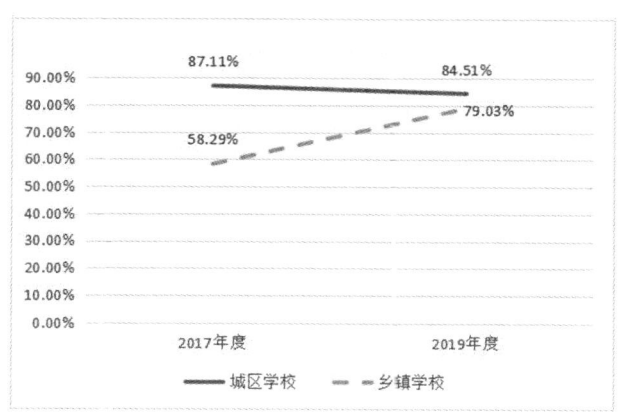

图 10-6　2017 年与 2019 年初中学段城乡教师本科及以上学历占教师总数比例对比

教师占比,乡镇初中由 2017 年的 77.89％提高至 2019 年的 98.48％,提高显著;城乡小学、城区初中的中级职称教师占比则是有所下降,其中小学学段下降幅度更大,需要关注。

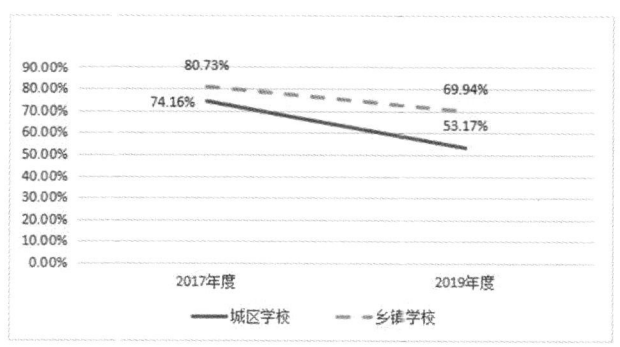

图 10-7　2017 年与 2019 年小学学段城乡中级职称教师占教师总数比例对比

(5)城乡学校教师工资收入进一步提高(图 10-11、图 10-12)。中小学教师"县管校聘"管理改革后,城区小学教师的平均工资收入从 7.8 万元增加到 8.5 万元,城区初中由 9.0 万元增加到 9.6 万元,乡镇小学由 9.6 万元增加到 9.7 万元,乡镇初中由 9.5 万元增加到 10.0 万元。乡镇学校教师的平均工资收入明显高于城区学校。城乡教师平均工资收入高于公务员平均工资收入。

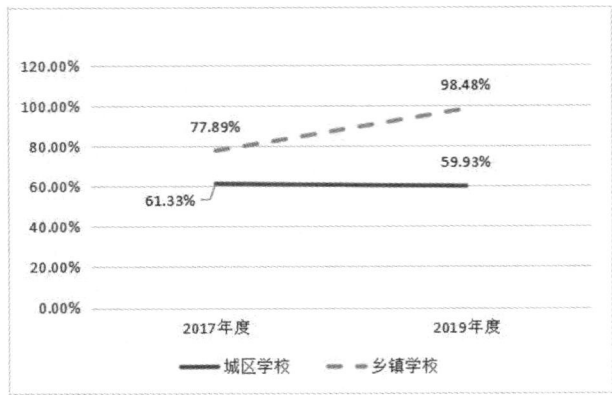

图 10-8　2017 年与 2019 年初中学段城乡中级职称教师占教师总数比例对比

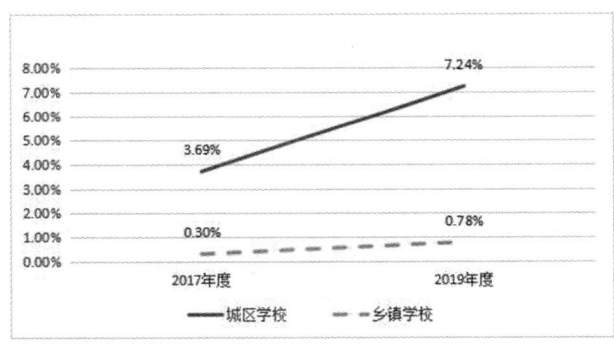

图 10-9　2017 年与 2019 年小学学段城乡高级职称教师占教师总数比例对比

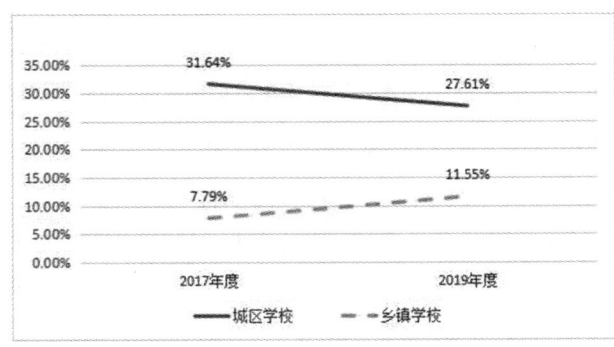

图 10-10　2017 年与 2019 年初中学段城乡高级职称教师占教师总数比例对比

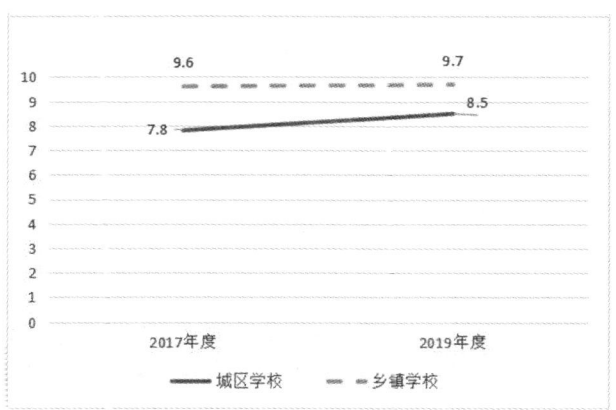

图 10-11　2017 年与 2019 年城乡小学教师平均工资税前收入（万元）对比

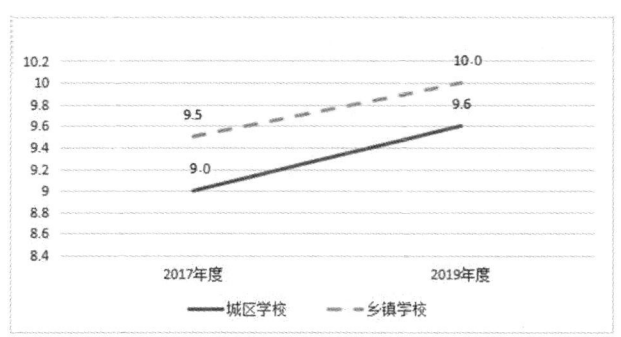

图 10-12　2017 年与 2019 年城乡初中教师平均工资税前收入（万元）对比

二、师资队伍流动更加灵活

S县按照"总量控制、统筹城乡、结构调整、有增有减"原则，建立了"总量控制、动态管理"机制，真正实现了"县管编制总量，教育动态调整"。教育部门会同编制部门精准核定总量，对师资队伍实行动态调整，调整后报编制部门核准即可，改善了"无编进人"现象，真正体现了学校教师由"学校人"到"系统人"的转变，盘活了用人机制。另外，S县进一步简化了教师人事关系调动手续、程序，力保教师调整后能及时到位、到编、到岗，便于学校管理。

虽然S县中小学教师"县管校聘"管理改革迈出了坚实的一步，师资队伍存在的基本问题得到了有效解决，但仍存在如退出教师保障机制不健全、专任教师编制与实际需求差距大等问题，尚需进一步研究解决。

第十一章　S市R县中小学教师"县管校聘"管理改革实践研究

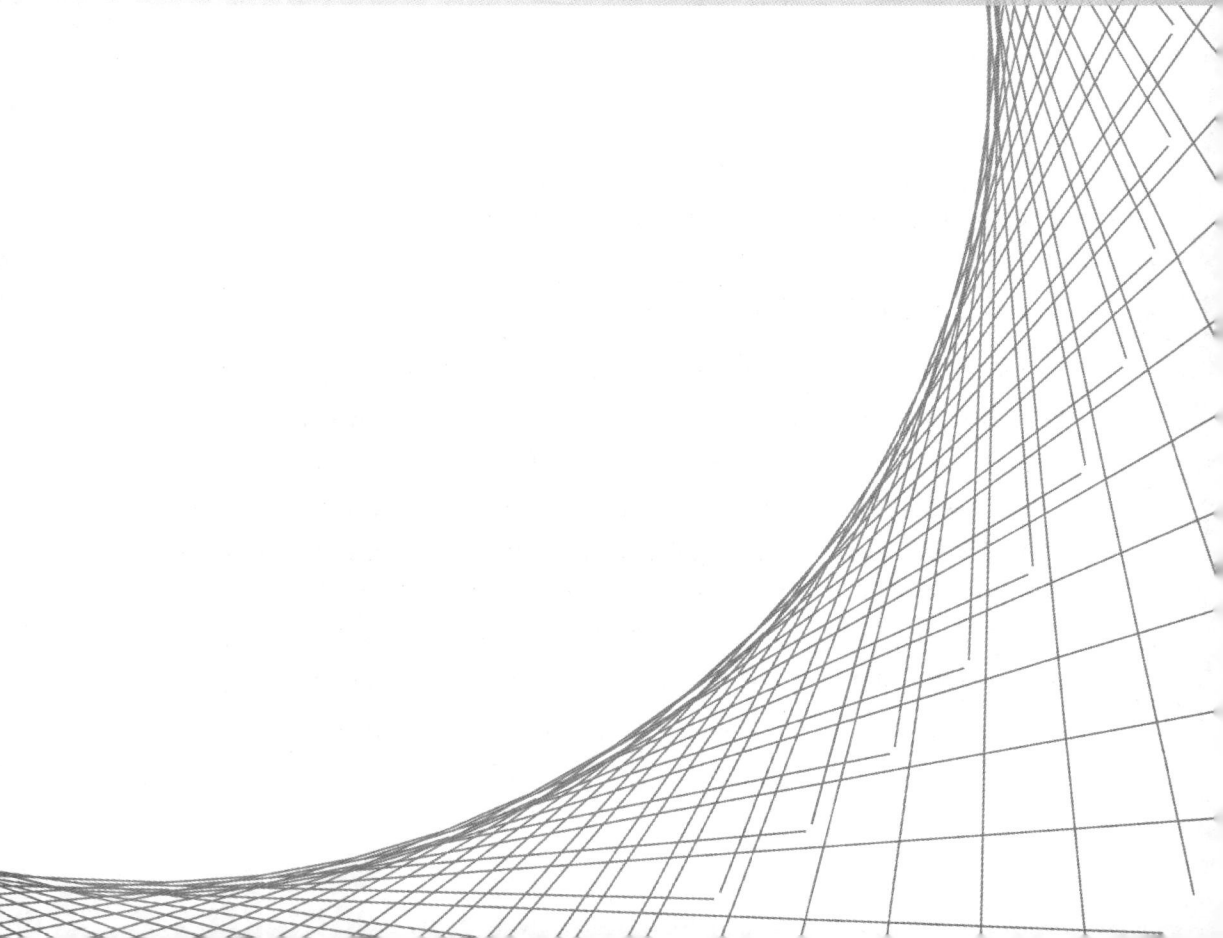

R县中小学教师"县管校聘"管理改革是S市中小学教师"县管校聘"管理改革的重要组成部分。本章主要对R县中小学教师"县管校聘"管理改革的实施及其效果进行分析。

第一节　中小学教师"县管校聘"管理改革的实施

一、中小学教师"县管校聘"管理改革顶层制度设计

自《关于推进中小学教师"县管校聘"管理改革的指导意见》发布以来,R县县委、县政府将中小学教师"县管校聘"管理改革工作列入该县深化改革工作项目,举全县之力统筹推进中小学教师"县管校聘"管理改革,成立了中小学教师"县管校聘"管理改革工作领导小组,由县政府主要领导任组长,县政府分管领导为副组长,县编办、教育、财政、人社主要负责人为成员,明确了各有关职能部门的工作职责,建立了中小学教师"县管校聘"管理改革联席会议制度,县编办、财政、人社等部门也就中小学教师"县管校聘"管理改革提出了有关意见。2018年6月14日,经多次会议研究,在倾听相关各界意见建议之后,R县人民政府出台了《R县人民政府办公室关于印发R县关于推进中小学教师"县管校聘"管理改革的实施方案的通知》,大力推动中小学教师"县管校聘"管理改革工作迅速开展。

县级政府及相关部门在协调推进中小学教师"县管校聘"管理改革工作的过程中,先后制定了一系列相关文件,如改革工作实施方案:《R县人民政府办公室关于印发R县关于推进中小学教师"县管校聘"管理改革的实施方案的通知》《R县教育局关于印发〈R县中小学校教师"县管校聘"工作实施办法〉的通知》;改革工作指导意见:《〈关于推进中小学教师"县管校聘"管理改革的指导意见〉解读》;编制管理:《关于R县中小学教师"县管校聘"管理改革编制管理的实施意见》《关于中小学教师"县管校聘"工作落实的情况说明》;岗位设置管理:《关于R县中小学教师"县管校聘"管理改革中岗位管理和人员流动的实施意见》;公开招聘制度:《R县教育局2019年公开招聘教师公告》;岗位聘用管理制度:《关于R县教育局下属事业单位岗位设置的批复》;教师均衡配置机制:《R县教育局关于印发〈R县中小学校教师"县管校

聘"工作实施办法〉的通知》;教师退出机制:《R县教育局关于印发〈R县中小学校教师"县管校聘"工作实施办法〉的通知》;教师合法权益保障机制:《关于印发〈关于R县教育事业单位专业技术岗位内部等级晋升的指导意见〉的通知》《关于印发〈R县教育系统教师专业技术岗位内部等级晋升工作实施方案(试行)〉的通知》;其他:《关于印发〈R县中小学、幼儿园等教师周课时标准实施意见(试行)〉的通知》《R县公办学校临聘教师管理办法》《广东省S市R县教育局2017年中小学临聘教师招聘公告》等。

二、中小学教师"县管校聘"管理改革的实施方案

(一)完善中小学教职员编制管理机制

完善了中小学教职员编制管理机制,按照"总量控制,动态调整"原则,R县教育局会同县编办、县财政局根据学校布局结构调整、班额、生源等情况变化进行动态调整,对规模较小的村小学、教学点,按照教职员与学生比例和教职员与班级比例相结合的方式对各中小学校教职员编制数进行核定。编制总量核定后,由县教育局统筹使用,因校制宜,按需配编。县教育局在核定的岗位总量内,按照学校规模、班额、师资结构、承担教育教学改革和任务需要等情况,将岗位具体分配到各学校,形成了《R县中小学校核定教职员人数统计表》,并发放至各中小学校。

R县教育局根据学校空编和次年减员等情况,每年11月底前向县编办提交次年新进教职员年度编制使用申请。县域内中小学教职员编制总额每年至少核编一次,由县教育局会同县编办共同研究决定核编时间,如因特殊情况需要临时增加调整次数,亦需要县教育局会同县编办共同研究决定。

主动和县编办、财政局对接,加强公办学校临聘教师管理,制定《R县公办学校临聘教师管理办法》,临聘教师人员经费由县级财政统筹保障。R县教育局按照创建教育现代化先进县的工作要求,把好临聘教师招聘关,吸引符合教学标准的优秀人才到中小学校任教,提高教师队伍整体素质和业务水平。

对教师队伍中不能胜任教学岗位的一线教师,采取转岗等措施,由教育局或学校安排校际及校内竞聘转至非主科教学工作岗位,2019年、2020年

共转岗教师近 200 名,及时有效地补充了音体美专业教师队伍。

(二)完善中小学教职员岗位设置管理机制

建立中小学教职员岗位"总量控制、动态调整"机制。R 县人社局根据该县教育系统事业发展需要、人员编制计划和人员现状等情况核定教育系统岗位总量,进行宏观管理,即中小学按照有关文件要求以及学校教育教学实际,制定岗位设置方案,报县教育局审核后,由县教育局汇总学校的各类各等级岗位数量制定本系统总的岗位设置方案连同相关学校的岗位设置方案一并报县人社局,人社部门核准同意后以整体打包的形式书面批复给县教育局,县教育局在核定的岗位总量、结构比例、最高等级限额内集中调控、集中管理,充分考虑校长、教师流动的需要,统筹分配相关学校各等级岗位数量,根据人员编制、班额等情况实行动态调整,并报县人社局备案。

调整分配学校专业技术岗位时尽可能向农村、偏远地区和薄弱学校倾斜,如该县 CJ 中学共有教职员 72 人,已聘 11 个副高级教师,占全校教职员的 15.3%,56 个中级职称,占比 77.8%,5 个初级职称。实行全县专业技术岗位统筹,在教师专业技术评定时优先向农村、偏远地区学校和薄弱学校倾斜。

在进一步与人社部门协同做好岗位设置工作方面,及时落实《关于全面深化新时代教师队伍建设改革的实施方案》,提高中小学教师高级岗位结构比例,幼儿园达到 8%、小学达到 15%、初中达到 30%、高中达到 40%。

(三)完善中小学教师公开招聘制度

在教师招聘工作中,由教育局按照公开招聘的相关政策规定,制定符合 R 县教育实际的招聘方案并组织实施,统一选拔、公开招聘,严格把好教师入口关。教育局按照各中小学教师编制、岗位及师资结构等情况,向人社部门申请公开招聘计划,制定招聘方案报县人民政府审批。招聘方案经县政府、县委编委批准后由县人社局、教育局组织实施。

探索采用面试+笔试、直接面试、考察聘用的方式进行教师招聘。建立完善招聘优秀人才到学校任教的"绿色通道",已开展的两轮"丹霞英才"人才招聘,共有 424 人报名,85 人参加网络面试,最终 16 人被录取,其中 4 人为硕士研究生学历,有效畅通了高校毕业生到乡村学校任教的通道。实施高层次人才引进工程,对具有硕士研究生学历、高级专业技术职务人员、特级教师等高层次专业人才,采取直接考核的方式招聘。

建立完善"越往基层、越是艰苦,地位待遇越高"的激励机制,按照《R县2020年山区和农村边远地区教师生活补助实施方案》,山区和农村边远地区教师最高发放生活补助每人每月1800元,通过落实乡村教师支持计划,形成可持续发展的长效机制。

(四)完善中小学岗位聘用管理制度

中小学教师"县管校聘"管理改革实施后,落实学校用人自主权,学校按照有关规定做好教师考核评价、职称评聘、奖励性绩效工资等管理工作,全面落实中小学教师聘用合同管理。例如实验学校,教职员竞聘上岗工作小组根据教职员师德师风、业务能力、敬业表现、工作业绩、情绪智力确定拟聘人员;在学校干部聘任和年级主任聘任环节,明确主动申请班主任的优先聘任,对促进教师工作积极性具有导向作用。又如DX学校,制定了《DX学校岗位竞聘量化评分表》,涉及的指标包括师德师风、学历、专业技术职称、教学成绩、科研课题、获奖情况、部门工作、满勤奖励等17项,竞聘工作考核小组参照教师的《DX学校岗位竞聘量化评分表》进行考核选聘合适人员,并从教师填写的意向岗位中优先选聘能胜任班主任、年级组长、科组长工作的人员。

加强对教师的工作考核,坚持公开、公平、公正的原则,以岗位职责为依据,以师德、能力、业绩、贡献为核心,制定不同工作岗位的分类考核指标和考核办法,建立完善学校、教师、学生、家长和社会多方参与的教师考核评价机制。如DX学校每年会组织1~2次家委会会议,向家长征求对教师的评价和建议,进行年级家访时以问卷、口头询问等形式进行教师满意度调查,下发量化考核表对每个老师进行打分。未来教师考核评价还将引入微信投票等参与度更高、更为便捷的评价方式,构建多元的评价方式,形成立体的评价网络。

全面推行竞聘上岗制度,建立竞聘上岗和组织统筹调剂相结合的教师聘用机制。突出考核教师师德表现、工作绩效和能力水平与岗位要求的匹配度,并将考核结果作为评先评优、职称评聘、资格注册、奖励性绩效工资等工作的重要依据,逐步建立完善能上能下、能进能出的竞争性用人机制。

2019年,R县公办中小学在编在岗共2181名教师参加中小学教师"县管校聘"聘任,其中校内竞聘2054人,跨校竞聘69人,组织调剂58人,充分激活了教师队伍活力。

(五)完善中小学教师均衡配置机制

R县按照循序渐进的原则,分析问题的轻重缓急,设定不同阶段的工作目标,暂时不把职称配置比例、教师聘任比例纳入改革初始阶段的工作目标,重点解决教师人数、学科方面的均衡,待完成首次聘任后,通过职称评聘、工资级别晋升等手段逐步优化职称配置比例,以最小的阻力取得改革成功的最大化。2019年,R县公办中小学在编在岗共2181名教师参加中小学教师"县管校聘"聘任,其中校内竞聘2054人,跨校竞聘69人,组织调剂58人,充分激活了教师队伍活力。新招聘教师优先满足农村、偏远地区学校和薄弱学校,进一步优化了乡镇教师资源配置,促进教育均衡优质发展。

进一步完善R县义务教育学校校长、教师交流轮岗实施方案并组织实施,逐步实现学校之间专任教师本科及以上学历比例、中高级教师职称比例和骨干教师比例大体相当,实现县域内教师资源的均衡配置。学校要认真执行教育局在校长、教师交流轮岗工作上的整体安排,按照相关要求择优选派。交流任教经历纳入教师职称评聘、推荐评先评优的考核范畴。为交流校长、教师的生活和工作提供便利,切实解决交流轮岗期间的食宿等基本生活条件,在职务晋升、职称评聘、薪酬待遇、评优评先、子女入学等方面实行一系列优惠政策。对交流轮岗工作中涌现出来的先进典型,加大宣传力度。

R县教育局与县财政局做好对接工作,依法依规落实中小学教师工资福利待遇保障政策,落实本县教职员工资待遇和山区边远地区教师生活补助。2019年,R县中小学教师月人均工资8005元,而公务员月人均工资7993元。其中,农村教师月人均工资8264元,城镇教师月人均工资7557元。2019年,县政府审议并通过《R县教育系统专业技术岗位内部等级晋升工作实施方案》,从2020年1月起正式实行,完善了中小学教师"县管校聘"相关配套措施,切实增加教师队伍收入,最大限度地保证教师权益,使广大教师更安心地立足岗位,做好教学工作。

"统筹调配临聘教师,所需人员经费由本级财政核拨"政策落实存在以下问题：由于现在生二孩的女教师不断增多，出现了学校短期需要招聘临聘教师的情况，有时临聘教师只是临时招聘一两个月，在此过程中财政核拨所需经费在实际上存在操作困难的问题。

（六）完善中小学教师退出机制

根据广东省教育厅关于印发《中小学教师资格考试试点实施办法》和《中小学教师资格定期注册试点实施办法》的通知，推进开展 5 年一周期的中小学教师资格定期注册，对注册不合格或逾期不注册的人员，依照规定调整出教师岗位，不得从事教学工作。

严格师德考核，实行师德考核"一票否决制"，师德违规情节严重者应依照《中小学教师违反职业道德行为处理办法》及有关规定予以处理，并将师德师风情况作为年度工作各项考核评估的重要指标之一，作为学校年度工作和评优评先的一项重要依据。

教师年度考核不合格的，学校应按照规定调整其岗位，或者安排其离岗接受必要的培训后调整岗位，教师无正当理由不同意变更工作岗位的，或者虽同意调整到新工作岗位，但到新岗位后考核仍不合格的，学校可按有关规定解除聘用合同。聘期考核不合格的，学校可以不与其续订聘用合同，或按聘用合同约定处理。

（七）完善中小学教职员合法权益保障机制

各学校结合自身实际制定了中小学教师"县管校聘"的竞聘方案和实施方案，其中包括了配套的人事争议仲裁制度。教育局健全教职员维权服务机制，学校建立教职员申诉机制，建立健全认识争议预防和协调解决机制，按照规定设立人事争议调解组织，让教职员有充分、畅通的诉求渠道。

学校制定教职员岗位竞聘方案、考核办法等管理制度，应充分征求学校教职员的意见，并经教职员大会或代表大会审议通过后实施。涉及年度考核、评先评优、职称晋升、岗位竞聘等重要信息应予以公开，实行回避制度，对聘任和考核结果须公示 7 个工作日以上，充分保障教职员的知情权、参与权和监督权。

（八）强化政策宣传、检查督导和风险防控机制

教师和学校既是中小学教师"县管校聘"管理改革政策的执行者，更是

政策实施的受益者。因此,推进中小学教师"县管校聘"工作,首先要解决的是共识问题,让广大教师和学校形成政策认同。一方面,部分教师对中小学教师"县管校聘"管理改革政策所能给自身利益和自身发展带来的影响缺乏准确判断,在思想上难以接受,产生了政策认同障碍;另一方面,学校对于政策实施给学校发展带来的影响存在疑虑,因为优秀教师是学校非常重要的资源,出于对学校教学质量的保护,许多学校不希望骨干教师流出,而对于教育发展水平相对落后的学校而言,他们虽然迫切需要优秀老师,但又顾虑到优秀教师的流入会带来管理上的困难。

针对认识上的误区,R县教育局先后召开研究会、座谈会等各类会议十余次,邀请县相关单位、校长、教师参加,积极宣传中小学教师"县管校聘"工作的必然性和重要性,同时对政策进行充分宣传和引导,认真听取县相关单位、校长、教师的意见和建议,增强了教师对中小学教师"县管校聘"工作的理解,有效防止教师因对政策的误解误读而影响中小学教师"县管校聘"工作的开展。其次,各学校加强政策的答疑解惑工作,针对教职员关注的问题和疑惑,主动联系沟通,及时引导,使教职员充分理解中小学教师"县管校聘"管理改革的深刻内涵。保证教师知晓率达100%。经过努力,全县上下迅速凝聚了共识:中小学教师"县管校聘"管理改革有助于统筹县域内义务教育教师资源和促进县域内义务教育优质均衡发展,是提升教育质量的根本路径,更是教师专业成长,提升教师教书育人幸福感和获得感的根本路径所在,这场改革不是"末位淘汰",不是让教师下岗,而是惠及教育,惠及学生,惠及人民,更惠及教师。

第二节　中小学教师"县管校聘"管理改革的实施效果

自开展中小学教师"县管校聘"管理改革工作以来,在促进校长、教师合理流动、优化教师资源配置,促进教育公平,促进教育均衡优质发展等方面取得以下实际效果。

一、实现教师资源的均衡配置

(1)中小学教师"县管校聘"管理改革前后教师学科背景对口率城乡学

校对比变化情况(图 11-1、图 11-2):中小学教师"县管校聘"管理改革后城乡学校教师学科背景对口率均有所增加,2019 年县城小学、初中的教师学科背景对口率由 2017 年的 93.00%、92.00%增长为 96.00%、95.00%,增长显著,乡镇学校教师学科背景对口率虽有增长,但仍明显落后。

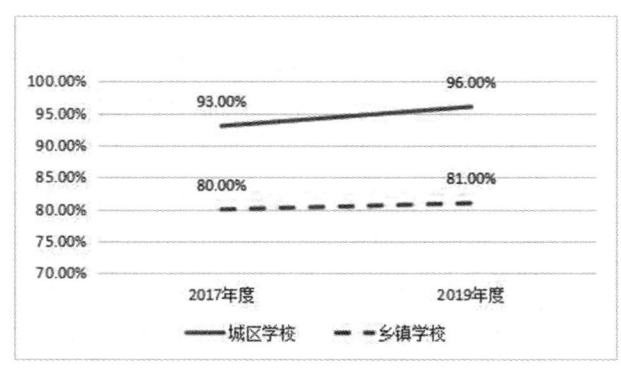

图 11-1   2017 年与 2019 年小学学段城乡教师学科背景对口率对比

图 11-2   2017 年与 2019 年初中学段城乡教师学科背景对口率对比

(2)中小学教师"县管校聘"管理改革前后生师比城乡学校对比变化情况(图 11-3、图 11-4):中小学教师"县管校聘"管理改革后,城乡学校生师比略有升高,其中城区小学生师比超出国家标准,达到 20.0,部分学校的教师需求仍待满足。总体来看,乡镇学校师资配备相对充足。

(3)中小学教师"县管校聘"管理改革前后县级以上骨干教师占比城乡学校对比变化情况(图 11-5、图 11-6):中小学教师"县管校聘"管理改革后,城区学校各学段骨干教师人数均有显著增加,骨干教师占比也有所提高,城

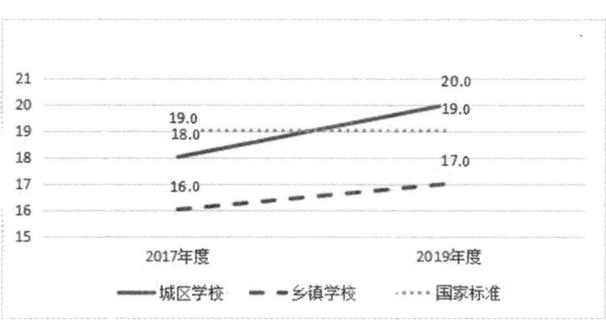

图 11-3　2017 年与 2019 年小学学段城乡生师比对比

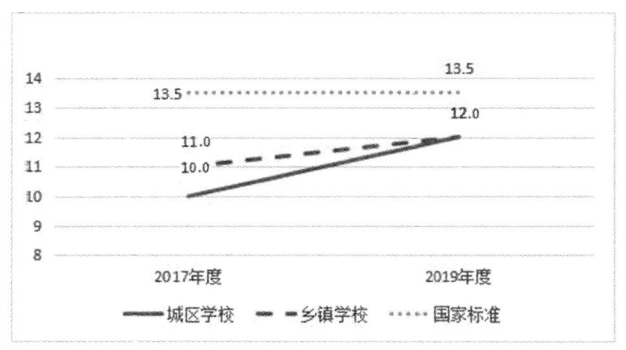

图 11-4　2017 年与 2019 年初中学段城乡生师比对比

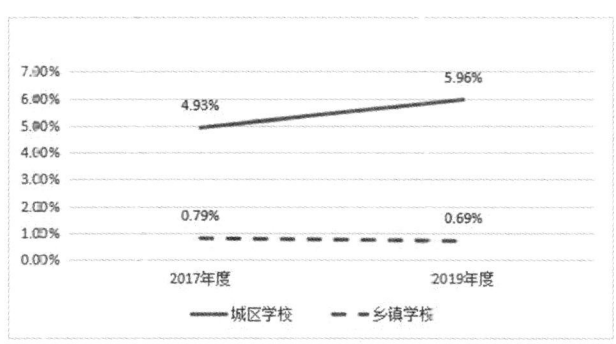

图 11-5　2017 年与 2019 年小学学段城乡县级以上骨干教师占教师总数比例对比

区小学由 4.93％提高至 5.96％,城区初中由 9.52％提高至 11.44％;而乡镇学校骨干教师人数变化不大,骨干教师占比,乡镇小学略有下降,乡镇初中略有提高,与城区学校相比,乡镇学校仍有较大差距。

图 11-6 2017 年与 2019 年初中学段城乡县级以上骨干教师占教师总数比例对比

（4）中小学教师"县管校聘"管理改革前后专任教师本科及以上学历比例城乡学校对比变化情况（图 11-7、图 11-8）：中小学教师"县管校聘"管理改革后，城乡学校本科及以上学历教师占比均有所提高，其中乡镇小学本科及以上学历教师占比从 2017 年的 28.67％增至 2019 年的 54.51％，同期乡镇初中本科及以上学历教师占比从 72.84％增至 82.87％，增幅比较显著，但与城区学校相比，仍有一定差距。

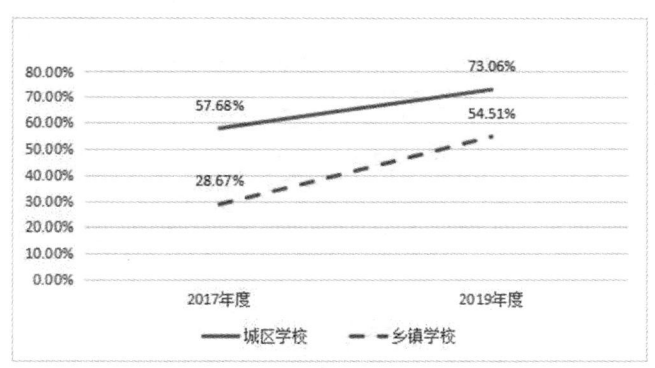

图 11-7 2017 年与 2019 年小学学段城乡教师本科及以上学历占教师总数比例对比

（5）中小学教师"县管校聘"管理改革前后中高级教师职称比例城乡学校对比变化情况（图 11-9～图 11-12）：中小学教师"县管校聘"管理改革后，城乡小学、城区初中的中级职称教师比例变化不大，乡镇初中由 78.23％下降为 71.79％，降幅相对较大；同期，城乡学校高级职称教师比例均有显著提高。

166

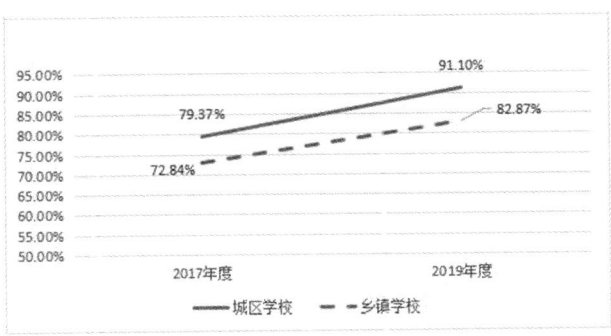

图 11-8　2017 年与 2019 年初中学段城乡教师本科及以上学历占教师总数比例对比

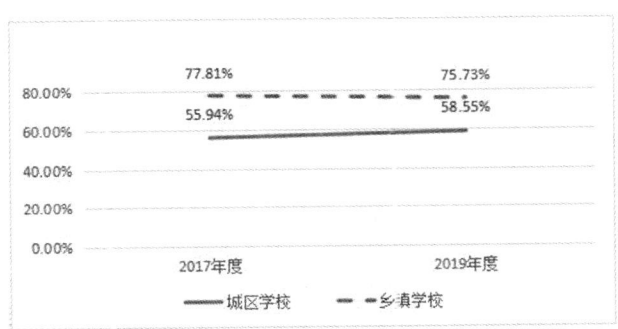

图 11-9　2017 年与 2019 年小学学段城乡中级职称教师占教师总数比例对比

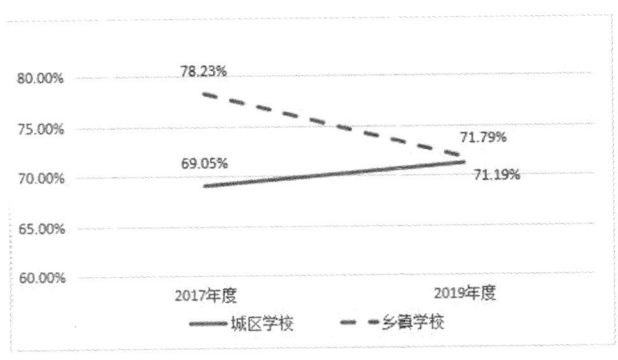

图 11-10　2017 年与 2019 年初中学段城乡中级职称教师占教师总数比例对比

(6)中小学教师"县管校聘"管理改革前后城乡教师平均工资收入对北变化情况(图 11-13、图 11-14):中小学教师"县管校聘"管理改革后,城区学校教师平均工资收入有所降低,乡镇学校教师平均工资收入有显著提高,其

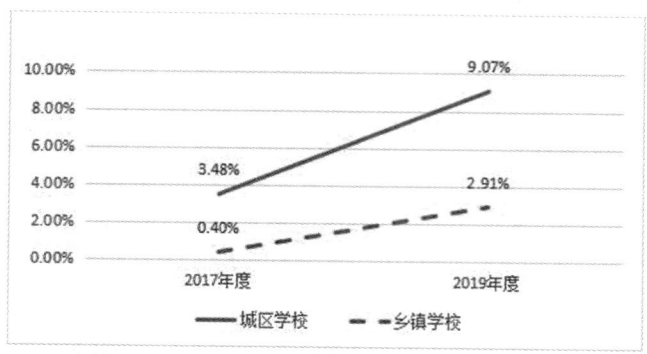

图 11-11   2017 年与 2019 年小学学段城乡高级职称教师占教师总数比例对比

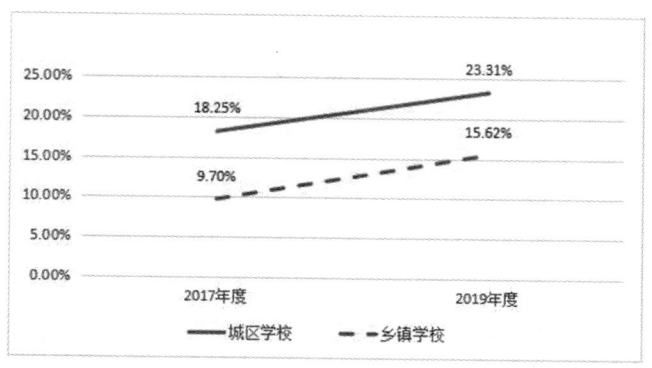

图 11-12   2017 年与 2019 年初中学段城乡高级职称教师占教师总数比例对比

中乡镇小学教师的平均工资收入由 9.55 万元增加到 9.72 万元,乡镇初中教师的平均工资收入由 9.56 万元增加到 10.04 万元。乡镇学校教师平均工资收入明显高于城区学校。

二、激发了教师队伍活力

以中小学教师"县管校聘"工作为导向,注重对教师"德、能、勤、绩"的考核评价,广大教师也产生了危机感和忧患意识,极大地调动了教师的工作积极性和创造性。此次中小学教师"县管校聘"工作中,有部分原来担任过或在任的学校领导也主动提出到艰苦的山区学校竞聘,有超过二十位 50 岁以上的教师参加跨校竞聘。所有竞聘的教师主动承担学校安排的工作成为一种新风尚,激活了教师队伍活力。其次,学校与教师实现了双向选择,激发

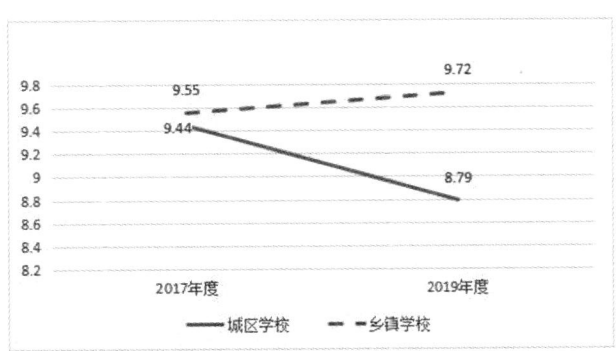

图 11-13　2017 年与 2019 年城乡小学教师平均工资税前收入(万元)对比

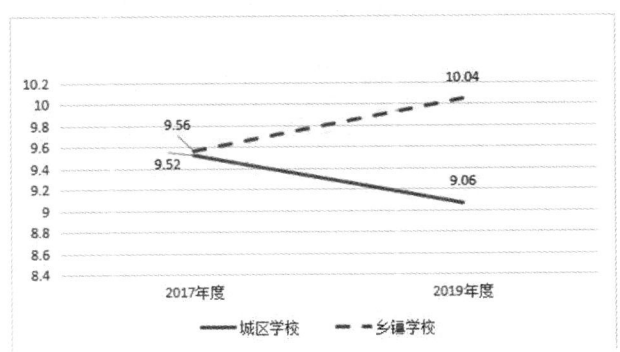

图 11-14　2017 年与 2019 年城乡初中教师平均工资税前收入(万元)对比

了学校的内生动力,盘活了学校用人机制,为建立能进能出、能上能下的教师任用机制打下牢固基础。

第十二章 S市N市中小学教师"县管校聘"管理改革实践研究

N市中小学教师"县管校聘"管理改革是S市中小学教师"县管校聘"管理改革的重要组成部分。本章主要对N市中小学教师"县管校聘"管理改革的实施及其效果进行分析。

第一节　中小学教师"县管校聘"管理改革的实施

一、中小学教师"县管校聘"管理改革顶层制度设计

自《关于推进中小学教师"县管校聘"管理改革的指导意见》发布以来,N市市委、市政府高度重视教师中小学教师"县管校聘"管理改革工作,要求教育局勇于创新,积极探索,开创教师管理新局面。教育局在市委、市政府的正确领导和支持下,积极推进教师交流工作,及时调整教师交流政策,完善《N市中小学教师交流工作实施办法》,教师交流比例达6.4%,超过省规定不少于5%的比例标准。将教师交流作为中小学教师"县管校聘"的试验,及时发现问题,总结经验,为全面推行中小学教师"县管校聘"管理改革工作提供实践支撑,由此形成了《关于推进中小学教师"县管校聘"管理改革的实施意见(初稿)》。2018年3月23日,N市市政府常务会议同意N市教育局提交的《关于推进中小学教师"县管校聘"管理改革的实施意见》,要求N市教育局根据会议讨论意见,进一步修改完善后报市委常委会审议。2018年4月23日,市委常委会通过《关于推进中小学教师"县管校聘"管理改革的实施意见(送审稿)》,要求人社、编办、财政等部门积极配合教育部门制定具体的配套实施细则,提交市委深化改革领导小组会议研究讨论。为确保中小学教师"县管校聘"管理改革工作在2018年秋季开学前完成,N市教育局在暑假期间通过多轮校长研讨会议,形成了《N市中小学校公办教师聘任工作实施方案》等8项相关配套文件,为中小学教师"县管校聘"管理改革工作制定了总体方案,有效保障了中小学教师"县管校聘"管理改革工作在秋季开学前顺利完成。2018年11月2日,N市市委全面深化改革领导小组办公室听取中小学教师"县管校聘"管理改革进展情况汇报,并审议了相关文件,同意N市教育局制定的中小学教师"县管校聘"管理改革文件,并解决了一些历史遗留下来的教师管理问题。

N市市委、市政府根据广东省省委、省政府和S市市委、市政府有关中小学教师"县管校聘"管理改革的政策文件,在协调推进中小学教师"县管校聘"管理改革工作过程中制定了系列相关文件,如改革工作实施方案:N市教育局印发了《N市中小学教师"县管校聘"管理改革教师竞聘实施办法》和《N市中小学校公办教师聘任工作实施方案》的通知;改革工作指导意见:N市人民政府办公室关于印发《关于推进全市中小学教师"县管校聘"管理改革的实施意见》的通知;岗位聘用管理制度:N市教育局制定了《N市中小学校(幼儿园)教师"教书育人"双岗双责绩效考核办法》《N市教师中小学教师"县管校聘"管理改革聘任流程》《N市教师工作量标准指导意见(试行)》;教师退出机制:N市教育局转发了S市《关于印发S市中小学校教师退出教学岗位的实施办法(试行)的通知》;教师合法权益保障机制:N市教育局和财政局联合制定了《N市山区和农村地区学校教师生活补助实施方案》等。

二、中小学教师"县管校聘"管理改革的实施方案

(一)完善中小学教职员编制管理机制

根据广东省教育厅、广东省机构编制委员会办公室、广东省财政厅、广东省人力资源和社会保障厅《关于推进中小学教师"县管校聘"管理改革的指导意见》,结合N市教育实际,以现有教职员编制数作为实施中小学教师"县管校聘"管理改革的教职员编制总量(存有一定量的空编)。总量确定后,由教育行政部门在核定的编制总量内,于每年6月底前按照教育教学规模和教师队伍结构要求,统筹提出各学校教职员编制的分配方案和动态调整意见,报同级机构编制部门备案。

按照"总量控制、统筹城乡、结构调整、有增有减"的原则,根据学校的班额及学生数的变化,原则上每年在编制总量内核定一次学校编制总额。

N市临聘教师大多数集中在幼儿园,中小学临聘教师极少,多为填补女教师因产假或因教师重病空缺而临时聘用,临聘教师的招聘由学校根据实际需求报教育局审批后自主招聘并报教育局备案,临聘教师由学校管理。因为N市临聘教师的聘用是短暂的,各校临聘的时间不统一、不定期,所以暂未按照国家和省有关规定统一标准、统一招聘、统筹调配临聘教师,临聘教师工资待遇按N市教育局关于印发《N市公办幼儿园临聘人员薪酬方案

（修订稿）》的通知执行。

针对教师队伍中长期存在的因疾病、生育等无法正常承担教学任务的问题，N市通过加大招聘教师力度和临时聘用教师解决。教育局在核定的教职员编制总量内，每年6月底前，根据学校的实际情况，向编制部门提出下一学年度学校教职员编制动态调整意见，报机构编制部门进行相应调整，并同时报财政、人社部门备案，教育行政部门每年根据学校的具体情况可统筹调配学校编制及教职员，便于学校各项机构编制工作有序开展。

（二）完善中小学教职员岗位设置管理

人力资源和社保局会同教育局，根据国家、省制定的中小学校专业技术岗位结构比例控制标准和全市中小学校编制总量，对县域内中等职业学校、高中、初中、小学打包岗位，分别核定岗位设置总量，实行总量控制。教育局在核定的岗位设置总量内，按照学校教师人员结构、承担教育教学改革和任务需要等情况，编制各学校岗位设置方案，报人力资源和社保局备案后实施。

采取"双肩挑"岗位人员不占专业技术岗位、在分配中高级岗位职称评聘与层级晋升时，同等条件下向农村及薄弱学校倾斜的调整分配岗位措施。

（三）完善中小学教师公开招聘制度

在招聘教师工作上，教育部门根据招聘政策规定，按照所设岗位资格条件、空岗数及用人需求量，制定符合教育教学规律、教职员职业特点和岗位适应性的公开招聘方案，并组织实施。人社部门负责对公开招聘工作进行指导、监督和管理。

在创新多渠道教师招聘方式和建立优秀人才到校任教"绿色通道"上，N市除向社会公开招聘外，还采取"丹霞英才"人才引进、公开选聘教师等简化考试程序方式吸纳更多优秀人才到该市学校任教。

（四）完善中小学岗位聘用管理制度

全面落实中小学教师聘用合同管理。教育部门要求学校在核定的编制和岗位内科学制定本校岗位设置方案，确定管理人员、专业技术人员和工勤人员岗位结构，依法依规做好聘用合同的签订、履行。全面推行竞聘上岗制度,遵照 S 市《关于印发 S 市中小学校教师退出教学岗位的实施办法(试行)的通知》精神,建立竞争择优、能上能下的用人机制。教师可以在学校内、跨校竞聘上岗,跨校竞聘岗位由教育行政部门统一公布。对于校内竞聘、跨校竞聘后仍未上岗的教师,教育行政部门根据实际进行统筹调剂安排工作岗位。对没有竞聘上岗且不服从组织统筹调剂安排工作的,在原工作学校待岗培训,待岗培训期不超过 12 个月,待岗培训内,只发放基本工资和基础性绩效工资,不享受奖励性绩效工资。

距法定退休年龄不足 5 年的教师,经组织选派参加支教的教师,处于孕期、产期、哺乳期以及患有重大疾病的教师,原则上在原学校直聘,教育局追加临时编制岗位。

(五)完善中小学教师均衡配置机制

通过教师专业发展促进教师交流,将职称评聘、职务层级晋升与教师交流相结合。

将学校需求和教师的意愿与教师交流相结合,每年 7 月份,有需求的学校和有意愿的教师,按照地域靠近、人岗相适、学校相邻、专业相近的原则,采取教师自愿申请—学校选派—教育局统筹的程序进行。

教育行政部门根据学校及教师的发展需求、使用 5% 的流动教师岗位,引导优秀教师在城镇学校与农村学校、优质学校与薄弱学校之间双向流动,逐步实现学校之间的专任教师本科及以上学历比例、中高级职称教师比例和骨干教师比例大体相当,实现县域内教师资源的均衡配置。

贯彻落实中小学教师基本工资标准调整部署、严格执行公务员津贴补贴调整与中小学教师绩效工资同步联动调整机制,把统筹提高中小学绩效工资水平作为审批提高各地机关规范津贴补贴水平的前置条件。一直以来,N 市中小学教师平均工资收入水平高于公务员平均工资收入水平,农村中小学教师平均工资收入水平高于城镇中小学教师平均工资收入水平。目前 N 市已经通过市政府和市委常务会议,从 2019 年开始对公务员普遍发放奖励性补贴时,统筹考虑中小学教师。

针对公办幼儿园普遍存在的临聘教师问题,根据 N 市城乡差异情况,公办幼儿园临聘教师由幼儿园根据本园实际需求报教育局审批后自主招聘。距离统一标准、统一招聘、统筹调配临聘教师的有关要求还有一定的差距;

公办幼儿园临聘教师经费由学校自行解决,但能通过为临聘教师购买五险一金、逐年增加薪酬等办法,逐步解决编制内外教师待遇差距过大的问题。

(六)完善中小学教师退出机制

实行教师资格定期注册工作。根据广东省教育厅关于印发《中小学教师资格考试试点实施办法》和《中小学教师资格定期注册试点实施办法》的通知,N市开始了教师资格定期注册工作,除新入职教师之外,其余在职在编符合教师资格注册的教师已全部完成教师资格定期注册工作。

严格实行师德考核"一票否决制"。实行问责制和校长一把手负责制,将师德考核结果作为教师职称聘用、年度考核、干部任免和评先评优的重要依据;并将师德师风建设工作融入学校年度工作各项考核评估中,作为学校年度工作和评优评先的一项重要指标和依据。

妥善处理年度考核不合格教师。按照《广东省事业单位工作人员考核办法(试行)》,教师年度考核或聘期考核不合格的,学校可以调整其岗位,或者安排其离岗接受必要的培训后调整岗位,教师不同意学校调整其工作岗位,或者虽同意调整到新工作岗位,但到新岗位后考核仍不合格的,学校可按规定程序解除聘用合同。

(七)完善教职员合法权益保障机制

在实施中小学教师"县管校聘"过程中,为保障教职员合法权益,N市教育局出台了《N市中小学校公办教师聘任工作实施方案》及配套的《N市教师竞聘考核办法》,为确保此次改革平稳推进,N市本着"以人为本、人文关怀"原则,在全员竞聘中,落实"优先原则",对年满55周岁以上的男教师、50周岁以上的女教师、怀孕期及哺乳期的女教师以及重病教师学校优先聘任;同时,要求各校积极做好宣传、沟通,耐心解答,消除疑虑,尤其是细心引导校内竞聘落聘教师积极参加跨校竞聘。

(八)完善政策宣传、检查督导和风险防控机制

N市要求学校向老师大力宣传中小学教师"县管校聘"管理改革政策,中小学教师"县管校聘"的改革政策是对传统教师管理体制的一项重大变革,涉及学校和教师的根本利益。教师和学校既是政策的执行者,更是政策

实施的受益者。因此,推进中小学教师"县管校聘"工作,首先要解决的是共识问题,让广大教师和学校形成政策认同。一方面,部分教师对中小学教师"县管校聘"管理改革政策所能给自身利益和自身发展带来的影响缺乏准确判断,在思想上难以接受,产生了政策认同障碍;另一方面,学校对于政策实施给学校发展带来的影响存在疑虑。对于学校而言,优秀教师是非常重要的资源,出于对学校教学质量的保护,许多学校不希望骨干教师流出,而对教育发展水平相对落后的学校而言,他们虽然迫切需要优秀教师,但又顾虑到优秀教师的流入会带来管理上的困难。针对认识上的误区,N市通过深入基层调查研究,召开各种类型(包括校长、教师、管理者、学生家长层面)的座谈会广泛听取意见。不仅宣讲好、解读好上级的政策,更重要的是向下找准政策实施点、平衡点、对接点。经过努力,全县上下迅速凝聚了共识:中小学教师"县管校聘"有助于统筹县域内义务教育教师资源和促进县域内义务教育均衡发展,是提升教育质量的根本路径,更是教师专业成长,提升教师教书育人幸福感和获得感的根本路径所在,这场改革不是"末位淘汰",不是让教师下岗,而是惠及教育,惠及学生,惠及人民,更惠及教师。共识的形成为推进"县管校聘"营造了一个良好的思想环境和舆论环境。

第二节　中小学教师"县管校聘"管理改革的实施效果

自开展中小学教师"县管校聘"管理改革工作以来,在促进校长、教师合理流动、优化教师资源配置,促进教育公平,促进教育均衡优质发展等方面取得了实际效果。

一、实现教师资源均衡配置

根据 2017 年和 2019 年的数据,分析教师学科背景对口率、生师比、县级以上骨干教师占比、学科带头人占比、专任教师本科及以上学历比例、中高级教师职称比例等 8 项目标的总体变化情况,以及城区学校和乡镇学校的对比变化情况。

（1）中小学教师"县管校聘"管理改革前后教师学科背景对口率城乡学校对比变化情况（图 12-1、图 12-2）：通过"丹霞英才"招聘，中小学教师"县管校聘"管理改革后城乡学校教师学科背景对口率相比 2017 年有所提高，城区小学、初中由 70.00%、85.00% 提高至 73.00%、87.00%，乡镇小学、初中由 69.00%、85.00% 提高至 71.00%、86.00%。城乡比较，乡镇学校略低于城区学校的水平。学校教师学科背景对口率提高，使专业的教师教授相对应的学科，有利于提高教学质量。

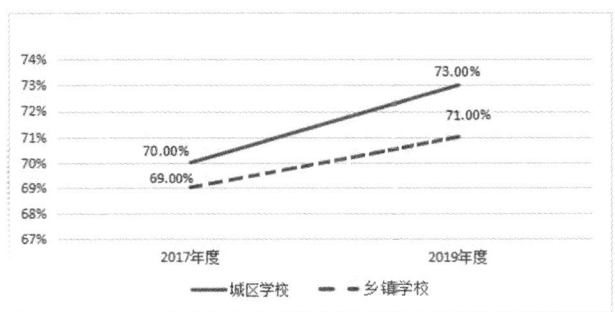

图 12-1　2017 年与 2019 年小学学段城乡教师学科背景对口率对比

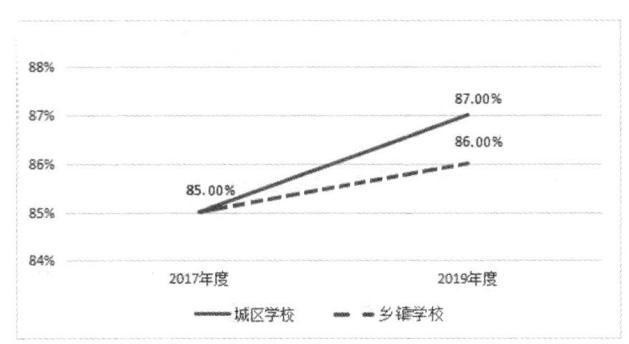

图 12-2　2017 年与 2019 年初中学段城乡教师学科背景对口率对比

（2）中小学教师"县管校聘"管理改革前后生师比城乡学校对比变化情况（图 12-3、图 12-4）：2019 年较 2017 年，城区初中学校生师比由 17.0 变为 16.0，乡镇初中由 11.0 变为 10.0；城区小学生师比由 25.0 变为 20.0，乡镇小学由 13.0 变为 15.0。城乡比较，乡镇学校师资配备更为充足。总体来看，中小学教师"县管校聘"管理改革后，城区和乡镇的教师资源流动性增强,师资力量逐步增强,实现了教师的合理分配。

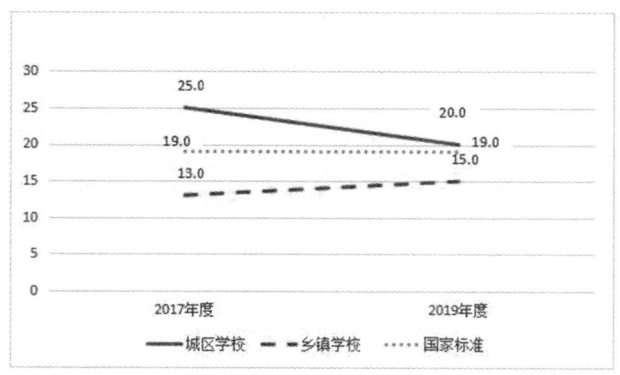

图 12-3　2017 年与 2019 年小学学段城乡生师比对比

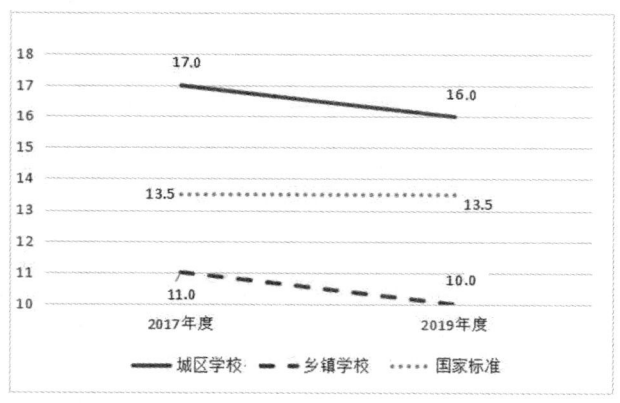

图 12-4　2017 年与 2019 年初中学段城乡生师比对比

　　(3)中小学教师"县管校聘"管理改革前后县级以上骨干教师占比城乡学校对比变化情况(图 12-5、图 12-6):2017 年乡镇小学骨干教师总数为 96人,2019 年增加到 247 人,骨干教师占比由 6.87% 增长到 19.62%。说明中小学教师"县管校聘"管理改革加大了骨干教师的流动性,城区乡镇、校际、专业间的师资配置更加均衡,盘活了现有师资资源,实现了教师的有序流动、精准配置。应当注意的是,除乡镇小学外,其他区域和学段的骨干教师数及占比均有所下降,骨干教师培养仍有待加强。

　　(4)中小学教师"县管校聘"管理改革前后学科带头人占比城乡学校对比变化情况(图 12-7、图 12-8):2019 年与 2017 年相比,乡镇小学和乡镇初中

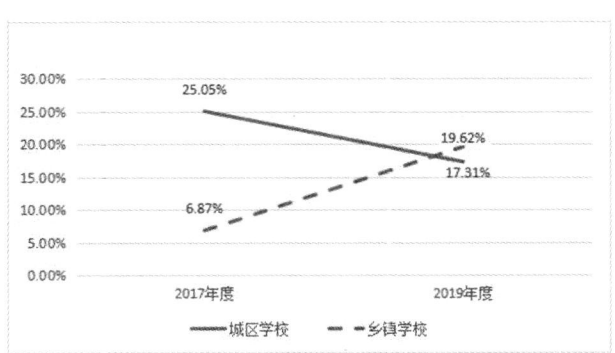

图 12-5　2017 年与 2019 年小学学段城乡县级以上骨干教师占教师总数比例对比

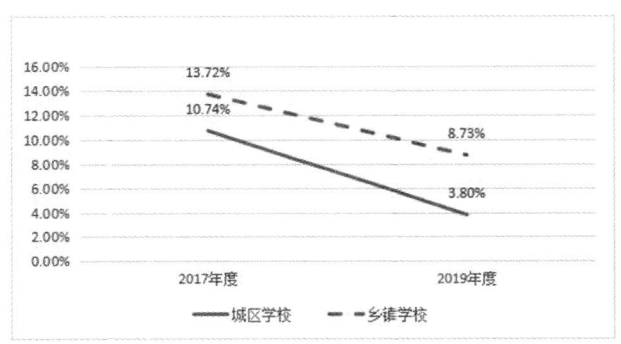

图 12-6　2017 年与 2019 年初中学段城乡县级以上骨干教师占教师总数比例对比

的学科带头人占比略有上升,与同学段城区学校的差距分别由 3.57 个百分点和 4.02 个百分点缩小至 2.38 个百分点和 3.04 个百分点。中小学教师"县管校聘"管理改革调动了教师的积极性,农村和薄弱地区的学生有条件享受更好的教师资源。

(5)中小学教师"县管校聘"管理改革前后专任教师本科及以上学历比例城乡学校对比变化情况(图 12-9、图 12-10):随着中小学教师"县管校聘"管理改革的推进和"丹霞英才"计划的实施,中小学校高层次学历的专任教师越来越多,师资力量不断增强。除城区初中学校外,城乡小学、乡镇初中的本科及以上学历教师占比均有明显上升,其中小学学段上升幅度更大,城区小学由 45.61% 上升为 61.81%,乡镇小学由 33.91% 上升为 52.26%。城乡比较,乡镇学校与城区学校仍有差距。

(6)中小学教师"县管校聘"管理改革前后中高级教师职称比例城乡学

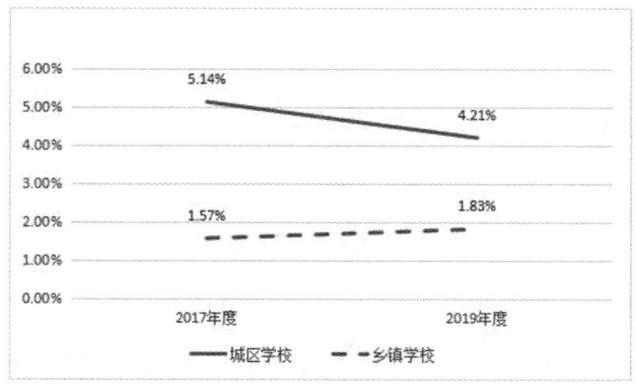

图 12-7　2017 年与 2019 年小学学段城乡学科带头人占教师总数百分比对比

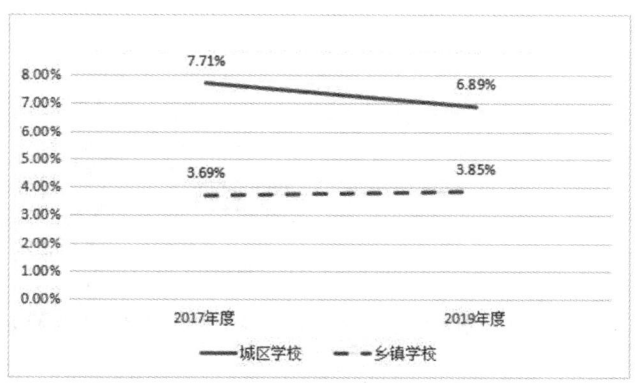

图 12-8　2017 年与 2019 年初中学段城乡学科带头人占教师总数百分比对比

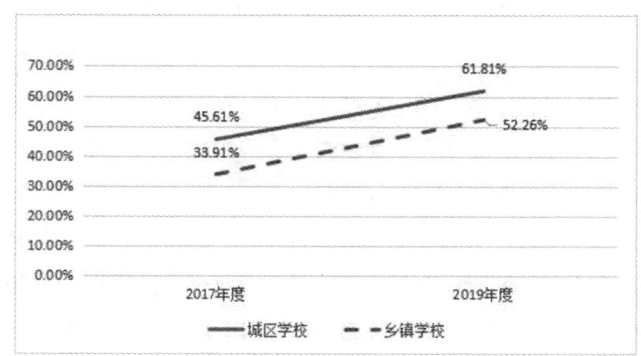

图 12-9　2017 年与 2019 年小学学段城乡教师本科及以上学历占教师总数比例对比

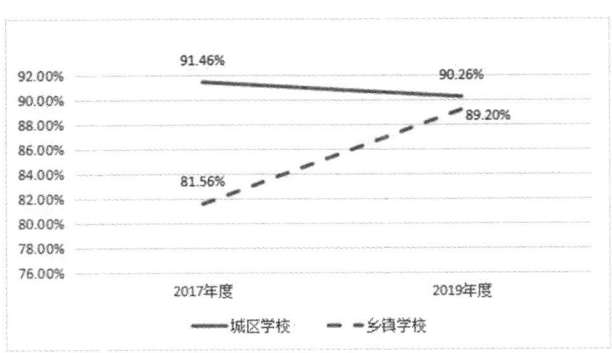

图 12-10　2017 年与 2019 年初中学段城乡教师本科及以上学历占教师总数比例对比

校对比变化情况(图 12-11～图 12-14):中小学教师"县管校聘"管理改革后,乡镇小学、初中高级职称教师占比由 0.50%、8.26%增至 1.19%、10.50%,但仍低于同学段城区的水平。值得注意的是,中级职称教师占比,除乡镇小学外,其他区域和学段均有所降低。

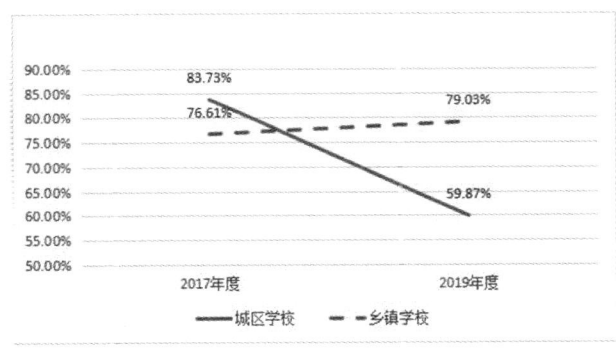

图 12-11　2017 年与 2019 年小学学段城乡中级职称教师占教师总数比例对比

(7)中小学教师"县管校聘"管理改革前后城乡教师平均工资收入对比变化情况(图 12-15、图 12-16):随着中小学教师"县管校聘"管理改革的不断推进,城乡教师平均工资收入有了大幅度的增加。2019 年与 2017 年相比,城乡学校教师平均税前工资均有所增加,其中乡镇小学、初中的教师平均税前工资增幅较大,分别由 6.99 万元、7.10 万元增至 9.64 万元、9.74 万元。中小学教师"县管校聘"管理改革后,乡镇学校的教师平均税前工资明显高于城区学校。

(8)中小学教师"县管校聘"管理改革前后教师流动率城乡学校对比情

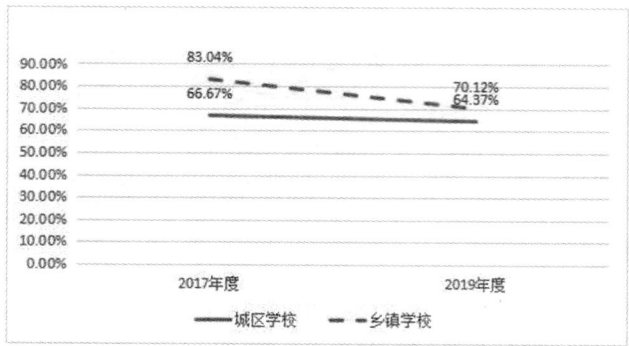

图 12-12　2017 年与 2019 年初中学段城乡中级职称教师占教师总数比例对比

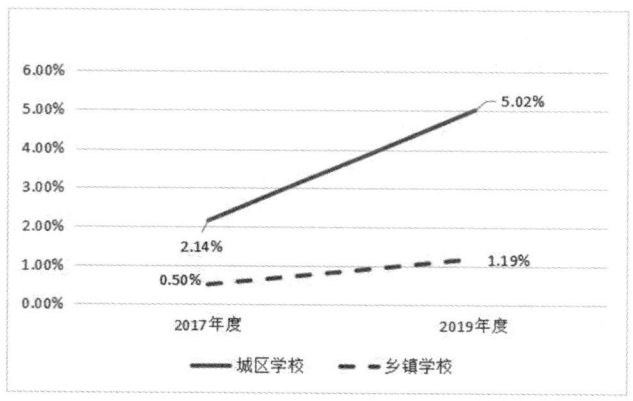

图 12-13　2017 年与 2019 年小学学段城乡高级职称教师占教师总数比例对比

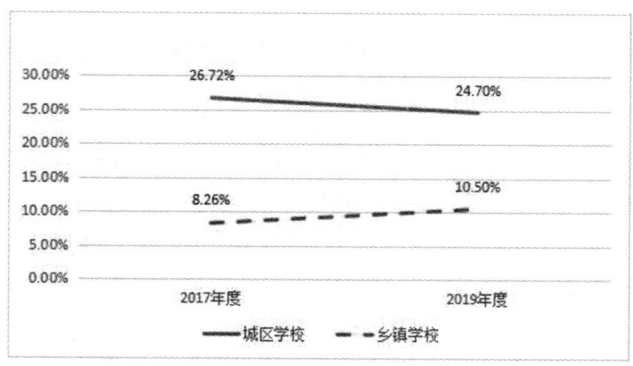

图 12-14　2017 年与 2019 年初中学段城乡高级职称教师占教师总数比例对比

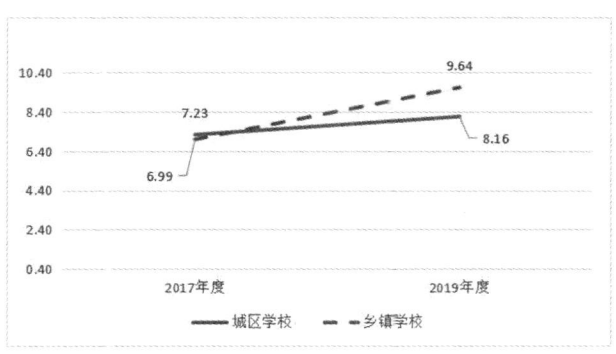

图 12-15　2017 年与 2019 年城乡小学教师平均工资税前收入（万元）对比

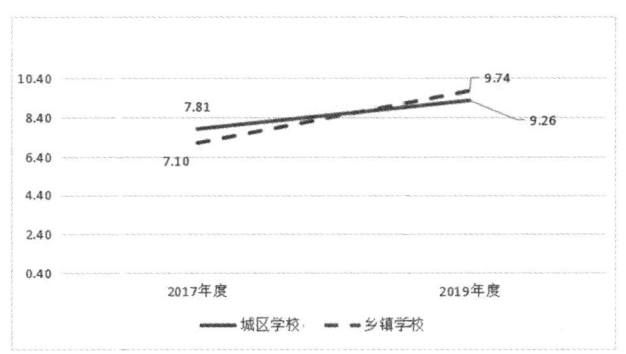

图 12-16　2017 年与 2019 年城乡初中教师平均工资税前收入（万元）对比

况：近几年积极引导优秀校长、教师向农村学校、薄弱学校流动,激发教师队伍活力,促进城乡学校教师资源均衡配置和义务教育均衡优质发展。

二、体制机制改革创新成效

N市坚持以"县管"为基础,按照"总量控制、统筹城乡、结构调整、有增有减"的原则,使"县管"与"校聘"相互补充促进,实现对教师队伍的政策性"重新洗牌",教师身份由"学校人"变为"系统人",打破了用人上的"终身制",逐步建立了符合教育特点的用人新机制,促进教师合理流动,盘活现有师资资源,使教师队伍结构、年龄结构得到优化,师资配置日趋均衡,有效解决学校教师"缺超编"历史难题。

"校聘"就是解决学校需求的问题,实现学校自主聘用管理教师。N市相继出台了《N市教师工作量标准指导意见（试行）》,根据工作量标准在核定的编制数内遵循"按需设岗、竞聘上岗、按岗聘用、合同管理"的原则,制定了《N市中小学校公办教师聘任工作实施方案》,科学设定"校内直聘、校内竞聘、跨校竞聘、组织调剂"等流动程序,有效保障了中小学教师"县管校聘"管理改革工作的顺利推进。

三、进一步激发了教师队伍活力

改革之前,学校对教师的管理缺乏有力抓手,教师职业倦怠感较为明显,从教动力不足,滋长了"安于现状、不思进取"的惰性,个别教师甚至存在"干好干坏一个样、干多干少一个样"的思想,特别是一些教师评上了高级职称,就认为自己的人生目标已经到达顶峰,工作热情减退,不愿承担班主任工作,不愿承担满工作量,教学水平难有大的突破,有些甚至停滞不前。

为深化中小学教师"县管校聘"管理改革,有效消减教师职业倦怠,全面激发干事创业热情,N市健全了教师队伍管理机制,出台了《N市教师工作量标准指导意见(试行)》,明确教师工作量,由"一岗一责"转为"双岗双责",实现人人有事做,个个有责任,事事有人管,真正实现教师"教书育人";同时,为营造一个"敢为、勤为、善为、有为"的发展环境,完善激励机制,制定了《N市中小学(幼儿园)教师"教书育人"双岗双责绩效考核办法》,把教师"教书育人"岗位绩效考核结果作为发放奖励性绩效工资的主要依据,同时也作为岗位聘用、职务晋升、续聘解聘、年度考核、评优评先等的重要依据。通过完善系列制度,全面激发了教师队伍活力,教师队伍中倦怠、松弛的神经立即绷紧了,人人争岗位,争当班主任。教师队伍精神面貌有了极大的转变,教师在工作热情中有了更多的获得感和价值体现。

第十三章　S市L市中小学教师"县管校聘"管理改革实践研究

L市中小学教师"县管校聘"管理改革是S市中小学教师"县管校聘"管理改革的重要组成部分。本章主要对L市中小学教师"县管校聘"管理改革的实施及其效果进行分析。

第一节　中小学教师"县管校聘"管理改革的实施

一、中小学教师"县管校聘"管理改革顶层制度设计

L市市委、市政府对中小学教师"县管校聘"管理改革工作高度重视，为贯彻落实S市市教育局《关于推进中小学教师"县管校聘"管理改革的指导意见》精神，L市将中小学教师"县管校聘"管理改革列入政府的重点工作，积极推进工作进展。在破解教师结构性缺编，均衡配置城乡、校际、学科之间教师资源，扩大学校办学自主权，调动教师工作积极性，促进教育均衡优质发展等方面开展了"破冰式"改革，较好地完成了市教育局交给的"先行先试"改革任务，为L市办好"公平而有质量"的教育奠定了坚实基础。

根据S市《关于推进中小学教师"县管校聘"管理改革的指导意见》，L市市委、市政府和L市市教育局先后制定并颁布了《关于印发〈L市推进中小学教师"县管校聘"管理改革工作意见（试行）〉的通知》《关于印发〈L市中小学教师"县管校聘"工作实施办法（试行）〉通知》等文件，确定了全市中小学教师"县管校聘"管理改革工作指导思想、基本原则和工作要求，明确了组织领导以及改革的具体内容、办法和工作步骤。

相关部门在协调推进中小学教师"县管校聘"过程中，先后制定了一系列配套文件，L市市编办下发《关于L市基础教育学校公办教师中小学教师"县管校聘"管理改革编制管理的实施意见》，L市市人社局下发《关于中小学教师"县管校聘"管理改革中岗位设置管理和人员流动的实施意见》、L市市教育局下发《关于印发〈L市教育局中小学教师"县管校聘"管理改革应急预案〉的通知》等。

二、中小学教师"县管校聘"管理改革的实施方案

(一)创新思维模式,局管"总",校聘"人"

在L市市委、市政府的领导下,全市统一思想,提高认识、深入调研,集思广益,反复讨论,积极推进工作。相关部门"摸着石头过河",创新思维模式,确定了局管"总"-校聘"人"的基本改革思路。L市市教育局充分利用行政会、干部职工大会和校长会等会议以及"好教师"大讨论活动这一契机,大力宣传教师中小学教师"县管校聘"管理改革精神;各中小学校通过教师大会、党员大会等形式及时将中小学教师"县管校聘"管理改革精神传达给每位教职员。

1.局管"总"

为进一步完善中小学教职员定编定岗机制,L市按照"总量控制、统筹城乡、结构调整、有增有减"的原则,由市编办、市人社局等部门会同市教育局核定教师编制、岗位,市教育局在核定的总量内对教师队伍进行动态调整,建立起了"适时调整、能进能出"的管理机制。这一做法破解了教师结构性缺编难题,均衡配置城乡、校际、学科之间教师资源,促进了教育公平和均衡优质发展。

2.校聘"人"

市教育局对每所学校的基本情况、学生人数、师资结构及教辅人员情况进行全面摸排,核定学校教师岗位数,确保学校在现有编制基础上能够有一定数量的机动岗位,保证学校教学工作正常开展。各学校依据市政府、市教育局的文件精神和核定的岗位数量,按照本校实际情况,核定相应的工作岗位及岗位职责、工作量,制定本校中小学教师"县管校聘"实施办法。学校岗位设置方案和竞聘办法经教代会或教职工大会表决通过后,在全校公示,教师根据学校岗位设置情况,自愿向学校提交竞聘申请,学校根据竞聘方案,分层聘任、双向选择,让每一名教师都发挥个人优势和强项,竞聘自己"心仪"的岗位。

通过建立完善能上能下、能进能出的竞争性用人机制,扩大学校办学和用人自主权,由以往的学校安排转变为教师和学校自主双向选择,给学校和教师都压实了工作责任。

（二）完善激励机制，切实优化农村学校育人环境

根据实际情况，L市通过"激励＋约束"，不断完善中小学教师均衡配置机制，以解决城区学校尤其是名校犹如一块块"磁铁"吸引着优秀教师或骨干教师，而农村学校、薄弱学校往往"派不进"也"留不住"好教师等现实问题。

根据实际情况，L市制定了校长、教师交流轮岗实施方案并组织实施。通过多种交流轮岗形式，逐步实现学校之间专任教师本科及以上学历比例、中高级教师职称比例和骨干教师比例大体相当，实现区域内教师资源的均衡配置。采取切实有效措施，加强对交流轮岗校长、教师的管理和服务，为交流校长、教师的生活和工作提供便利，积极引导优秀校长、教师向农村学校、薄弱学校有序流动，缩小城乡、校际教师队伍水平差距。校长、教师交流制度为全市中小学教师"县管校聘"顺利实施奠定了基础。

1. 分类激励，为边远山区教师工作"添动力"

针对不同学校在规模、交通状况等方面存在的较大差异，充分运用广东省山区和农村边远地区学校教师生活补助政策，将L市农村山区教师生活补助标准分为七类，实行分类激励，及时调整和完善《L市农村地区中小学校教师生活补助实施方案》，想方设法调动教师扎根边远学校工作的积极性。

2. 职称岗位倾斜，为农村教师职称晋升"畅通道"

L市在审定中小学教师中高级职称设岗的基础上，向农村中小学中高级教师职称设岗比例适当倾斜，同时，把教师在农村和薄弱学校任教一年以上的经验作为竞聘中高级职称的必要条件。

3. 优先聘用，为支教交流人员竞聘"开绿灯"

到农村支教交流人员，尤其是支教交流服务期满的优秀骨干教师可回原单位优先聘用。

4. 建设教师周转房，积极改善农村教师生活条件

通过新建、改建的方式，在农村学校逐步规划建设一批教师周转房，安装必要的基础设施设备。L市共建设完成教师周转宿舍83套，投入资金460多万元。

5. 落实补助政策，实施乡村教师计划

认真实施"乡村教师支持计划"，全面落实山区和农村边远地区教师生

活补助政策,在业务培训、职称评聘、表彰奖励等方面向乡村教师倾斜。2018年,L市着力加强乡村教师队伍建设,重点向山区学校倾斜;扩大"三支一扶"教师和支教教师支持规模;推动农村边远地区教师生活补助标准的提高;实施乡村优秀青年教师培养计划,进一步提高素质能力;实施好教师培训计划,推进教师信息技术应用能力提升培训。通过以上举措,优化了农村学校育人环境,大部分乡村教师能安心投入农村教育,愿做农村文化的传播者。

(三)激活用人机制,释放教育改革新动能

中小学教师"县管校聘"管理改革的实施,打破了教师的"铁饭碗",改变了一些教师"混日子"的想法,解决了学校的用人瓶颈,激活了教师的工作动力。

1.双向选择,校内竞聘

学校设置岗位,制定方案,选择学校需要的教师;教师校内竞聘,选择自己能干得好的岗位,双向选择,激发活力。

2.多元选择,跨校竞聘

竞聘人数不够的学校,在L市超编学校选聘,超编学校的教师参加跨校竞聘,实现多元选择。L市教师校内竞聘聘任3948人,跨校竞聘聘任138人,组织调剂聘任50人。

通过双向选择,校内竞聘和多元选择,跨校竞聘的方式,一是较好地实现了城乡、校际、学科之间的均衡,解决了超编学校的教师课时量少,缺编学校教师不够的困局;二是增强了学校用人自主权,有利于学校通过岗位职责管理人,改变了过去"干好干差一个样"的局面,对学校的发展起到积极的作用;三是形成了竞争机制,调动了教师工作积极性,进一步激发了中小学教师队伍的活力。在这次改革中,师德高尚、爱岗敬业、教学水平高、教学能力强的优秀教师成为竞聘的"香饽饽",树立了良好的用人导向,对一些慵懒、散漫、不思进取的教师起到了警示和促进作用。

(四)积极稳妥推进,确保管理改革顺利实施

L市中小学教师"县管校聘"管理改革各项工作稳步实施,广大教师思想与情绪比较稳定,工作热情较高,学校教育教学顺利开展,圆满完成预定改

革目标。

1. 统一思想，提高认识，营造良好改革氛围

L市市委、市政府对中小学教师"县管校聘"管理改革工作高度重视，积极推进工作。教育局充分利用行政会、干部职工大会和校长会等会议以及"好教师"大讨论活动这一契机，大力宣传中小学教师"县管校聘"管理改革精神；各中小学校通过教师大会、党员大会等形式及时将中小学教师"县管校聘"管理改革精神传达给每位教职员。

2. 集思广益，深入调研，奠定改革坚实基础

分管教育工作的副市长多次深入学校召开校长、教师座谈会，广泛宣传改革的目的和意义，听取不同学校、不同年龄段教师的意见和建议。多次深入学校了解改革最新动态，并到教育局召开局班子与各股室负责人参与的调研工作会议，分析可能遇到的问题与困难。带领市编办、市人社局和市教育局等相关部门的人员赴东莞大朗、顺德等地区调研学习，为改革制度的制定奠定了坚实的基础。

3. 开展试点，先行探索，开创改革良好局面

L市以L市第四中学为试点，积极稳妥地探索中小学教师"县管校聘"管理改革工作。《L市四中中小学教师"县管校聘"工作实施方案》是L市的第一个改革方案，该校试行的校内教师聘任工作，取得良好的效果，为L市改革开了好局，起到了总结经验、以点带面的作用。

4. 坚持原则，规范操作，制度面前人人平等

在中小学教师"县管校聘"管理改革中，L市明确要求缺编学校教师不得参加跨校聘任，坚持教育局党组会议集体研究，做到了一把尺子量到底，规范操作，不搞特殊化。

5. 以人为本，立足关怀，关照老孕病残教师

在中小学教师"县管校聘"管理改革中，L市做到了适当照顾"老、孕、病、残"教师，对未能竞聘上岗的，由组织安排进行调剂。

以上举措，取得了较好的成效。

（1）广大教职工对中小学教师"县管校聘"管理改革的意义和重要性有了深刻的认识，不少教师由最初的不理解转为支持和积极参与改革，为改革建言献策，为L市改革的顺利推进奠定了群众基础。

（2）"阳光下的竞聘"让广大教师拿出工作业绩参与竞争，竞聘得分公开

公示。

(3)退出机制的实施击中了"倦怠者"的要害,对积极工作的教师是极大的鼓励,对工作马虎、无工作热情的教师是极大的警示。改革中的公平、公正、公开减少了竞聘中矛盾的发生,消除了教师对文件的误解,确保了改革顺利实施。

第二节 中小学教师"县管校聘"管理改革的实施效果

自开展中小学教师"县管校聘"管理改革工作以来,L市在促进校长、教师合理流动、优化教师资源配置,促进教育公平,均衡优质发展等方面取得的实际效果的要点如下。

一、实现教师资源的均衡配置

(1)中小学教师"县管校聘"管理改革前后教师学科背景对口率城乡学校对比变化情况(图13-1、图13-2):中小学教师"县管校聘"管理改革后城乡中小学校教师学科背景对口率均有所增加,其中城区小学教师学科背景对口率从95.50%上升到98.40%,乡镇小学教师学科背景对口率从95.20%上升到98.40%;城区初中教师学科背景对口率从96.90%上升到97.80%,乡镇初中教师学科背景对口率从98.40%上升到98.70%。城乡比较,小学学段城乡水平相当,初中学段乡镇学校高于城区学校。

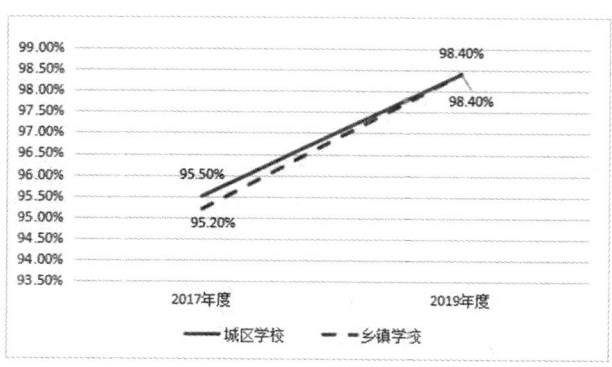

图13-1 2017年与2019年小学学段城乡教师学科背景对口率对比

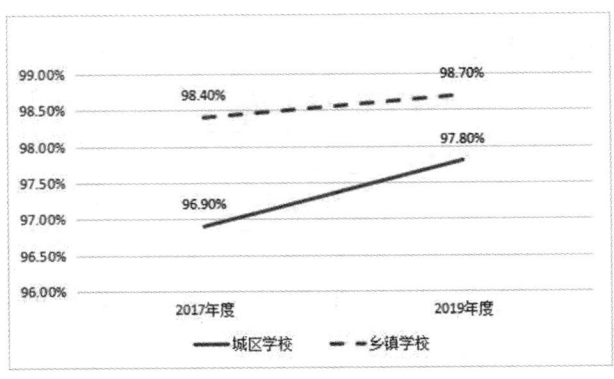

图 13-2　2017 年与 2019 年初中学段城乡教师学科背景对口率对比

（2）中小学教师"县管校聘"管理改革前后生师比城乡学校对比变化情况（图 13-3、图 13-4）：中小学教师"县管校聘"管理改革后，乡镇小学生师比从 22.3 下降为 18.2，但城区小学生师比从 20.7 上升至 23.9，部分学校生师比仍需进一步改善。总体来看，乡镇学校师资配备相对充足。

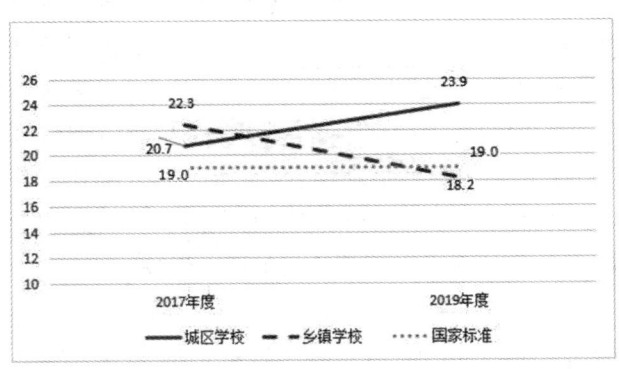

图 13-3　2017 年与 2019 年小学学段城乡生师比对比

（3）中小学教师"县管校聘"管理改革前后县级以上骨干教师占比城乡学校对比变化情况（图 13-5、图 13-6）：中小学教师"县管校聘"管理改革后乡镇小学、城乡初中的骨干教师占比有所上升，其中乡镇初中升幅相对较大，2019 年比 2017 年上升了 4.27 个百分点。但是，乡镇学校骨干教师占比与同学段城区学校仍有较大差距。

（4）中小学教师"县管校聘"管理改革前后学科带头人占比城乡学校对比变化情况（图 13-7、图 13-8）：中小学教师"县管校聘"管理改革后城乡学校

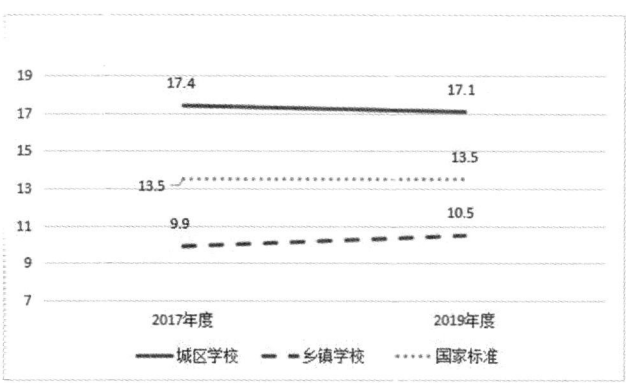

图 13-4 2017 年与 2019 年初中学段城乡生师比对比

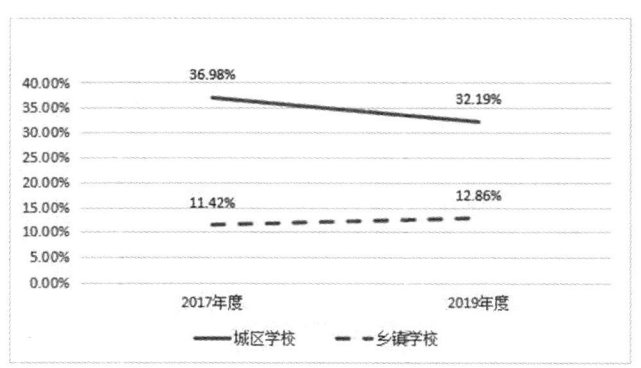

图 13-5 2017 年与 2019 年小学学段城乡县级以上骨干教师占教师总数比例对比

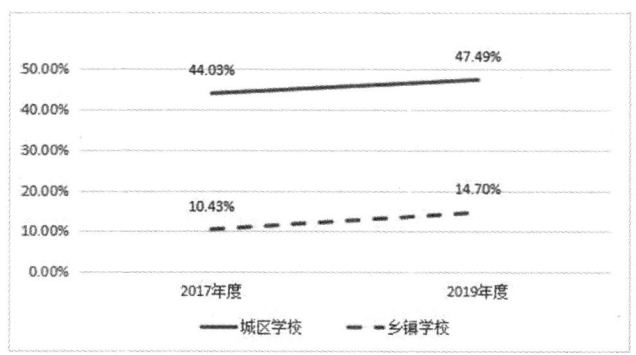

图 13-6 2017 年与 2019 年初中学段城乡县级以上骨干教师占教师总数比例对比

学科带头人数量基本稳定,而学科带头人占比,初中学段上升,其中乡镇初中由 4.27％上升至 6.59％,升幅相对较大。城乡比较,乡镇学校的学科带头人占比仍低于城区学校。

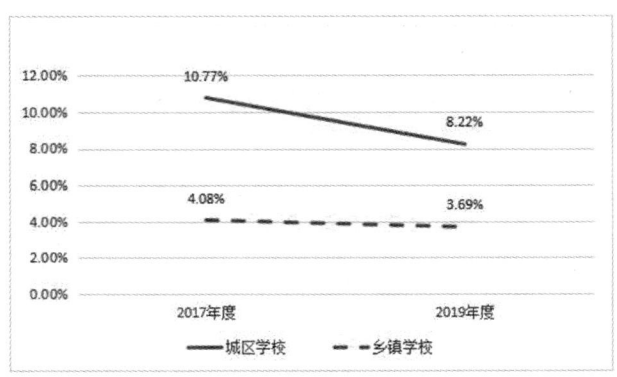

图 13-7　2017 年与 2019 年小学学段城乡学科带头人占教师总数百分比对比

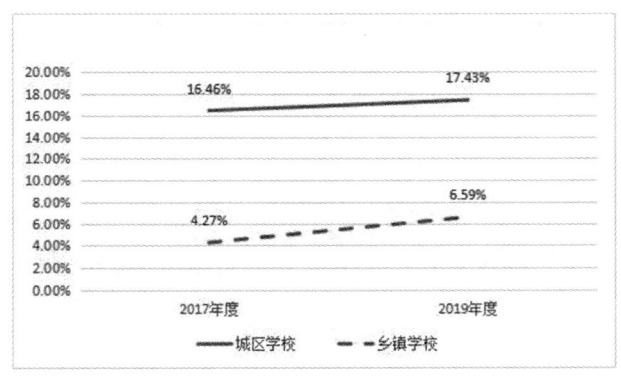

图 13-8　2017 年与 2019 年初中学段城乡学科带头人占教师总数百分比对比

(5)中小学教师"县管校聘"管理改革前后专任教师本科及以上学历比例城乡学校对比变化情况(图 13-9、图 13-10):中小学教师"县管校聘"管理改革后城乡学校小学教师本科及以上学历教师数增长显著,其中城区小学从 2017 年的 187 人增至 2019 年的 344 人,乡镇小学从 2017 年的 542 人增至 2019 年的 681 人。本科及以上学历教师占比,各区域和学段均有所提升,升幅较大的是城区小学和乡镇中学,其中乡镇中学由 71.10％上升到 98.35％,升幅最大。

(6)中小学教师"县管校聘"管理改革前后城乡学校教师总数对比变化

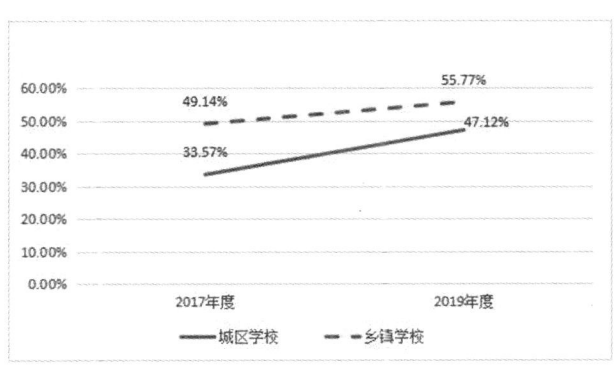

图 13-9 2017 年与 2019 年小学学段城乡教师本科及以上学历占教师总数比例对比

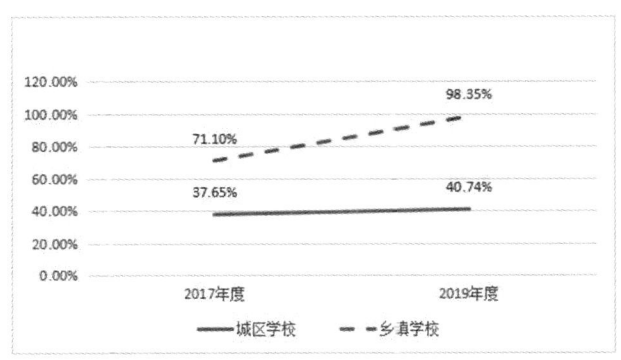

图 13-10 2017 年与 2019 年初中学段城乡教师本科及以上学历占教师总数比例对比

情况:中小学教师"县管校聘"管理改革后,城乡小学教师总数均有所增加。其中城区小学教师总数从 2017 年的 557 人增至 2019 年的 730 人,乡镇小学教师总数从 2017 年的 1103 人增至 2019 年的 1221 人,但城乡初中教师总数均有所下降。

(7)中小学教师"县管校聘"管理改革前后城乡学校中高级职称教师占教师总数比例对比变化情况(图 13-11~图 13-14):中小学教师"县管校聘"管理改革后,城乡高级职称教师总数均有所增加,但高级职称教师占比,城区小学有所下降,其他区域和学段均有所增加。中级职称占比,乡镇小学有所下降,其他区域和学段有所提高,其中乡镇中学升幅最大,由 46.14% 上升到 69.96%。

(8)中小学教师"县管校聘"管理改革前后城乡教师平均工资收入对比

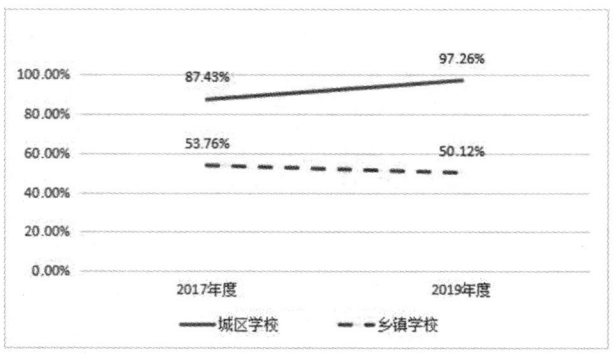

图 13-11　2017 年与 2019 年小学学段城乡中级职称教师占教师总数比例对比

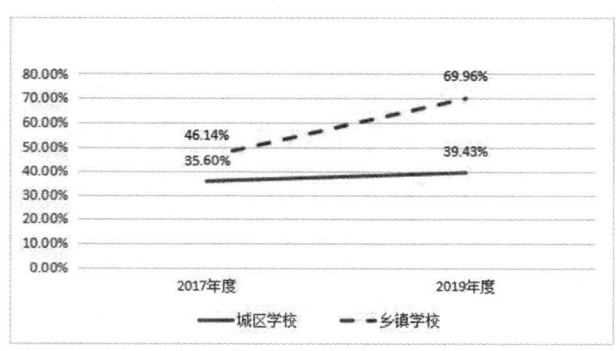

图 13-12　2017 年与 2019 年初中学段城乡中级职称教师占教师总数比例对比

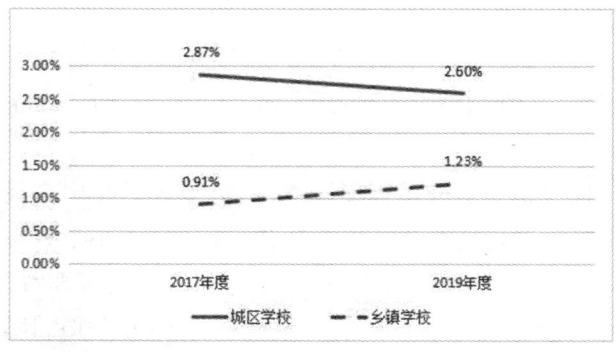

图 13-13　2017 年与 2019 年小学学段城乡高级职称教师占教师总数比例对比

变化情况(图 13-15、图 13-16):中小学教师"县管校聘"管理改革后中小学教师平均工资收入有所提高,乡镇小学、初中的教师平均工资收入由 7.79 万元

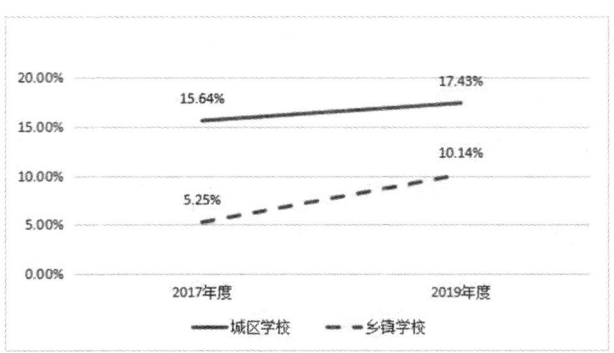

图 13-14 2017 年与 2019 年初中学段城乡高级职称教师占教师总数比例对比

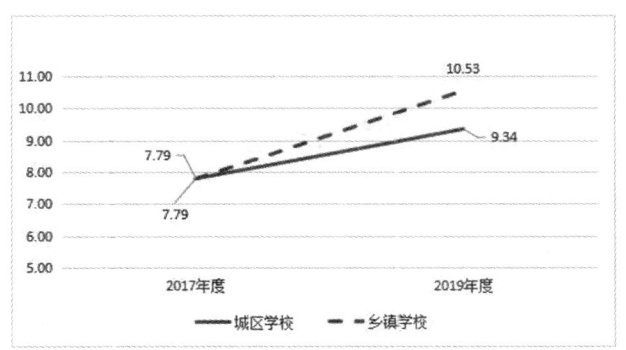

图 13-15 2017 年与 2019 年城乡小学教师平均工资税前收入（万元）对比

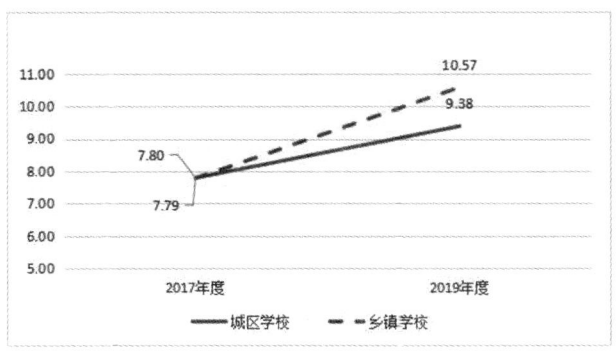

图 13-16 2017 年与 2019 年城乡初中教师平均工资税前收入（万元）对比

增至 10.53 万元、10.57 万元，增幅高于城区学校。乡镇学校教师平均工资收入明显高于城区学校。

二、促进全市基础教育均衡优质发展

L市通过"激励＋约束"的改革举措,解决了农村学校和薄弱学校派不进也留不住好教师等现实问题。根据实际,L市制定了校长、教师交流轮岗实施方案并组织实施,逐步实现学校之间专任教师本科及以上学历比例、中高级教师职称比例和骨干教师比例大体相当,通过积极引导优秀校长、教师向农村学校和薄弱学校有序流动,缩小城乡、校际教师队伍水平差距,促进全市基础教育均衡优质发展。

第十四章　S市Z区中小学教师"县管校聘"管理改革实践研究

Z区中小学教师"县管校聘"管理改革是S市中小学教师"县管校聘"管理改革的重要组成部分。本章主要对Z区中小学教师"县管校聘"管理改革的实施及其效果进行分析。

第一节 中小学教师"县管校聘"管理改革的实施

一、中小学教师"县管校聘"管理改革概况

Z区是S市教育系统去行政化、中小学教师"县管校聘"和中小学校长职级制改革试点县区之一,该区扎实推进中小学教师"县管校聘"管理改革工作,于2019年7月全面完成了中小学教师"县管校聘"管理改革工作,取得了初步成效。

自《关于推进中小学教师"县管校聘"管理改革的指导意见》发布以来,在S市市委、市政府的高度重视以及市教育局的精心指导下,Z区区委书记多次组织发改、编制、人社、财政等部门到教育系统调研教育改革工作,并将校长去行政化改革、中小学教师"县管校聘"工作列入常委会议重要议题。Z区政府及相关部门在协调推进中小学教师"县管校聘"管理改革工作的整个过程中,先后制定多个文件。在改革推进过程中,该区的组织、编制、人社、教育、财政等部门通力合作、齐抓共管,形成了"党委指导、政府总揽、部门配合、学校参与"的工作格局。

二、中小学教师"县管校聘"管理改革的实施方案

(一)完善教师编制管理

(1)Z区区委编委会制定了相关文件,编制部门实行总量控制,教育部门实行动态调整,并于2019年7月全面实施,印发了《关于调整Z区中小学教职员编制的通知》,全面核定中心小学教职员总编制,实现了教师由"学校人"到"系统人"的转变。实行编制动态管理后,区域内学校之间的教职员调整,不再实行人员列编审批及减员报告制,由教育行政部门在学校核定编制内自行办理手续。

（2）Z区县域内中小学教职员编制总额根据教职员增减变化情况每年核定一次，确保教师编制能及时查漏补缺，为下一年招聘选聘教师提供依据，尽量把编制用好用到位。但由于教师结构性缺编的情况和办学规模不断扩大，现编制尚不能满足现实需求。

（3）Z区现有临聘教师169人，统一购买服务，由ZF人力资源公司负责，每年签订一次劳动合同协议，临聘教师待遇每年36000元，加5000元班主任补贴，统一购买五险一金。由第三方负责临聘教师的管理，减轻了学校的人员管理压力，同时也相对增加了学校的经费支出。

（4）Z区对教师队伍中长期存在的因疾病、生育等无法正常承担教学任务的教师，主要采取的措施有：聘请临聘教师顶岗、返聘退休教师、同科教师调课互助、下发一定的课时补助等，确保学校教学秩序平稳有序。

（二）完善教师岗位设置

（1）Z区人社部门核定县域内中小学专业技术高、中、初级岗位总量，实行总量控制，由教育行政部门负责岗位具体分配及动态调整、实行备案制，主要是针对各学校学科教师配置情况，采取跨校竞聘的方式动态调整岗位，教师与学校双方签订协议，明确责任和义务。

（2）Z区在调整分配学校专业技术岗位时向农村、偏远地区学校和薄弱学校倾斜，每年新招聘的教师均优先分配到偏远地区学校和薄弱学校，原则上5年不调动工作岗位。在政策上倾斜，主要体现在评优评先、职称申报、乡村补贴等方面向此类地区学校倾斜。

（3）作为教育管理部门，在与人社部门协同做好岗位设置工作方面，人社部门负责岗位设置，教育部门统筹安排，各负其责，即能紧密配合，工作上又互不干预。

（三）完善公开招聘制度

（1）在教师招聘工作中，主要由教育部门牵头组织实施，人社部门负责协助和监督。

（2）在创新多渠道教师招聘方式和建立优秀人才到校任教"绿色通道"上，Z区主要招聘教师做到有编及时补充，不留空编空岗，招聘的方式有向全社会公开招聘、从在职在编教师中选聘、启动"丹霞英才"招聘计划，从重点

201

高校招聘高学历人才充实到教师队伍,不断提高教师高学历率。

（四）完善岗位聘用管理

（1）中小学教师"县管校聘"管理改革实施后,在落实学校用人自主权方面,Z区就率先出台了《教师中小学教师"县管校聘"管理改革工作的实施方案》,印发了《关于调整Z区中小学教职员编制的通知》,全面核定中心小学教职员总编制,实现了教师由"学校人"到"系统人"转变。

（2）在建立学校、教师、学生、家长和社会多方参与的教师考核评价机制方面,做到公开透明,主动接受各方监督。

（3）在建立完善能上能下、能进能出的竞争性用人机制,激发中小学教师队伍的活力方面,Z区先后出台了"县管校聘"工作实施细则、"县管校聘"2019年度实施方案、学校竞聘教师考核方案等一系列文件,为学校的教师竞聘工作提供了细致全面的指导意见。全区各校均成立领导小组、工作推进小组和争议协调小组,通过召开动员大会,宣传解释中小学教师"县管校聘"的有关政策。通过召开教代会,审议公布本校的岗位竞聘方案。经过"校内竞聘——跨校竞聘——组织调剂——签订聘用协议"等程序,平稳完成了"校聘"工作。2019年7月,全区39所中小学、幼儿园全部顺利完成中小学教师"县管校聘"教师竞聘工作,合计参加竞聘上岗教师数为2118人,全部获聘,其中跨校聘任61人（其中校级领导15人,教师46人）,交流31人,无落聘人员。

（五）完善教师配置机制

（1）在引导优秀校长、教师向农村学校、薄弱学校有序流动方面,Z区采取竞聘上岗,构建校长队伍良性竞争机制,现任校长凡民主测评优秀合格率达到80%的,教育行政部门可以直接聘任;不合格率超过20%的,一律"下岗"。空出来的校长职位,按照"自愿报名、资格审查、竞聘演讲、差额选举、民主测评"的程序竞聘产生,做到公开透明。校长、教师通过交流、支教等方式向农村学校、薄弱学校倾斜,新招聘教师5年内原则上不调动岗位。

（2）在加强轮岗校长、教师的管理和服务方面,Z区加强校长动态管理,要求校长在同一所学校任职满两个任期的,必须交流任职;鼓励城区校长到农村学校和薄弱学校干事创业,并在职级待遇上给予倾斜照顾。

（3）Z区已落实县域内中小学教师平均工资水平不低于当地公务员平均工资水平，农村教师平均工资水平不低于城镇教师平均工资水平。

（4）Z区统筹调配临聘教师，由第三方人力资源服务公司负责，所需人员经费由学校义务教育经费支出，这样无形中增加了学校的经费支出。

（六）完善教师退出机制

（1）教师资格定期注册工作按照上级教育主管部门要求，定为五年一轮，定期开展注册认定工作。

（2）Z区为提高教师师德师风教育，制定考核评定要求，实施了师德考核"一票否决制"。

（3）对年度考核不合格教师，取消当年其他评优评先资格，有针对性地开展诫勉谈话，同时定时定点组织开展培训再学习工作。

近几年来，Z区不断加强教师师德师风教育工作，教师师德师风水平稳步提高，没有发生相关师德败坏、违规违纪等问题，教师形象得到了家长和社会的高度认可。

（七）完善权益保障机制

（1）在中小学教师"县管校聘"管理改革政策实施配套的人事争议仲裁制度方面，Z区将2018年确定为教育改革年，在全市率先出台了《全区基础教育学校公办教师中小学教师"县管校聘"管理改革工作的实施方案》，从部门职责、实施步骤、保障措施等关键要素入手，统筹兼顾、分阶段实施，有序推进"校长去行政化"和中小学教师"县管校聘"管理改革工作。

（2）教育部门、人社部门、中小学校根据《全区基础教育学校公办教师中小学教师"县管校聘"管理改革工作的实施方案》实施细则，不断建立健全人事争议预防和协调解决机制。

中小学教师"县管校聘"管理改革政策实施以来，评聘工作进展顺利，没有发生人事争议仲裁相关事宜。

（八）强化政策宣传督导

Z区在改革过程中，扎实认真做好政策宣传、检查督导和风险防控工作。在教师层面，Z区在2017年11月，召开了并区以来的首届全区教师大会，全区 2000 多名教师共同参加会议,以"弘扬师道,立德树人"为主题,组织广大教师深入学习了全市教育综合改革会议精神,动员部署了 Z 区的中小学教师"县管校聘"管理改革工作,收到了良好的效果。在校长层面,区教育局多次召开校长座谈会,与科级学校校长探讨交流去行政化和职级制改革工作。在区委、区政府的重视下,全区上下进一步统一了思想、提高了认识,为推进教育改革工作营造了良好的舆论基础。

第二节 中小学教师"县管校聘"管理改革的实施效果

自开展中小学教师"县管校聘"管理改革工作以来,在促进校长、教师合理流动、优化教师资源配置,促进教育公平,促进教育均衡优质发展等方面取得了实际效果。

一、推进了教师均衡配置

根据 2017 年和 2019 年的数据,分析教师学科背景对口率、生师比、县级以上骨干教师占比、学科带头人占比、专任教师本科及以上学历比例、中高级教师职称比例等 8 项目标的总体变化情况,城区学校和乡镇学校对比变化情况如下。

(1)中小学教师"县管校聘"管理改革前后教师学科背景对口率城乡学校对比变化情况(图 14-1、图 14-2):中小学教师"县管校聘"管理改革后,城区小学的教师学科背景对口率由 96.60% 提高到 98.00%,乡镇小学由 93.70% 提高到 95.70%,初中城乡学校都是 100%。总体来看,教师学科背景对口率乡镇学校略低于城区学校。

(2)中小学教师"县管校聘"管理改革前后生师比城乡学校对比变化情况(图 14-3、图 14-4):中小学教师"县管校聘"管理改革后,城区小学生师比由 19.3 变为 19.4,城市初中由 10.9 变为 12.4,乡镇小学由 18.7 变为 18.9,乡镇初中由 9.7 变为 9.4。相比较,乡镇学校的师资配备相对充足。

(3)中小学教师"县管校聘"管理改革前后县级以上骨干教师占比城乡学校对比变化情况(图 14-5、图 14-6):中小学教师"县管校聘"管理改革后,城乡小学县级以上骨干教师占比有所提高,城区小学由 0.46% 提高

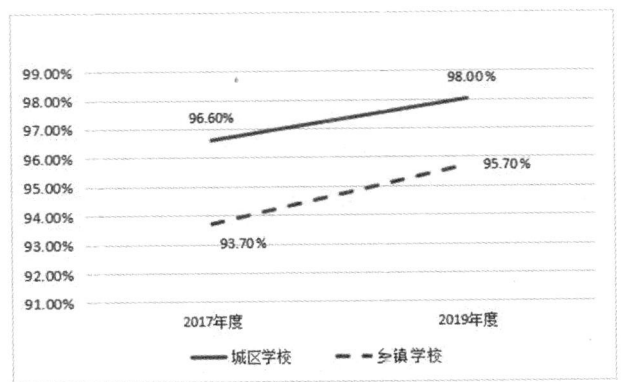

图 14-1　2017 年与 2019 年小学学段城乡教师学科背景对口率对比

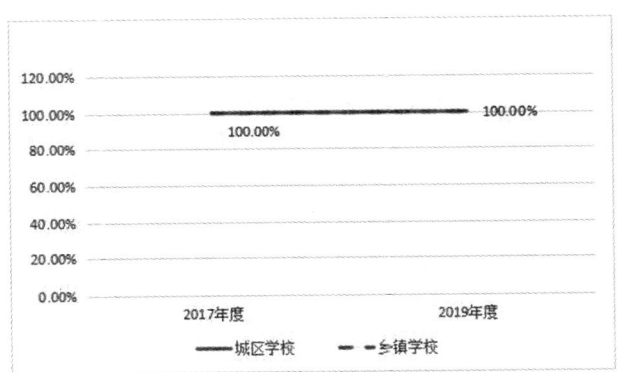

图 14-2　2017 年与 2019 年初中学段城乡教师学科背景对口率对比

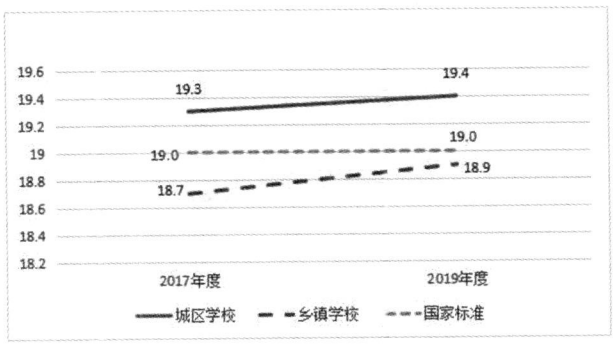

图 14-3　2017 年与 2019 年小学学段城乡生师比对比

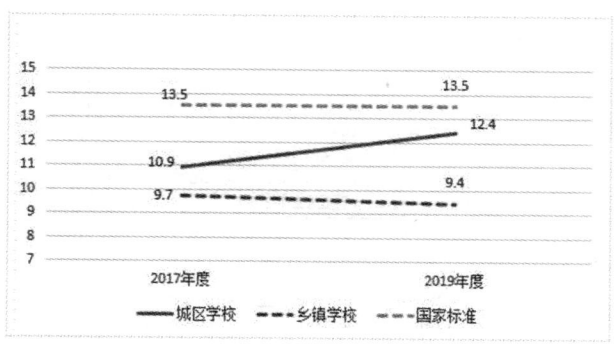

图 14-4　2017 年与 2019 年初中学段城乡生师比对比

到 1.04％,乡镇小学由 0.50％提高到 1.22％,城乡初中县级以上骨干教师数量基本稳定,占比有升有降,乡镇初中由 1.80％降为 1.61％。

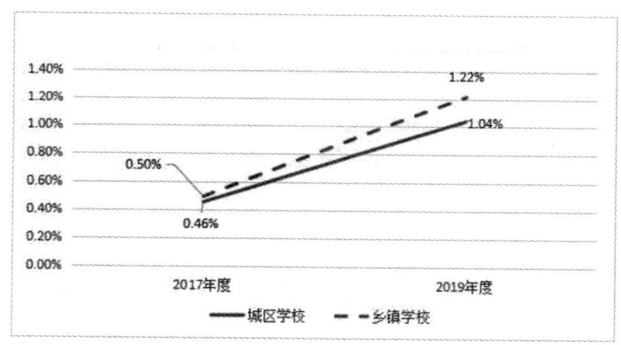

图 14-5　2017 年与 2019 年小学学段城乡县级以上骨干教师占教师总数比例对比

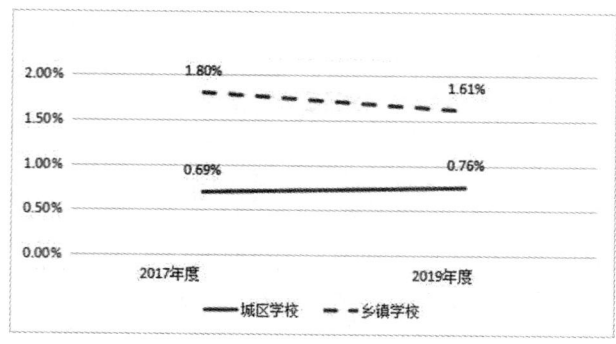

图 14-6　2017 年与 2019 年初中学段城乡县级以上骨干教师占教师总数比例对比

（4）中小学教师"县管校聘"管理改革前后学科带头人城乡学校对比变化情况（图14-7、图14-8）：中小学教师"县管校聘"管理改革后，乡镇学校学科带头人占比有所提高，其中乡镇小学由2017年的3.74%提高到2019年的4.88%，乡镇初中由1.80%提高到3.23%，与城区学校的差距缩小。

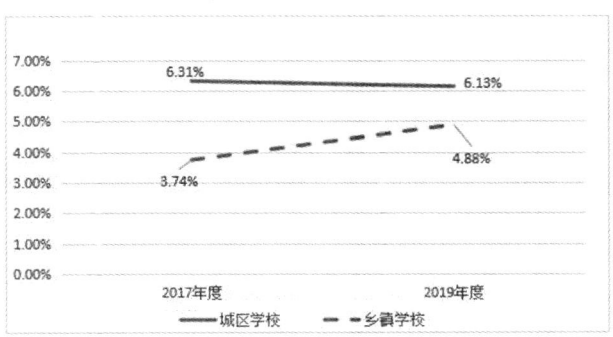

图14-7　2017年与2019年小学学段城乡学科带头人占教师总数百分比对比

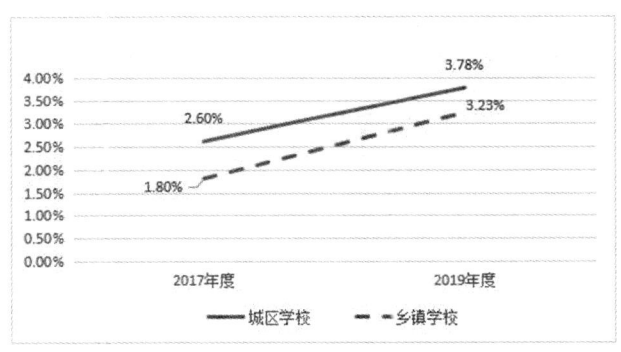

图14-8　2017年与2019年初中学段城乡学科带头人占教师总数百分比对比

（5）中小学教师"县管校聘"管理改革前后本科及以上学历教师城乡学校对比变化情况（图14-9、图14-10）：中小学教师"县管校聘"管理改革后，城乡小学、城区初中本科及以上学历教师占比有所提高，乡镇初中由50.45%降为49.19%，略有减少。城乡比较，乡镇学校仍有一定差距，尤其是初中学段，差距更为明显。

（6）中小学教师"县管校聘"管理改革前后中高级职称教师城乡学校对比变化情况（图14-11～图14-14）：中小学教师"县管校聘"管理改革后，城乡学校高级职称教师占比均有所提高，其中乡镇小学提高了1.18个百分点，乡

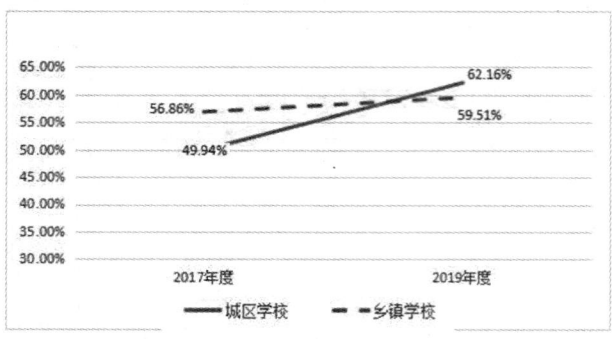

图 14-9　2017 年与 2019 年小学学段城乡教师本科及以上学历占教师总数比例对比

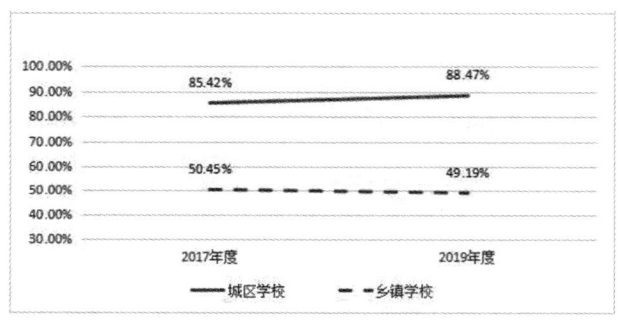

图 14-10　2017 年与 2019 年初中学段城乡教师本科及以上学历占教师总数比例对比

镇初中提高了 1.38 个百分点,但乡镇学校与城区学校仍有明显差距。中级职称方面,城乡学校中级职称教师占比变化趋异,小学学段、乡镇初中有所降低,城区初中有所提高。

(7)中小学教师"县管校聘"管理改革前后城乡教师平均工资收入对比变化情况(图 14-15、图 14-16):中小学教师"县管校聘"管理改革后,中小学教师工资收入基本持平。2017 年,城乡小学教师平均工资为 9.00 万元和 8.93 万元,城乡初中为 9.75 万元和 9.43 万元;2019 年,城乡小学教师平均工资为 10.59 万元和 11.00 万元,城乡初中为 11.97 和 11.99 万元。乡镇学校教师的平均工资收入高于城区学校教师的平均工资收入。

(8)中小学教师"县管校聘"管理改革前后教师流动率城乡学校对比情况:城市小学从 5% 到 12%。

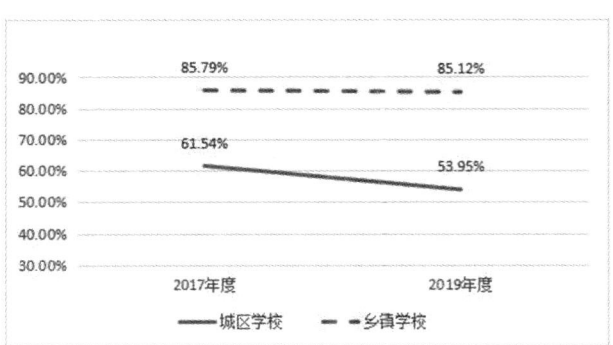

图 14-11　2017 年与 2019 年小学学段城乡中级职称教师占教师总数比例对比

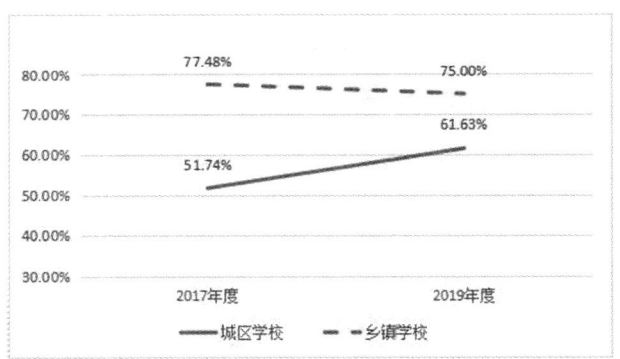

图 14-12　2017 年与 2019 年初中学段城乡中级职称教师占教师总数比例对比

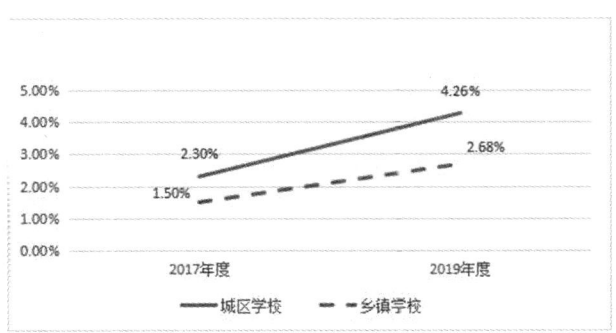

图 14-13　2017 年与 2019 年小学学段城乡高级职称教师占教师总数比例对比

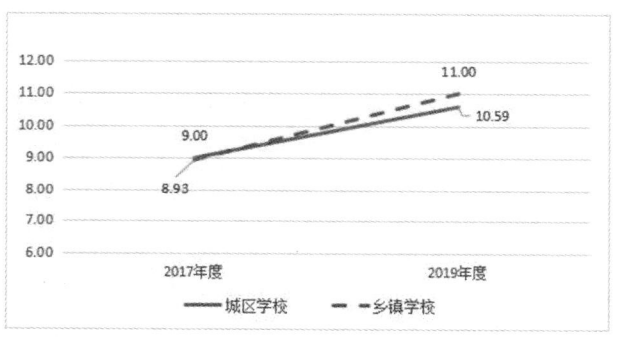

图 14-14 2017 年与 2019 年初中学段城乡高级职称教师占教师总数比例对比

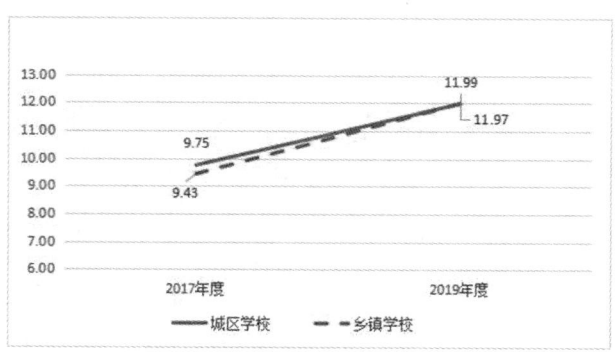

图 14-15 2017 年与 2019 年城乡小学教师平均工资税前收入（万元）对比

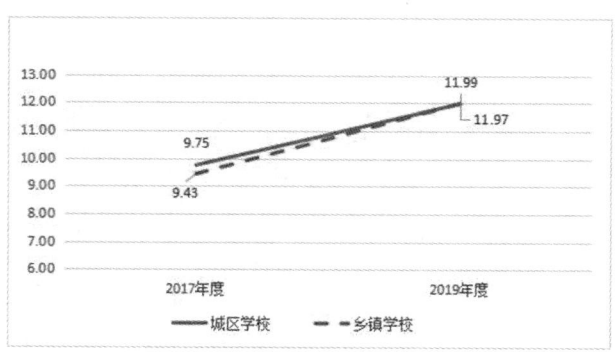

图 14-16 2017 年与 2019 年城乡初中教师平均工资税前收入（万元）对比

210

二、实现了体制机制创新

编制管理方面实现了教师由"学校人"变成"系统人";岗位管理方面实现了跨校竞聘;学校治理方面实现了勤者上,懒者下;行政管理方面取消了校长行政级别,所有中小学和幼儿园的校长取消了行政级别。

三、激发了教师队伍活力

突出校长、教师的主体地位;校长和教师可以自主选择学校;充分调动校长和教师的主观能动性;充分调动教师的工作积极性。当然,Z区中小学教师"县管校聘"管理改革在推进过程中,也碰到了困难,如常年患病教师聘任、学校领导班子和一层干部积极性调动、编制不足、临聘教师经费支持等,这些问题该如何解决仍需要探索。

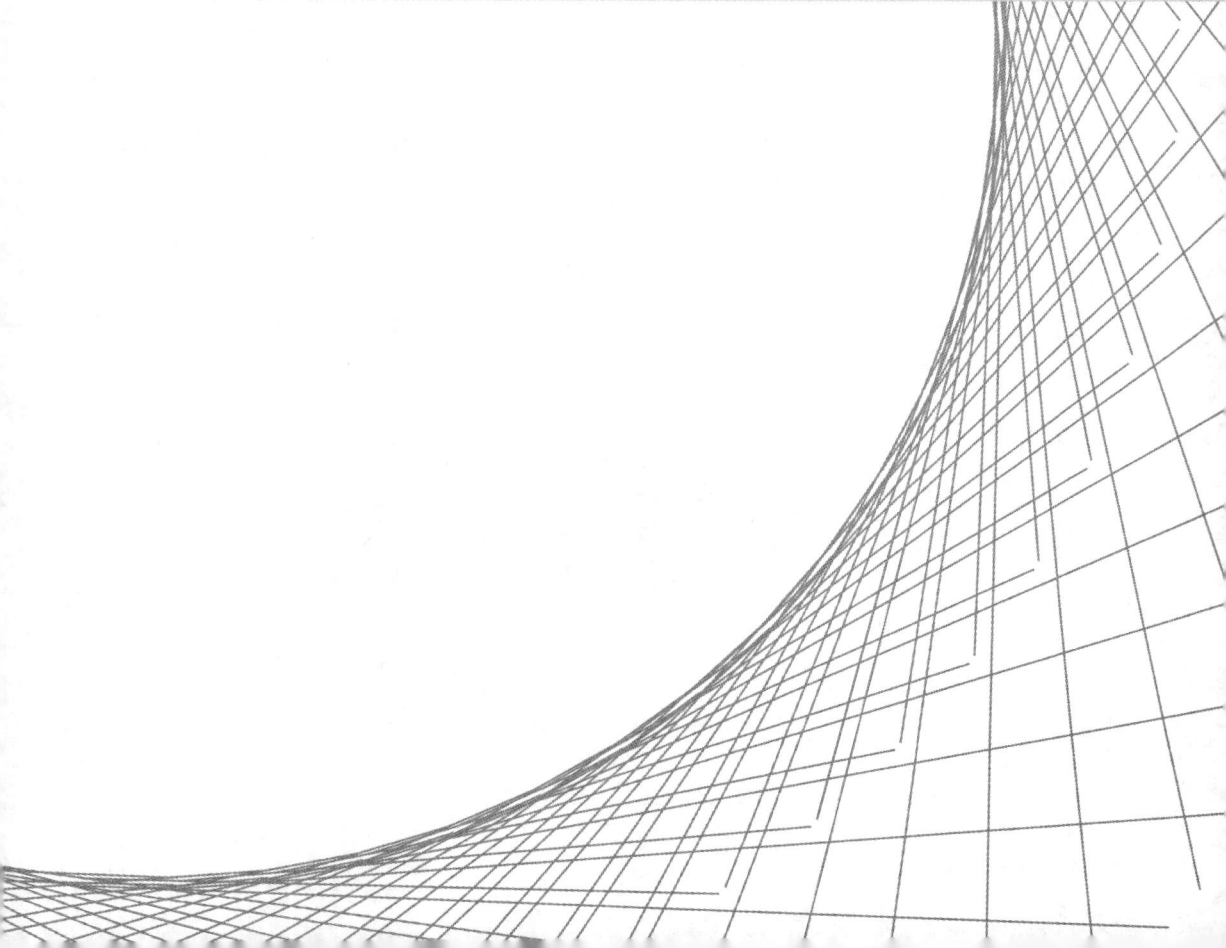

附　　录

附录 A　中小学教师"县管校聘"管理改革教育局干部访谈提纲

尊敬的教育局领导:您好! 本访谈主要是调查中小学教师"县管校聘"管理改革政策执行现状与问题,以便后续有针对性地完善政策。请根据您的实际情况进行回答,所有信息只用于学术研究,且使用时绝不泄露个人信息! 谢谢您的支持与配合!

1. 调研对象基本信息表。

序号	姓名	性别	出生年月	工龄	现任职务	备注
1						
2						
3						
4						

2. 请您回顾与描述贵县(市、区)制定中小学教师"县管校聘"管理改革政策的主要过程(时间、地点、人物与事件)。您认为在政策制定过程中面临的最大的困难是什么? (提示:政策目标模糊,时间约束,信息不足,缺乏经验等)

3. 对教育局而言,您认为中小学教师"县管校聘"管理改革政策的主要目标是什么? 不同目标的优先性排序是? (提示:政策执行风险,提高编制利用效率,改善学科结构,激发教师工作积极性,县域内师资均衡配置等)

4. 在实际执行中小学教师"县管校聘"管理改革政策过程中,人社、编制、财政各部门做了什么? 存在什么问题? (提示:教育部门的改革需求是否得到满足,编制核定标准与现实需求是否匹配,新教师招聘自主权,岗位设置自主权,临聘教师待遇,周转房建设等)

5.中小学教师"县管校聘"管理改革政策实施后,贵县(市、区)教师编制供求矛盾变化情况是什么?(提示:编制核定总量变化,空编利用情况,结构性缺编、在编不在岗情况改善)

6.在组织调剂教师分配学校时,教育局分配的依据/考虑是什么?请结合实际例子进行说明。(提示:师资均衡配置、防止教师流失、减少信访事件、学科结构改善、满足缺编学校需求等)

7.作为政策执行的一线人员,您在执行过程中碰到最棘手的事情是什么?

8.据您所知,上级政府以及贵单位采取了怎样的激励或监督措施来介入与保障中小学教师"县管校聘"管理改革政策顺利执行?(提示:问责、奖励、督导检查等机制)

9.您认为实施中小学教师"县管校聘"管理改革政策需要哪些方面的配套资源?本地区在哪些方面配套了相应资源,哪些方面还有所欠缺?(提示:编制供给、经费投入、周转房建设等)

10.贵县(市、区)是如何处理中小学教师"县管校聘"管理改革政策与校长、教师轮岗交流政策的关系?(包容、替代或并行),两种类型教师(人走关系动和人走关系不动)占比情况?

11.您觉得贵县(市、区)中小学教师"县管校聘"管理改革政策存在什么问题?您有什么建议?

12.贵县(市、区)中小学教师"县管校聘"改革推进中有哪些典型学校和典型案例?

13.贵县(市、区)人社部门在对岗位进行统筹后,对教师流动过程中出现的原聘岗位与待聘岗位不一致的问题是如何处理的?(提示:如教师被原学校聘为高级岗位,但现聘学校只有中级岗位,这种情况如何处理)

附录 B 中小学教师"县管校聘"管理改革
编办干部访谈提纲

尊敬的编办领导:您好! 本访谈主要是调查 S 市中小学教师"县管校聘"管理改革政策执行现状与问题,以便后续有针对性地完善中小学教师"县管校聘"管理改草政策。请根据您的实际情况进行回答,所有信息只用于学术研究,且使用时不会泄露个人信息! 谢谢您的支持与配合!

1.调研对象基本信息表。

序号	姓名	性别	出生年月	工龄	现任职务	备注
1						
2						
3						
4						
5						
6						
7						
8						

2.在中小学教师"县管校聘"管理改革政策执行过程中,您主要参与负责的工作或事情有哪些?

3.据您了解,本县(市、区)中小学教职员编制配备整体情况是什么?(提示:总量,空编,脱产进修、病假、产假、支教、借调等在编不在岗、结构性缺编);其中,教师、职员和教学辅助人员编制配备存在什么问题? 学校教职员编制数量是以什么标准核定的?

4.在实地调研发现,部分中小学在心理健康教师、紧缺学科教师等方面有编制需求,但一直没有配备相应的编制。请问您了解这种情况吗? 原因是什么?

5.据您了解,本县(市、区)中小学教职员编制核定过多少次?分别是什么年份,以什么标准核定的?如果要建立中小学教师编制核定的动态调整机制,您认为存在哪些方面的困难?

6.据您了解,本县(市、区)中小学教师编制管理存在什么问题?(空编:有编未补;在编不在岗;结构性缺编)各自的原因是什么?

7.您认为,按照中央编办"适当收回事业单位部分空编,优先满足中小学需求"的精神,本县(市、区)中小学教师编制总量存在多大的增长空间?存在什么问题与困难?

8.您如何看待建立市域范围内中小学教职员编制跨县(市、区)域调配机制?您认为这一机制构建与实施的困难或风险点是什么?

9.为了更好地推动S市中小学教师"县管校聘"管理改革政策实施,促进S市教育的均衡优质发展,从县(市、区)级编制部门的角度出发,您认为县(市、区)编办在哪些方面存在困难?需要什么帮助?

附录C 中小学教师"县管校聘"管理改革校长及中层干部访谈提纲

尊敬的校领导:您好!本访谈主要是调查中小学教师"县管校聘"管理改革政策执行现状与问题,了解校长在政策执行过程中的诉求,以便后续有针对性地完善政策。请根据您的实际情况进行回答,所有信息只用于学术研究,且使用时绝不泄露个人信息!谢谢您的支持与配合!

本访谈提纲共分为两种类型,请调研员根据以下两种类型选择相应的访谈提纲:①缺编学校校长及中层干部访谈提纲;②超编学校校长及中层干部访谈提纲。

1.调研对象基本信息表。

序号	姓名	性别	出生年月	工龄	所在单位	现任职务	学校类型
1							

续表

序号	姓名	性别	出生年月	工龄	所在单位	现任职务	学校类型
2							
3							
4							
5							
6							
7							
8							

2. 缺编学校校长访谈提纲。

（1）请您回顾与描述贵校中小学教师"县管校聘"管理改革政策实施方案制定的主要过程（时间、地点、人物与事件）。您认为在政策制定过程中遭遇的主要困难有什么？（提示：政策目标模糊，政策指导不足，政策经验欠缺，政策的可操作性低，激发教师抵制等）

（2）您认为，对贵校而言，实施中小学教师"县管校聘"管理改革政策的主要目标是什么？（提示：平衡执行政策；用人自主权，突破学校管理瓶颈；补充编制，改善学科结构，激发教师工作积极性；选拔优秀/薄弱教师参与交流）

（3）请您介绍下贵校开展教师聘任考核工作的整体流程。（提示：自愿申请—校内直聘—校内竞聘—跨校竞聘—组织调剂及各阶段教师的人数与占比；校内、跨校竞聘工作由谁考评，如何考评）

（4）中小学教师"县管校聘"管理改革政策可能涉及教师的人事变动，在政策实施过程中，您采取了什么措施或方法以尽可能保证政策顺利实施？（提示：前期自愿报名减少矛盾；中期规范过程：规范执行政策、全员签字、录像、校长不投票等；后期加强沟通，慰问落聘教师）

（5）请您介绍下贵校实施的量化评分细则的内容与权重，其权重设置的考虑是什么？从目前的实施情况看，评分细则对教师工作的激励/导向效果如何？（提示：流于形式；教师对标参考，发挥导向作用；校长管理教师的工具）

（6）请您结合学校实际情况说明中小学教师"县管校聘"管理改革政策实施效果如何？（提示：师资数量、结构与质量变化；开齐开足国家课程；学生发展变化等）

（7）贵校是否接纳了轮岗交流（包括跨校竞聘、组织调剂等）教师？如果有，请您评价这些教师在学校的工作内容与表现。（提示：服从管理；工作积极性；教学成效；其他教师专业发展等）

（8）您觉得当前中小学教师"县管校聘"管理改革政策还存在什么问题？您有什么建议或期望？（提示：学校编制供求矛盾，用人自主权，教师长期激励等）

（9）您所在学校的教学点其班师比是如何配备的？（注：仅对中心小学校长提问）

3.超编学校校长访谈提纲。

（1）请您回顾与描述贵校中小学教师"县管校聘"管理改革政策实施方案制定的主要过程（时间、地点、人物与事件）。您认为在政策制定过程中遭遇的主要困难有什么？（提示：政策目标模糊，政策指导不足，政策经验欠缺，政策的可操作性低、激发教师抵制等）

（2）您认为，对贵校而言，实施中小学教师"县管校聘"管理改革政策的主要目标是什么？（提示：平稳执行政策；用人自主权，突破学校管理瓶颈；补充编制，改善学科结构，激发教师工作积极性；选拔优秀/薄弱教师参与交流）

（3）请您介绍下贵校开展教师聘任考核工作的整体流程。（提示：自愿申请—校内直聘—校内竞聘—跨校竞聘—组织调剂及各阶段教师的人数与占比；校内、跨校竞聘工作由谁考评，如何考评）

（4）中小学教师"县管校聘"管理改革政策涉及教师的人事变动，在政策实施过程中，您采取了什么措施或方法以尽可能保证政策顺利实施？（提示：前期自愿报名减少矛盾；中期规范过程：规范执行政策、全员签字、录像、校长不投票等；后期加强沟通，慰问落聘教师）

（5）请您介绍下贵校实施的量化评分细则的内容与权重，其权重设置的考虑是什么？从目前的实施情况看，评分细则对教师工作的激励/导向效果如何？（提示：流于形式；教师对标参考，发挥导向作用；校长管理教师的工具）

（6）在中小学教师"县管校聘"管理改革政策实施后,贵校是否有教师对考核结果不满意? 他们做了什么? 您是如何说服他或她的? (提示:权力、权威、安抚等)

（7）结合学校实际情况说明中小学教师"县管校聘"管理改革政策实施效果如何? (提示:师资数量、结构与质量变化;开齐开足国家课程;学生发展变化等)

（8）贵校是否派出了轮岗交流(包括跨校竞聘、组织调剂等)教师? 离开的教师在学校中扮演怎样的角色? (中流砥柱或可有可无);您认为这些教师的离开对学校发展有怎样的影响? (管理成效;其他教师专业发展;学生发展)

（9）您觉得当前中小学教师"县管校聘"管理改革政策还存在什么问题? 您有什么建议或期望? (提示:学校编制供求矛盾,用人自主权,教师长期激励等)

（10）您所在学校的教学点其班师比是如何配备的? (注:仅对中心小学校长提问)

附录 D　中小学教师"县管校聘"管理改革教师访谈提纲

尊敬的教师:您好! 本访谈主要是调查中小学教师"县管校聘"管理改革政策执行现状与问题,了解教师在政策执行过程中的诉求,以便后续有针对性地完善政策。请根据您的实际情况进行回答,所有信息只用于学术研究,使用时不会泄露您的个人信息! 谢谢您的支持与配合!

本访谈提纲共分为四种类型,请调研员根据以下四种类型选择相应的访谈提纲:①直聘教师访谈提纲;②校内竞聘教师访谈提纲;③跨校竞聘教师访谈提纲;④组织调剂教师访谈提纲。

1. 调研对象基本信息表。

序号	姓名	性别	出生年月	教龄	所在单位	任教学科	班主任(是/否)	骨干教师(是/否)	聘任类型
1									
2									
3									
4									
5									
6									
7									
8									

注：聘任类型填①直聘教师；②校内竞聘教师；③跨校竞聘教师；④组织调剂教师。

2. 直聘教师访谈提纲。

（1）为什么您能够直聘？（提示：老教师；重病教师；支教交流；哺乳期教师等）

（2）您对中小学教师"县管校聘"管理改革政策、学科岗位说明书、考核评分细则、协议合同、考核结果等满意吗？您觉得哪些方面还存在问题，有待改进？（提示：规则适用性；新老教师竞争；考核人际关系或业务能力；校聘公平公正）

（3）请简要回顾与描述您经历的中小学教师"县管校聘"管理改革政策实施全过程。（提示：教师参与度，政策执行形式化）

（4）中小学教师"县管校聘"管理改革政策实施初，您打算离开原学校还是留在原学校？您做出上述打算的原因是什么？（提示：家庭、个人发展、收入待遇、工作环境、社会责任）

（5）据您观察，中小学教师"县管校聘"管理改革政策对您同事的行为和态度产生了怎样的影响？（提示：考核评分细则的激励/导向效果，流于形式；教师对标参考，发挥导向作用；校长管理教师的工具；教师行为、时间、精力、工作重心的具体变化）

（6）中小学教师"县管校聘"管理改革政策实施后，贵校是否有教师离开或进来？据您观察与了解，教师的离开对学校发展有怎样的影响？新进教师主要从事的工作内容是什么？对学校发展有怎样的影响？（提示：询问教师流动对学校发展的影响，如学校发展、师资队伍专业发展、学生发展）

（7）据您所知，在您的同事或朋友中，有谁参与了跨校竞聘或组织调剂？流向哪些学校？他们参与的原因是什么？他们与学校、教育局是如何交流、互动的？（提示：流动教师的信息，如年龄、学历、职称、骨干与否以及流向）

（8）下个聘期考核时，您打算离开或留在现学校？想去哪里？为什么？（提示：流向）

（9）结合亲身经历，您认为中小学教师"县管校聘"管理改革政策存在什么问题？（提示：师资配置均衡、校聘公平公正性、量化评价科学性、教师个人诉求、激励机制落实、薄弱学校发展）

3. 校内竞聘教师访谈提纲。

（1）您对中小学教师"县管校聘"管理改革政策、学科岗位说明书、考核评分细则、协议合同、考核结果等满意吗？您觉得哪些方面还存在问题，有待改进？（提示：规则适用性；新老教师竞争；考核人际关系或业务能力；校聘公平公正）

（2）请简要回顾与描述您经历的中小学教师"县管校聘"管理改革政策实施全过程。（提示：教师参与度，政策执行形式化）

（3）中小学教师"县管校聘"管理改革政策实施初，您打算离开原学校还是留在原学校？您做出上述打算的原因是什么？（提示：家庭、个人发展、收入待遇、工作环境、社会责任）

（4）据您观察，中小学教师"县管校聘"管理改革政策对您同事的行为和态度产生了怎样的影响？（提示：考核评分细则的激励/导向效果，流于形式；教师对标参考，发挥导向作用；校长管理教师的工具；教师行为、时间、精力、工作重心的具体变化）

（5）中小学教师"县管校聘"管理改革政策实施后，贵校是否有教师离开或进来？据您观察与了解，教师的离开对学校发展有怎样的影响？新进教师主要从事的工作内容是什么？对学校发展有怎样的影响？（提示：询问教师流动对学校发展的影响，如学校发展、师资队伍专业发展、学生发展）

（6）据您所知，在您的同事或朋友中，有谁参与了跨校竞聘或组织调剂？

流向哪些学校？他们参与的原因是什么？他们与学校、教育局是如何交流、互动的？（提示：流动教师的信息，如年龄、学历、职称、骨干与否以及流向）

（7）下个聘期考核时，您打算离开或留在现学校？想去哪里？为什么？（提示：流向）

（8）结合亲身经历，您认为中小学教师"县管校聘"管理改革政策存在什么问题？（提示：师资配置均衡、校聘公平公正性、量化评价科学性、教师个人诉求、激励机制落实、薄弱学校发展）

4. 跨校竞聘教师访谈提纲。

（1）您对中小学教师"县管校聘"管理改革政策、学科岗位说明书、考核评分细则、协议合同、考核结果等满意吗？您觉得哪些方面还存在问题，有待改进？（提示：规则适用性；新老教师竞争；考核人际关系或业务能力；校聘公平公正）

（2）请简要回顾与描述您经历的中小学教师"县管校聘"管理改革政策实施全过程。（提示：教师参与度，政策执行形式化）

（3）中小学教师"县管校聘"管理改革政策实施初，您打算离开原学校还是留在原学校？您做出上述打算的原因是什么？（提示：家庭、个人发展、收入待遇、工作环境、社会责任）

（4）据您观察，中小学教师"县管校聘"管理改革政策对您同事的行为和态度产生了怎样的影响？（提示：考核评分细则的激励/导向效果，流于形式；教师对标参考，发挥导向作用；校长管理教师的工具；教师行为、时间、精力、工作重心的具体变化）

（5）据您所知，在您的同事或朋友中，有谁参与了跨校竞聘或组织调剂？流向哪些学校？他们参与的原因是什么？他们与学校、教育局是如何交流、互动的？（提示：流动教师的信息，如年龄、学历、职称、骨干与否以及流向）

（6）下个聘期考核时，您打算离开或留在现学校？想去哪里？为什么？（提示：流向）

（7）您原工作学校是什么学校？（提示：工作信息，如城乡、学科、年级、职务是什么情况）

（8）您是主动还是被动参与跨校竞聘或组织调剂？如果是被动参与的，您如何评价校内聘任考核结果？为什么？如果是主动参与的，原因是什么？您与学校、教育局是如何交流、互动的？（提示：亲情、爱情、家庭；职业发展、

工资待遇、工作环境;社会责任等)

(9)对于新学校/新岗位,您有什么需求或问题?(提示:归属感;高段低聘、转岗与培训;城乡交流与周转房问题等)

(10)结合亲身经历,您认为中小学教师"县管校聘"管理改革政策存在什么问题?(提示:师资配置均衡、校聘公平公正性、量化评价科学性、教师个人诉求、激励机制落实、薄弱学校发展)

5.组织调剂教师访谈提纲。

(1)您对中小学教师"县管校聘"管理改革政策、学科岗位说明书、考核评分细则、协议合同、考核结果等满意吗?您觉得哪些方面还存在问题,有待改进?(提示:规则适用性;新老教师竞争;考核人际关系或业务能力;校聘公平公正)

(2)请简要回顾与描述您经历的中小学教师"县管校聘"管理改革政策实施全过程。(提示:教师参与度,政策执行形式化)

(3)中小学教师"县管校聘"管理改革政策实施初,您打算离开原学校还是留在原学校?您做出上述打算的原因是什么?(提示:家庭、个人发展、收入待遇、工作环境、社会责任)

(4)据您观察,中小学教师"县管校聘"管理改革政策对您同事的行为和态度产生了怎样的影响?(提示:考核评分细则的激励/导向效果,流于形式;教师对标参考,发挥导向作用;校长管理教师的工具;教师行为、时间、精力、工作重心的具体变化)

(5)据您所知,在您的同事或朋友中,有谁参与了跨校竞聘或组织调剂?流向哪些学校?他们参与的原因是什么?他们与学校、教育局是如何交流、互动的?(提示:流动教师的信息,如年龄、学历、职称、骨干与否以及流向)

(6)下个聘期考核时,您打算离开或留在现学校?想去哪里?为什么?(提示:流向)

(7)您原工作学校是什么学校?(提示:工作信息,如城乡、学科、年级、职务是什么情况)

(8)您是主动还是被动参与组织调剂?如果是被动参与的,您如何评价自己的校内竞聘考核结果和跨校竞聘考核结果?为什么?如果是主动参与的,原因是什么?您与学校、教育局是如何交流、互动的?(提示:亲情、爱情、家庭;职业发展、工资待遇、工作环境;社会责任等)

(9)对于新学校/新岗位,您有什么需求或问题?(提示:归属感;高段低聘、转岗与培训;城乡交流与周转房问题等)

(10)结合亲身经历,您认为中小学教师"县管校聘"管理改革政策存在什么问题?(提示:师资配置均衡、校聘公平公正性、量化评价科学性、教师个人诉求、激励机制落实、薄弱学校发展)

附录 E 中小学教师"县管校聘"管理改革自评量化表

评分内容、标准及分值	S市直	S市W区	S市Z区	S市Q区	S市S县	S市R县	S市W县	S市F县	S市X县	S市L市	S市N市
全面实施(8—10分) 实施了90%~95%,计8分;实施了96%~99%,计9分;全部实施,计10分											
部分实施(5—7分) 实施了50%~70%,计5分;实施了71%~80%,计6分;实施了81%~90%,计7分											
小范围实施(4分) 实施面小于50%,计4分											
政府出台了相关文件(共5分) 工作方案(5分:有,5分;无,0分)											

评分内容、标准及分值	S市直	S市W区	S市Z区	S市Q区	S市S县	S市R县	S市W县	S市F县	S市X县	S市L市	S市N市
中小学教职员编制管理政策(5分) 1.实现了编办总量管理,教育部门统筹编制分配方案及动态调整(2分:有,2分;无,0分) 2.实行了编制管理方案备案制(2分:有,2分;无,0分) 3.每年制定中小学教职员使用年度计划(1分:有,1分;无,0分)											
中小学教职员岗位设置管理政策(5分) 1.实现了人社岗位总量管理,教育部门统筹岗位分配方案及动态调整(1分:有,1分;无,0分) 2.实行了岗位管理方案备案制(2分:有,2分;无,0分) 3.岗位分配方案实行了高、中级岗位数量向农村、偏远地区学校和薄弱学校倾斜的政策(2分:有,2分;无,0分)											
中小学教师公开招聘相关政策(5分) 1.有分类探索面试＋笔试、直接面试、考察聘用等创新方法(2分:有,2分;无,0分) 2.建立了完善招聘优秀人才到学校任教的"绿色通道"(2分:有,2分;无,0分) 3.制订了科学的招聘方案(1分:有,1分;无,0分)											

225

评分内容、标准及分值	S市直	S市W区	S市Z区	S市Q区	S市S县	S市R县	S市W县	S市F县	S市X县	S市L市	S市N市
中小学岗位聘用管理相关政策(落实学校用人自主权)(5分) 1.全员签订了聘用合同(1分:有,1分;无,0分) 2.学校制定了不同工作岗位的分类考核指标和考核办法(2分):100%的学校实施了,为2分;80%～99%的学校实施了,为1.5分;60%～79%的学校实施了,为1分;60%以下的学校实施了,为0.5分 3.学校制定了职称评聘办法(1分):100%的学校实施了,为1分;80%～99%的学校实施了,为0.8分;60%～79%的学校实施了,为0.6分;60%以下的学校实施了,为0.5分 4.学校制定了薪酬分配办法(1分):100%的学校实施了,为1分;80%～99%的学校实施了,为0.8分;60%～79%的学校实施了,为0.6分;60%以下的学校实施了,为0.5分											

评分内容、标准及分值	S市直	S市W区	S市Z区	S市Q区	S市S县	S市R县	S市W县	S市F县	S市X县	S市L市	S市N市
中小学教师均衡配置相关政策(5分) 1.制定了校长交流轮岗实施方案(1分:有,1分;无,0分) 2.制定了教师交流轮岗实施方案(1分:有,1分;无,0分) 3.制定了中小学临聘教师管理办法(1分:有,1分;无,0分) 4.临聘教师工资由本级财政核拨(2分:是,2分;否,0分)											
教师退出相关政策(5分) 1.实现了师德考核"一票否决制"(2.5分:有,2.5分;无,0分) 2.实现了5年一周期的中小学教师资格定期注册(2.5分:有,2.5分;无,0分)											
教职员合法权益保障相关政策(5分) 1.制定了教职员维权服务制度(1分:有,1分;无,0分) 2.实现了"县域内中小学教师平均工资水平不低于当地公务员平均工资水平"(2分:是,2分;否,0分) 3.实现了"县域农村教师平均工资水平不低于城镇教师平均工资水平"(2分:是,2分;否,0分)											

227

评分内容、标准及分值	S市直	S市W区	S市Z区	S市Q区	S市S县	S市R县	S市W县	S市F县	S市X县	S市L市	S市N市
流动状态:调动教师积极性(15分) 1.全员竞聘覆盖率(共5分,少5%扣1分,直至扣完) 2.教师流动率:城镇学校和优质学校教师每学年到乡村学校交流轮岗的比例不低于符合交流条件教师总数的10%,其中骨干教师不低于交流轮岗教师总数的20%。(共5分,城镇学校和优质学校教师每学年到乡村交流比例每低于2%,扣1分;其中,骨干教师低于交流轮岗教师总数的20%,扣1分) 3.教师精神面貌、工作积极性明显提升(共5分:是,5分;否,0分)											
学校、教师、学生等相关利益群体对政策实施的获得感(15分) 1.乡镇师资高水平力量增强了(共5分,每增强1名地市级以上名师或名班主任计0.5分,最高为5分;未增强为0分,城区增强了不计分) 2.总体编制(指师生比)与办学层次相匹配(高中1:12.5、初中为1:13.5、小学为1:19.0)(共5分,有一个层次不匹配,扣2分) 3.小规模学校按班师比(1:2.4)配齐教师(共5分,达到了计5分,未达到计0分)											

续表

评分内容、标准及分值	S市直	S市W区	S市Z区	S市Q区	S市S县	S市R县	S市W县	S市F县	S市X县	S市L市	S市N市
城乡高级职称结构比（共 5 分，比 2017 年的差距缩小了，计 5 分；比 2017 年的差距拉大了，计 0 分）											
城乡专任教师师生比比值（共 5 分，比 2017 年的差距缩小了，计 5 分；比 2017 年的差距拉大了，计 0 分）											
城乡县级以上名师（含名班主任、骨干教师）（共 10 分，比 2017 年的差距缩小了，计 10 分；比 2017 年的差距拉大了，计 0 分）											
加分项：创新经验（10 分） 1.有可以提炼作为全市特色的创新经验（8—10 分） 2.有可向全市推广的创新点（5—7 分）											

附录 F 中小学校长职级制改革调查（校长问卷）

尊敬的校长：您好！本问卷旨在了解您对中小学校长职级制改革的看法和建议。您的意见对我市中小学校长职级制改革的理论研究和实际操作有着非常重要的意义。在此向您承诺，今天访谈涉及的内容和您阐述的观点，我们将严格为您保密，非常感谢您的帮助和支持！

一、基本信息。（请在与您相符的选项上打√,均为单选）

1.您的出生年份：_____

2.您的性别：

A.男   B.女

3.您的学历：

A.大专以下   B.大学专科（成人高等教育）

C.大学专科（正规高等教育）   D.大学本科（成人高等教育）

E.大学本科（正规高等教育）   F.研究生

4.您目前的职称：

A.初级   B.中级

C.副高级   D.正高级

5.您目前的职务：

A.校长   B.副校长

C.书记   D.副书记

6.您担任校级领导的年限：

A.5年及以内   B.6—10年

C.11—15年   D.16年及以上

7.您目前的行政级别：

A.正处   B.副处   C.正科

D.副科   E.无级别

8.您所在地区的财政收入在本市属于：

A.比较差   B.中等   C.比较好

9.从办学情况看,贵校目前在本县（市、区）排名：

A.最差   B.中下   C.中间

D.中上   E.最好

10.学校所在的地区类型是：

A.市/县城的中心城区   B.市/县城的边缘城区

C.市/县区的城乡接合部   D.市/县城区以外的镇

E.农村

11.贵校学生数为（   ）,教师数为（   ）。

12.贵校是位于（   ）。

A. 市直学校　　B. 浈江区　　C. 武江区
D. 曲江区　　E. 始兴　　F. 南雄市
G. 乐昌市　　H. 仁化县　　I. 翁源县
J. 新丰县　　K. 乳源县

二、请在您认为合适的选项上打√，凡无特殊说明的，均为单选。

1. 您对校长职级制改革的了解程度：
A. 完全不了解　　　　　　B. 了解一点
C. 比较了解　　　　　　　D. 非常了解

2. 您认为是否有必要推行校长职级制改革？
A. 完全没必要　　B. 没必要　　C. 无所谓
D. 有必要　　E. 非常有必要

3. 您认为校长职级制改革可以在多大程度上实现以下目的？

	非常小	比较小	一般	比较大	非常大
理顺教育行政部门与学校的关系					
学校管理规范化					
打破校长职位"能上不能下"的格局					
引入良性竞争机制					
提升校长的专业化水平					
提高校长的工资水平					
促进校长的个人发展					

4. 您认为校长职级制的任期年限为多少比较适合？
A. 三年以下　　B. 三年　　C. 四年
D. 五年　　E. 五年以上

5. 您认为校长职级评定、考核机构由哪些人员组成比较合理？（可多选）
A. 上级教育主管部门　　B. 教育领域专家
C. 本校教职工　　D. 学生、家长

6. 您认为校长职级评定是否需要引入第三方评估机构？
A. 完全没必要　　B. 没必要　　C. 无所谓

D. 有必要 　　　　　　　　E. 非常有必要

7. 您认为校长职级制评价应包括哪些指标？（限选三项）

A. 校长的教育观念 　　　　B. 校长的办学思想 　　C. 校长的办学实绩

D. 校长的管理能力 　　　　E. 学校的办学水平

8. 您认为实施校长职级制应进一步完善哪些配套制度？（限选三项）

A. 校长选任制度 　　　　　B. 校长评价制度 　　　　C. 校长培训制度

D. 校长监督制度 　　　　　E. 校长资格制度 　　　　F. 校长交流制度

G. 校长任期制度

9. 您认为职级制校长绩效工资发放标准按以下哪一项比较合理？

A. 职称应发工资＋绩效工资的 0.5 倍

B. 职称应发工资＋绩效工资的 0.6—1.0 倍

C. 职称应发工资＋绩效工资的 1.1—1.5 倍

D. 职称应发工资＋绩效工资的 1.6—2.0 倍

10. 您认为校长职级制改革可能存在的问题有哪些（限选三项）？

A. 不同职级间的校长收入差距可能拉大

B. 校长与普通教师之间收入差距可能拉大

C. 实行校长职级制后,有些校长工资待遇可能不升反降

D. 职级制评聘中可能存在走后门,拉关系

E. 职级制管理论资排辈现象无法完全杜绝

F. 去行政化效果可能不明显

G. 配套政策尚不完善

11. 您是否赞同校长职级制中以下的改革措施？（请在您认为合适的选项上打√ ）

主要改革措施	非常不赞同	不赞同	一般	赞同	非常赞同
取消行政级别					
校长聘任制					
四级十档的职级序列					
校长职级评定制度					
校长任期制					

主要改革措施	非常不赞同	不赞同	一般	赞同	非常赞同
校长考核评价制度					
校长交流任职制度					
校长培养培训制度					
"新人新办法，老人老办法"					
校长评选标准					
校长评选程序					

12. 您对于校长职级制改革的态度是什么？

A. 强烈反对　　　　　　B. 比较反对　　　　　　C. 不好说

D. 比较支持　　　　　　E. 强烈支持

13. 您认为校长职级制改革过程中以下情况发生的可能性有多大？（请在您认为合适的选项上打√）

论述	风险高低				
	高	较高	中等	较低	低
1.决策所涉及主要制度和管理措施不必要					
2.决策所涉及主要制度和管理措施不合理					
3.决策事项不符合大多数校长的利益					
4.拟采取的措施不符合以人为本的原则					
5.拟采取的措施不符合公平合理的原则					
6.拟采取的措施不符合适当及时的原则					
7.决策不能解决行政管理中的具体问题					
8.措施不够高效					
9.程序不正当					
10.程序不简便					
11.决策事项与本地区经济社会发展不相适应					
12.没有充分考虑现实情况和财政承受能力					

论述	风险高低				
	高	较高	中等	较低	低
13.出台时机不成熟					
14.配套措施没有经过充分论证					
15.不能解决行政管理中的实际问题					
16.决策实施的目标没有控制在确定、预期范围内					
17.决策实施的效果没有控制在确定、预期范围内					
18.决策实施的影响没有控制在确定、预期范围内					
19.决策事项存在公共安全隐患					
20.决策事项会引发群体性事件					
21.决策事项会造成社会负面影响					
22.可能引发的社会稳定风险不可控					
23.可能引发的社会稳定风险不能有效防范和化解					
24.预防化解措施和应急处置预案不完善					

14.请根据您的实际情况填写下面有关问题,您不用深思熟虑,请根据您的第一反应填写。

论述	完全不符合	不符合	不清楚	符合	完全符合
1.工作中,我对承担的工作有自主选择权					
2.工作中,我感觉受到排斥					
3.我很自信能胜任本职工作					
4.我感觉我所关心的同事同样也关心我					
5.我感觉大部分工作都是"我必须完成的"					
6.工作中,我怀疑自己能否胜任这项任务					
7.我认为工作中我的决策反映出我内心真正想法					

论述	完全 不符合	不符 合	不清 楚	符合	完全 符合
8.我认为我在乎的同事对我很冷漠					
9.我感觉我有能力完成本职工作					
10.我认为我的工作是强压在我身上,而不是我自愿选择的					
11.我对我工作中的表现感到失望					
12.我感到和我在乎的同事心灵相通					
13.我认为工作中我的选择出于本意					
14.工作中,我有能力实现我的目标					
15.我会迫于压力而完成很多工作					
16.工作中,我和我在乎的同事有亲密无间的联系					
17.我对我的工作能力没有自信					
18.我日常工作都是出于职责所在而做					
19.我认为我对工作是感兴趣的					
20.我感觉我的同事并不喜欢我					
21.工作中,我认为我能胜任难度大的任务					
22.我认为我工作中建立的关系都是肤浅的					
23.工作中,我会因为自己犯的错误而产生挫败感					
24.我能感受到来自同事的关爱					

附录G 中小学校长职级制改革调查校长访谈提纲

尊敬的校长:您好!本问卷旨在了解您对中小学校长职级制的看法和建议。您的意见对我市中小学校长职级制改革的理论研究和实际操作有着非常重要的意义。在此向您承诺,今天访谈涉及的内容和您阐述的观点,我们将严格为您保密,非常感谢您的帮助和支持!

一、访谈对象的基本情况

性别: 年龄: 职称和职务: 所在地区:

二、访谈日期: 年 月 日

三、访谈地点:

四、访谈提纲

1.您是否了解和熟悉校长职级制改革? 如果是,您了解的主要渠道有哪些?

2.您认为我市有没有必要推行校长职级制改革? 为什么?

3.您最关注校长职级制改革的哪些主要内容?

4.您认为校长职级制改革将会面临哪些主要风险? 为什么?

5.您对校长职级工资有哪些意见和建议?

6.您对实施校长职级制改革还有哪些意见和建议?

附录H 中小学校长职级制改革调查问卷

(组织部、教育、编办、人社和财政等行政部门用)

尊敬的领导:您好! 感谢您百忙之中抽出宝贵时间接受访谈。本次访谈的目的在于征询您对实施中小学校长职级制的意见和建议。在此向您承诺,今天访谈涉及的内容和您阐述的观点,我们将严格为您保密,非常感谢您的帮助和支持!

一、访谈对象的基本情况

性别: 年龄: 职称和职务: 所在地区:

二、访谈日期: 年 月 日 访谈地点:

三、量表

1.您认为以下指标在校长职级制改革中发生风险的严重程度为多少?(请在您认为合适的选项上打√)

风险点	风险发生的严重程度				
	非常严重	比较严重	一般	不严重	完全不严重
1.校长职级制不符合国家相关法律法规依据					
2.校长职级制不符合我市政策法规依据					
3.校长职级制的必要性不足					
4.校长职级制的可行性不强					
5.校长职级制不利于校长职业化发展					
6.校长职级制不利于校长专业化发展					
7.校长职级制不利于调动校长工作积极性					
8.校长职级制影响到校长工资待遇					
9.校长职级制不利于校长更好地管理学校					
10.校长职级制不利于校长领导全体教师					
11.校长职级制不利于学校发展					
12.校长职级制不利于学生成才成长					
13.市委组织部对该项政策持不赞同态度					
14.市政府对该项政策持不赞同态度					
15.市教育局对该项政策持不赞同态度					
16.市教育局出台校长选聘制度的准备不足					
17.市教育局出台校长绩效分配政策的准备不足					
18.市教育局出台校长绩效评价政策的准备不足					
19.市人社部门对该项政策持不赞同态度及配套政策准备不足					
20.市财政部门对该项政策持不赞同态度及配套政策准备不足					

2.您认为以下指标在校长职级制改革中发生风险的发生概率为多少?(请在您认为合适的选项上打√)

237

风险点	风险发生概率				
	非常高	比较高	一般	不高	无风险
1.校长职级制不符合国家相关法律法规依据					
2.校长职级制不符合我市政策法规依据					
3.校长职级制的必要性不足					
4.校长职级制的可行性不强					
5.校长职级制不利于校长职业化发展					
6.校长职级制不利于校长专业化发展					
7.校长职级制不利于调动校长工作积极性					
8.校长职级制影响到校长工资待遇					
9.校长职级制不利于校长更好地管理学校					
10.校长职级制不利于校长领导全体教师					
11.校长职级制不利于学校发展					
12.校长职级制不利于学生成才成长					
13.市委组织部对该项政策持不赞同态度					
14.市政府对该项政策持不赞同态度					
15.市教育局对该项政策持不赞同态度					
16.市教育局出台校长选聘制度的准备不足					
17.市教育局出台校长绩效分配政策的准备不足					
18.市教育局出台校长绩效评价政策的准备不足					
19.市人社部门对该项政策持不赞同态度及配套政策准备不足					
20.市财政部门对该项政策持不赞同态度及配套政策准备不足					

四、访谈提纲

1.请谈谈您对校长职级制能不能达成"去行政化"和实现校长专业化的目标的看法？

2.您所在单位对校长职级制改革持何种态度？有没有酝酿相关的配套

制度？

3.我市是否进行过关于校长职级制改革的财政评估？财力保障力变如何？（重点访谈财政部门）

4.校长职级制改革将对校长权力带来哪些变化？校长的人事管理权限该如何合理划分？（重点访谈组织部门和教育局）

5.除以上量表以外，您认为校长职级制改革还可能存在哪些风险？其严重程度和发生概率分别是多少？（对应 1—5 级分类）

参 考 文 献

[1] 中华人民共和国中央人民政府.关于统筹推进县域内城乡义务教育一体化改革发展的若干意见[EB/OL]. http://www. gov. cn/xinwen/2016-07/11/content_5090312. htm.

[2] 柯杨,王明浩.郑州城乡教师开始定期交流[N].河南日报,2006-08-25.

[3] 陈小云,张舒淇.浅谈江苏省义务教育阶段教师轮岗制实施情况[J].科教文卫(上旬刊),2012(28):8+21.

[4] 成都市教育局.成都市邛崃市改革教师管理体制实施"县管校聘"[EB/OL]. http://edu. chengdu. gov. cn/cdedu/gddxal/2018-12/21/content_2b90ac2eff334a4c80d046c828b8ecfc. shtml.

[5] 孙军.着力办好每一所城乡学校——青岛市探索推动市域教育均衡发展纪实[N].中国教育报,2018-01-15.

[6] 郑新丽.新形势下我国基础教育阶段教师退出机制探究[J].教育与教学研究,2014,28(3):20-23+46.

[7] 张彩云.我国中小学不合格教师退出机制研究[J].教育科学研究,2017(3):93-96.

[8] 安雪慧.完善中小学教师退出机制的政策路径[J].华中师范大学学报(人文社会科学版),2011,50(6):144-149.

[9] 张彩云,海霞.中小学教师与家长对"不合格教师"认知的调查研究[J].教育发展研究,2014,33(6):66-71.

[10] 张彩云.我国中小学教师退出政策评析[J].教育研究,2014,35(3):132-137.

[11] 卢艳,陈恩伦.中小学教师退出机制存在问题及对策研究[J].教育导刊,2012(7):28-30.

[12] 许淇淇,汪丽梅.完善中小学教师退出机制的思考[J].教师教育论坛,2019,32(10):26-30.

[13] 池峰.教师退出机制的反思与重构[J].安徽教育科研,2021(12):16-18.

［14］周成海,孙启林.美国有关中小学不胜任教师处理问题研究的若干主题[J].比较教育研究,2007(2):65-70.

［15］高慧珠,徐祖胜.教师准入制度应关注教师的心理健康[J].教学与管理,2010(25):22-24.

后　记

中小学教师"县管校聘"管理改革是当前备受关注的重要教育政策之一。中小学教师"县管校聘"管理改革作为一项新的制度选择,成为教师人事管理体制的一个重大变革,是深化教育领域综合改革的重要内容。

2017年7月,广东省S市被教育部批准成为第二批义务教育教师队伍"县(区)管校聘"管理体制改革示范区,也是广东省率先全面推进"县管校聘"管理改革的地级市,S市市委、市政府以及教育局领导班子高度重视管理改革工作,为了更加科学有序地推进这一项重大改革,决定与韶关学院研究团队进行深度合作,依托高校的智力优势,对"县管校聘"管理改革政策出台的政策风险评估、政策执行过程的跟踪调查反馈、政策执行结果的效果评估等提供全过程决策咨询和评价服务,从2018年到2022年,研究团队共完成理论研究文章8篇,提供专项研究咨询报告32份,组织政策宣传培训、考察学习、研讨交流、调研论证、风险评估等120多场次,为S市"县管校聘"管理改革的顺利推进提供了重要保障。S市"县管校聘"管理改革的经验被广东省教育厅高度肯定并在全省宣传推广,S市经验被《中国教育报》等主流媒体广泛宣传,全国各地纷纷来S市学习交流。

本书的成果是基于S市"县管校聘"管理改革的实践经验总结和研究。在这个过程中,研究团队全体同仁付出了辛勤的努力,华中师范大学雷万鹏教授团队给予了许多帮助和指导,形成了《S市"县管校聘"政策实施调研报告》;姚芳博士主要参与了课题研究和实施的全过程,并主要整理了课题的研究报告《S市中小学实施"县管校聘"改革的问题对策》;曾保根教授起草了《S市校长职级制改革调研报告》和《校长职级制社会稳定风险评估报告》,并参与整理了相关县市区的实践经验报告;金海京博士起草了《学校质量评价指标体系建设研究》报告;赵丽起草了《中小学教师退出机制:问题出路——以S市为例》报告,并参与整理了相关县市区的实践经验报告。本书正是在这一系列研究报告的基础上整理而成,在此,对他们的辛勤付出再次表示感谢!

在课题研究和成果整理的过程中，S市教育部门的相关领导张立江、黄叶亭、曾楚清、朱俊英、李国强、程玲等，对课题组的工作给予了极大的帮助和支持，在此致以诚挚谢意！在书稿出版的过程中，也得到了韶关学院、出版社有关领导的支持，在此一并致谢！

2023 年 4 月 22 日

243